JN411909

비인간 권력

Inhuman Power

비인간 권력 : 인공지능, 그리고 자본주의의 미래
Inhuman Power : Artificial Intelligence and the Future of Capitalism

지은이
닉 다이어-위데포드
아틀레 미콜라 쇼센
제임스 스타인호프

옮긴이
안호성

펴낸이
조정환 신은주

편집
김정연

디자인
조문영

홍보
김하은

프리뷰
김형주 · 박서연 · 정경직

종이
타라유통

인쇄 · 제본
천광인쇄사

라미네이팅
하늘빛기획

초판 인쇄
2026년 2월 23일

초판 발행
2026년 2월 27일

ISBN
978-89-6195-412-9 93300

도서분류
1. 사회이론
2. 현대철학
3. 사회철학
4. 정치철학
5. 맑스주의 이론
6. 과학기술철학
7. 노동 · 자본 비판
8. 문화이론

카테고리
아우또노미아총서 88 Mens

값
24,000원

펴낸곳
도서출판 갈무리
1994. 3. 3. 등록
제17-0161호
서울 마포구 동교로18길 9-13 2층
T. 02-325-1485
F. 070-4275-0674
www.galmuri.co.kr
galmuri94@gmail.com

일러두기

1. 이 책은 Nick Dyer-Witheford, Atle Mikkola Kjøsen, James Steinhoff가 공저한 *Inhuman Power : Artificial Intelligence and the Future of Capitalism*, London : Pluto Press, 2019를 완역한 것이다.

2. 인명, 책 제목, 논문 제목, 전문 용어 등 고유명사의 원어는 맥락을 이해하는 데 원어가 꼭 필요하다고 생각되는 경우를 제외하고는 본문에서 병기하지 않았으며 찾아보기에 수록하였다.

3. 단행본, 전집, 정기간행물에는 겹낫표(『 』)를, 논문에는 홑낫표(「 」)를 사용하였다.

4. 영어판에서 이탤릭체로 강조된 것은 고딕체로 표기하였다.

5. 번역어 중 대안 번역어가 있지만 원문과의 관련성을 위해 다른 번역어를 사용한 경우에는 대괄호([ ])를 사용하여 대안 번역어를 추가하였다(예: 기계학습[머신러닝] machine learning 등).

6. 지은이 주석과 옮긴이 주석은 같은 일련번호를 가지며, 옮긴이 주석에는 * 표시하였다.

7. 한국어판 지은이들 서문으로 옮긴이의 서문을 갈음한다는 옮긴이의 뜻에 따라 별도의 옮긴이 후기는 싣지 않는다.

차례

:: 한국어판 지은이들 서문

『비인간 권력』은 오픈에이아이의 챗지피티ChatGPT 출시로 촉발된 생성형 인공지능 열풍이 일어나기 3년 전인 2019년에 처음 출간되었습니다. 우리가 이 책을 집필할 당시의 전반적인 목표는 다음과 같았습니다. 즉, 인공지능artificial intelligence(이하 AI)은 그저 빅테크의 환상이 아니라 디지털 자본주의의 진지한, 발전 중인 프로젝트임을 좌파 동지들에게 경고하고 AI가 계급 투쟁에 대한 좌파 가속주의적 해결책을 제공하지 않는다는 점을 보여주는 것, 그리고 레이 커즈와일과 같은 트랜스휴머니스트들이 대중화시킨 기술적 특이점 개념에 대한 내적 비판을 수행하는 것이었습니다. 우리는 AI에 관해서 "심연적"abyssal 관점을 지지했습니다. 이는 오랫동안 자본이 벌여온 노동에 대한 기술-사회적 공세의 계속이자 심화로 AI를 이해하는 것이며, 이를 통해 "자동적 주체"automatic subject로서의 자본에 대한 맑스의 설명을 점점 더 문자 그대로 해석할 수밖에 없게 된다고 제안하는 것입니다.

우리는 책의 주요 장들에서 세 개의 특정한 테제를 제시하여 이러한 더 넓은 목표를 달성하고자 했습니다. 오늘날, 우리는 이 테제들이 여전히 유효하다고 생각합니다. 이번 『비인간 권력』 한국어판 지은이들 서문은 이 테제들을 간략히 되짚어볼 절호의 기회입니다.

먼저, 실제로 자본에 의해 인공지능이, 생산의 일반적 조건의 하나로 발전하고 있다는 1장 「인지 수단」의 주장은 그 어느 때보다도 설득력 있어 보입니다. 사고의 일부를 AI 체계에 전가하는 과정은 대형 언어 모델Large Language Model(이하 LLM)로 계속되고 있습니다. 이제 LLM은 앱과 정보 기반 비즈니스 모델이 구축될 수 있는 플랫폼으로 기능하고 있으며, 예측 분석은 삶의 가장 일상적 측면들까지 점점 더 깊숙이 스며들고 있습니다. 2025년 초에 출시된 중국 기업 딥시크DeepSeek의 LLM은 LLM의 제작 및 활용 비용이 감소하고 있음을 보여주며, 이러한 기술의 활용이 앞으로도 점점 더 일반화될 것임을 시사합니다.

그런데 이 과정은 양가성으로 가득 차 있습니다. 현재 생성형 AI의 능력은 그것을 홍보하는 이들이 주장하는 것만큼 거창하지는 않지만, 그것의 비판자들이 시사하듯이 무시할 만한 것도 아닙니다. 일상에서 사용되는 챗지피티 및 기타 LLM 모델들이 여전히 우스꽝스러운(그러나 잠재적으로는 재앙적이기도 한) 작화증confabulation과 계산 오류를 계속해서 드러내는 와중에 생성형 AI는 노벨상을 받은 의학적 혁신에 기여했습니다. 자동화된 광고나 고객 응대 분야를 제외하면, 자본은 아직 생성형 AI의 응용에서 수익성 있는 비즈니스 모델을 찾지 못한 것으로 보입니다. 두려운 것은, 인공 일반 지능artificial general intelligence, AGI을 개발하려는 AI 기업들은 여전히 이 과학소설(이하 SF) 같은 기술을 실현하는 것이 규모의 문제, 즉 계속해서 더 많은 자금을 계산 자원에 쏟는 문제에 불과하다고 믿는 것으로 보인다는 점입니다. 비용은 이미 충격적일 정도입니다. 2024년에 오픈에이아이는 자사의 모델 운영을 위해 계산 자원에 20억 달러를, 모델 학습에는 30억 달러를 지출한 것으로 추정됩니다.

따라서 현재의 AI 버블은 다루기 어려운 기술적 문제와 엄청난 비용, 전 지구적 무역 전쟁이라는 복합적인 압력을 받고 터질 가능성이 매우 크며, 이에 따라 끔찍하고 극적인 경제적 결과가 초래될 수 있습니다. 그러나 인터넷뿐만 아니라 철도와 같은 좀 더 이른 기술들의 역사가 보여주듯이, 투기적[사변적] 거품이 터지는 것은 자본주의를 멈추지 않고 오히려 자본주의의 기술적 변이 단계를 화려하게 장식할 뿐입니다. 거대 기업들뿐만 아니라 미국과 중국의 국가 군수산업 복합체조차 현재 AI에 깊이 관여하고 있다는 점은, 이러한 AI 시장 붕괴가 어떤 의미에서도 최종적인 것이 아니라 계산 자동화의 궤적을 가로막는 일시적인 경련에 불과할 것임을 시사합니다.

한편, 잉여 가치를 추출하고 자본의 순환을 가속화하기 위한 AI의 전개가 갈등적이고 논쟁적인 성격을 지닌다는 점은 갈수록 더 뚜렷해지고 있습니다. 2장 「사회적 공장을 자동화하기」에서는 자본주의적 AI에 대한 다면적인 사회적 저항의 가능성을 식별했습니다. 생성형 AI의 부상 이후, 이러한 혼란은 여러 형태로 물질화되었습니다. 북아메리카에서는 할리우드 작가와 배우, 비디오게임 성우 및 모션 캡처 연기자, 항만 노동자들의 파업에서 AI 기반 자동화로 인한 일자리 상실의 위협이 쟁점으로 떠올랐습니다. 작가, 예술가, 언론인 사이에서는 그들의 작업물이 아무런 인정이나 보상이 이루어지지 않은 채 AI 학습을 위해 무단으로 수집되는 것에 반발하여 광범위한 소송이 벌어지고 있으며, 엔터테인먼트 업계도 이에 반대하고 있습니다. 이러한 데이터 수집에 사용되는 웹 크롤러들은 이제 예술가들뿐만 아니라 오픈소스 프로그래머와 디지털 공동장 활동가들에 의해 데이터 중독data poisoning, 디지털 트래핑digital trapping, 기타 적대적 행위 등으로 사보타주되고 있습니다. AI 데이터 센터의 에너지 소비와 환경적 영향에 반대하는 생태 및 단체 운동의 항의는 확산하고 있습니다. 감시, 이민자 추방(최근 로스앤젤레스에서 반 이민세관단속국ICE 시위대가 불태운 웨이모 택시들을 떠올려 보세요), 사회복지 지원 거부, 자율 무기 체계와 같은 특정한 AI 사례화에 반대하는 행동주의activism는 주요 AI 개발사에서 이탈한 내부고발 기술 노동자들의 지원을 받고 있습니다. 미국 정부 직원들은 자신들을 AI 에이전트로 대체하려는 일론 머스크의 정부효율부DOGE 프로젝트에 반대하며 더 규모가 큰 반-테슬라 활동을 확산시켰고, 테슬라의 주가 하락을 초래했을 뿐만 아니라 트럼프의 정책 전반에 광범위한 반대의 목소리를 냈습니다. 이러한 투쟁들의 범위와 다양성을 고려할 때 우리는 AI를 중심으로 한 사회적 저항의 초기 단계를 목격하고 있는 것일지도 모릅니다.

좀 더 장기적인 관점에서 오픈에이아이, 앤트로픽, 알파벳 같은 기업들이 인공 일반 지능 개발을 목표로 계속 AI를 발전시키고 있다는 점은 3장 「완벽한 기계들, 비인간 노동」에서 제시한 이단적 기계 프롤레타리아화 테제가 여전히 유효함을 시사합니다. 2025년 중반인 현재, 생성형 AI 패러다임은 '에이전트형'agentic AI로 진화하고 있는 것으로 여겨집니다. 이는 인간의 지도가 작은 영역에 국한되거나 전혀 없이도 스스로 목표에 따라 결정을 내리고 행동할 수 있다고 여겨지는 체계입니다. 소비자에게 에이전트형 AI는 휴가 예약이나 온라인 쇼핑을 대신해 주는 디지털 시종으로 자리매김하고 있습니다. 에이전트형 AI야말로 "무한한 디지털 노동"을 제공할 것이라는 경제 전문 잡지 『포브스』의 한 작가의 표현은 자본이 이 기술에 얼마나 열광하고 있는지를 잘 보여주었습니다. AGI는 사회의 노동 분업 전반에 동일한 변화를 가져올 수 있다는 약속이자 위협입니다. 물론 이 기술이 실제로 실현 가능하다는 전제하에서 말입니다.

AI와 자본은 점점 더 자동화되고 잠재적으로 자율적인 회로 속에서 융합되고 있으며, 이는 그 주변의 생활 세계를 인간 삶과 사회에 점점 더 부적합한 것으로 만들고 있습니다. 우리가 『비인간 권력』에서 지적했던 자본과 AI의 목적론적 동일성은, 최근 몇 년 사이 제3의 요소인 파시즘과 점점 더 결합하고 있습니다. 우리가 이 서문을 집필하는 현재, 미국의 AI 자본 대표자들은 돌아온 트럼프에게 머리를 조아리며 자신들의 테크노-자유주의적 에토스를 내던지고 제도화된 극우 세력에 발맞추고 있습니다. 파시즘과 자본, AI는 불쾌한 동맹을 형성하고 있으며, 몰락해 가는 패권 국가는 이 삼자 간의 결합을 공고히 하는 데 막대한 자원을 쏟아붓고 있습니다. 이 책은 이러한 결합에 대한 해결책을 제시하지는 않으며, AI를 맑스주의의 관점에서 비판하고 맑스주의를 AI의 관점에서 비판할 개념적 자원들을 제공할 따름입니다.

2025년 6월 23일
닉 다이어-위데포드, 아틀레 미콜라 쇼센,
제임스 스타인호프

서론 : AI 자본

—— 가장 가치 있는 일

—— 세 가지 논쟁

—— "시뮬레이션을 위한 기계를 만들 수 있다"

—— 기계 맑스

—— 자기-복제 자동 기계의 시대

—— AI 노붐

—— 요약

가장 가치 있는 일

오늘날 자본주의는 AI 문제에 사로잡혀 있다. 밴쿠버의 스타트업 '생추어리 인지 시스템즈 코퍼레이션'(이하 생추어리)을 고려해 보라. 이 기업은 "스스로 움직이고, 말하고, 생각할 수 있으며, 지적 동료로서 실제 사람과 상호작용할 수 있는 휴머노이드 로봇" 개발을 지향한다. 생추어리의 창업주이자 양자quantum 계산의 선구자 조디 로즈는 한 인터뷰에서 이 목표를 위한 구성요소가 이미 다양한 유형의 "좁은 AI"와 전문화된 로봇 애플리케이션에서 널리 사용되고 있지만, 그 중 무엇도 완전한 인간 에뮬레이션[1]이 가능한 "인공 일반 지능"(이하 AGI)에는 근접하지 못했다고 인정한다. 따라서 기업의 사명인 "인간 지능의 작동 방식을 밝혀내고 이를 대규모로 복제하는 것"은 "상상을 불허하는 어려운 기획처럼 들린다." 그러나 로즈는 단념하지 않는다. 로즈의 말을 빌리자면, 이 기획의 성공은 "역사상 가장 가치 있는 일이 될 것이다. 우리가 말하는 것은 자본주의 자체의 근간을 근본적으로 바꾸는 것이다"(Silicoff 2018).

생추어리의 경쟁 상대들, 즉 세계에서 가장 영향력 있는 자본가들 역시 AGI와 관련 기술을 개발하려 분투 중이지 않았더라면, 이 임무를 일축하기란 쉬웠을 것이다. 일론 머스

---

1. * 소스 체계의 특징을 본떠서 모방하는 것을 넘어 그대로 재현하는 것.

크와 그의 비영리재단 오픈에이아이OpenAI부터 기술 억만장자 마크 저커버그와 제프 베조스, 삼성을 등에 업고 있는 비카리우스 에프피씨Vicarious FPC, 구글/알파벳 소유의 딥마인드 테크놀로지, 그리고 구글/알파벳의 창업주 세르게이 브린과 래리 페이지가 후원하는, 컴퓨터가 인간과 동등한 지능을 갖추게 되는 "기술적 특이점"을 제창한 가장 유명한 예언자이자 포스트휴머니스트 레이먼드 커즈와일(Kurzweil 2005a [2007]) 또한 AGI와 관련 기술에 관심을 가진다. 생추어리는 살아남을 수도 있고 그렇지 못할 수도 있다(재정난에 빠져 엔젤 투자자[2]를 찾고 있는 것은 분명하다). 그러나 치솟는 기술적 야망, 사명에 충실한 디지털 기업가 정신, "히에로니무스 보스의 그림에 나오는 지하 세계의 생물 같은"(Silicoff 2018) 소름 끼치는 안드로이드에 관한 생추어리의 이야기는 세계 시장을 휩쓸고 있는 AI 열병의 징후이다. 그리고 이 열병은 AI 애플리케이션에 관한 비즈니스 문헌의 급증, AI가 고용에 미칠 영향에 대한 상반되는 예측의 급류, "라이프 3.0"의 창조에 관한 유토피아적 사변(Tegmark 2017 [2017]), 저속한 로봇-종말론(Wilson 2012 [2011] ; 2015)에서 AI가 제시하는 새로운 기술-실존적 지평에 관한 복잡한 문학적 탐구(Mason 2017)에 이르는 다양한 소설에서도 나타난다.

---

2. * angel investor. 창업을 위한 자금이 부족한 초기 단계의 벤처기업에 투자자금을 제공해 사업의 성장을 도와주는 개인 투자자.

AI를 정의하기란 어렵다. 그럼에도 불구하고 오늘날 우리 일상생활의 많은 부분에 영향을 미치는 알고리즘 처리 과정에 종종 "좁은 AI"라고 불리는 것이 이미 존재한다는 로즈의 생각은 옳다. 창고 노동자나 군인에게 그러한 AI는 로봇 배달 차량이나 반자율 살인 드론의 기체機體 형태로 구현될 수 있다. 그러나 대부분의 AI는 눈에 보이지 않게 작동하는데, 그것이 스마트폰과 컴퓨터로 수행되는 활동의 배후에서 작동하기 때문이다. 가령 검색 엔진 결과, 소셜 미디어 피드, 비디오게임, 타게팅targeting 광고의 배후에, 은행 대출 또는 복지 신청의 승인이나 거부, 콜센터 문의 또는 콜택시 호출의 배후에, 어둡게 빛나는 화면을 훑어보는 경찰 혹은 국경 경비대와의 마주침의 배후에 AI가 있다. 이러한 방식으로 AI는 수년 동안 우리와 함께해 왔다.

한때 좌파는 소비에트 연방 공화국과 동유럽의 체제를 "현존 사회주의"actually-existing socialism(Bahro 1978)라고 불렀는데, 이는 새로운 사회 질서에 대한 희망을 완벽하게는 아니지만 부분적으로나마 실현한 체제를 가리킨다. 우리는 수많은 기대가 투자되는 기술들이 실험적이고 불균등하게 도입되는 단계를 가리키기 위한 유사한 표현으로 "현존 AI 자본주의"actually-existing AI-capitalism를 제안한다. 이 국면은 AI 애호가들이 예상하는 것보다 훨씬 더 오래 계속될 수 있다. 현존 AI 자본주의는 침체되고 지연되어 붕괴할 수도 있다("현존 사회주의"가 그랬던 것처럼 말이다). 그러나 현존 AI 자본주의는 훨씬 더 크게 변형된 자본주의로의 전환이나, 혹은 근본적으로 전혀 다른 사회 체제로의 전환 속에서 더욱 심화되거나 확장될 수도 있다.

이렇게 사회주의의 운명을 참조하면 우리가 AI 자본주의를 비판하는 지점으로 우리를 이끈다. 기술적 특이점 예언자들은 2045년경에 기술적 특이점이 도래할 것으로 예상한다(Kurzweil 2005a [2007]). 이는 초기 산업 자본주의에 대한 한 비판적 관찰자가 "최종적으로 … 비인간 권력inhuman power이 모든 것을 지배한다"(Marx 1975 [1844]: 366)라는 그 궁극적인 결과를 예측한 지 201년이 되는 해다. 청년 맑스는 인공지능이나 로봇에 관해 글을 쓰지는 않았다. 맑스는 자본에 의해 자신이 무엇을 만들고 어떻게 만드는지에 대한 통제권을 박탈당하고, 동료 인간들과의 관계, 나아가 자신의 바로 그 "유적 존재"마저 빼앗긴 노동자들이 겪는 "소외"를 기술하고 있었다. 이 책에서 주장하는 바는 우리가 AI를, 이 과정의 정점으로, 즉 시장-체계가 독자적인 생명을 갖게 되는 순간으로 여겨야 한다는 것이다. 우리는 AI를 "낯선 힘"alien power(Marx 1990: 716 [2015]), 즉 자율적 자본의 힘이라고 상정한다. 우리는 AI를 통해 맑스를, 맑스를 통해 AI를 읽는다. 맑스를 통해 AI를 읽는 것은, 자본주의에 대한 맑스의 분석이 오늘날 AI를 이끄는 상품화와 기술의 융합에 관한 가장 포괄적이고 비판적인 설명이기 때문이다. 그리고 AI를 통해 맑스를 읽는 것은, AI가 인간 예외주의·행위성·노동을 문제화하며 맑스주의적 가정들에 심대하게 도전하기 때문이며, 따라서 자본에 맞서고 자본을 넘어서는 혁명에 대한 맑스의 열망을 공유한다면, AI를 신중하게 검토할 필요가 있기 때문이다.

세 가지 논쟁

이 책의 논증은 세 가지 논쟁적인 비판을 서로 엮으며 전개된다. 첫 번째는 자본의 기구instrument로서의 AI에 대한 비판이다. 이는 임금 노동 체제 안에서 인간 노동을 착취하거나 노동을 일자리에서 배제하는 문제, 그리고 첨단 기술을 소유한 기업 창업주들의 손에 부와 사회적 권력이 집중되는 현상을 모두 포함한다. AI를 이해관계와 무관한 과학적 연구 과정의 결과물로 묘사하는 것은 소박한 생각이다. 기계 지능은 기술적 논리의 산물이기만 한 것이 아니라 사회적 논리, 즉 잉여 가치 생산 논리의 산물이기도 하다. 자본주의는 이러한 기술적 논리와 사회적 논리의 융합이며, AI는 계산과 상품화의 가공할 통합이 가져온 가장 최근의 결과물이다. AI는 미국 군산복합체의 디지털 실험을 발판으로 시동이 걸렸다. 그것은 인간 노동을 자동화하고, 판매를 가속화하며, 금융 투기를 정교화하고, 저항 가능성이 있는 인구에 대한 군사경찰 통제를 강화하는 수단을 소유한 사람들에게 보상을 주는 사회-경제적 질서 내부에서 등장하고 발전했다.

AI가 다른 사회 질서에 기여하거나 다른 사회 질서를 만들기 위해 "재구성되는"(Bernes 2013, Toscano 2014, Steinhoff 2017) 등 다른 용도로 사용될 수 있는지의 여부는 뒤에서 논의될 것이다. 분명한 점은 거대 디지털 기업의 소유주들이 AI를 그들 자신의 기술로 간주하고 있다는 것이다. 여기에는 타당한 이유가 있는데, 지식 재산권·막대한 연구 예산·AI 과학자들의 노동 시간·데이터 및 그 데이터를 저장하는 센터·통신 네트워크·AI 개발의 전제 조건인 국가 기구와의 제휴를 소유하고 있는 이들이 바로 거대 디지털 기업의 소유주들이기 때문이다. AI 소프트웨어와 하드웨어에 자신들의 목표와 우선순위를 주입하고, 자신들의 가치들—실질적으로는 잉여 가치의 확장이라는 하나의 최상위 명령—을 설계에 "섞어 넣는"baking-in 위치에 있는 자는 바로 그들과 그들의 고위 관리 간부들이다.

기업 지도자들 사이에는 열광적인 포용부터 종말론적인 경고에 이르기까지 AI에 관해 놀라울 정도로 다양한 의견이 존재하는 것으로 보인다. 그러나 그 의견들 사이에서 공유되고 있는 것은, AI의 방향성을 지시하고, 정부와의 특권적 협의와 고위급 회의를 통해 AI를 (도입할지의 여부가 아니라) 어떻게 도입할지, 그리고 치열한 자유-기업 경쟁과 신중한 윤리 규제 및 정책 안전망 사이에서 어떤 균형을 유지하여 원치 않은 소란을 방지할지 결정하는 것은 바로 그들 자신이라는 암묵적 합의다. 특이점에 관한 생각을 지지하면서 이를 주도하기 위해 자사의 독점적 힘을 강화하는 세르게이 브린이든, 자율주행차 생산을 위해 완전히 자동화된 공장을 건설(또는 건설을 시도)하면서 AI 재앙을 경고하는 일론 머스크든, 또는 실효성 없는 로봇세 방안을 제안하는(따라서 즉시 동료들의 비웃음을 사는) 빌 게이츠든, 기업 유명인들의 다채로운 충돌은 이 위대한 AI 거물들이 이윤의 극대화를 추구하는 시장 계산의 추상적 힘이 인격화한 것에 지나지 않는다는 좀 더 냉정한 현실을 은폐한다. 또한, 그 충돌들은 자신이 풀어놓은 힘을 스스로 통제할 수 있다고 믿는 자본가 계급의 거대한 교만을 가리기도 한다. 왜냐하면 앞에서 우리는 청년 맑스로부터 가져온 상징적인 인용문을 일부만 인용해 왔었기 때문이다. "최종적으로 — **그리고 이것은 자본가들에게도 해당하는 말인데** — 비인간 권력이 모든 것을 지배한다"(Marx 1975 [1844] : 366, 강조는 저자).

그러나 자본주의와 AI의 만남에 대해 이러한 비판을 하면서 우리는 그러한 우려를 공유하는 좌파 이론가들에게도 문제를 제기한다. 그들 중 일부는 우리와 마찬가지로 AI를 평가하면서 맑스를 인용한다. 그러므로 여기서 우리는 우리가 존중하고 그들로부터 배웠지만, 그러면서도 동의하지는 않는 대담자들과 논쟁한다. 우리는 특히 AI에 대한 두 가지 좌파적 관점에 대해 논박한다. 이를 우리는 각각 AI에 관한 "최소화" 관점과 "최대화" 관점이라고 부른다.

좌파 "최소주의적"minimalist 입장은 AI에 관한 현재의 담론을 과장 광고와 행상 행위로 일축한다. 좀 더 온건한 버전은 그것을 제한적으로 신뢰하지만, 자본과 계급에 대한 이전의 분석을 진지하게 바꾸기에는 충분하지 않다고 주장한다(Huws 2014 ; Moody 2018a). 이러한 최소주의적 입장을 강하게 표현한 진술로서, "로봇의 부상은 크게 과장되었다"라는 것을 기본 테제로 가지고 있는 애스트라 테일러의 「자동화 위장」(Taylor 2018)을 들 수 있다(많은 저자와 마찬가지로 테일러는 AI와 로봇 공학을 거의 동의어로 보고 있는데, 이는 나중에 논하겠지만 유감스러운 해석이다). 테일러는 기술 변화, 특히 자동화가 중립적인 과정이 아니라 계급 권력의 위치에서 행사되는 수단이라는 우리의 요지에 동의한다. 그러나 테일러의 주된 논증은 자동화의 현실뿐만 아니라 자동화의 가능성이 노동자를 위협하기 위해 무기화된다는 것이다. 테일러는 최저임금 15달러를 위한 투쟁 운동을 가라앉히고자 패스트푸드 기업이 로봇 햄버거 뒤집개와 터치스크린 셀프서비스 키오스크로 노동자를 위협한 사건을 인용한다. 테일러는 이러한 위협 중 일부는 공허한 것으로 판명되었고, 실현된 일부 위협은 여전히 많은 노동자가 맥도널드에서 고된 노동을 계속하도록 하고 있다고 지적한다. 이에 비추어 그녀는 다음과 같이 제안한다. "자동화 자체에 대한 우리의 개념을 낡은 것으로 만들어야 한다. 새로운 용어로 '허위 자동화'fauxtomation가 훨씬 더 적절해 보인다"(Taylor 2018). 그녀는 사회주의 페미니스트들이, 무임금 노동으로서의 가사 노동에 밀접하게 참여해 온 경험을 통해, 비록 인간 노동이 인정받지 못하고 보상받지 못하며 여성과 소수 인종이 수행할 때도 자본주의는 인간 노동에 뿌리 깊이 의존한다는 점에 관한 특별한 통찰력을 가지고 있다고 주장한다. 이어서 그녀는 기계의 도입이 일자리를 없앤 것이 아니라 오히려 심화시켜 온 방식을 강조하며, 실리콘밸리의 디지털 플랫폼이 화면 뒤 콘텐츠 모더레이터[내용 관리자]content moderator와 같은 인물의 보이지 않는 작업에 의존하고 있음을 강조한다. 이러한 맥락 속에서 테일러는 유명한 맑스주의 페미니스트 이론가 실비아 페데리치가 한 콘퍼런스에서 "과잉인구"를 생성하는 자본의 경향에 관한 질문에 대해 내놓은 대답을 각성을 일으키는 통찰의 순간으로 여긴다. "그들이 당신을 일회용disposable이라고 생각하게 두지 마십시오."

테일러의 요점 중 많은 부분이 탁월하다. 우리는 이후, 특히 AI 자동화의 노동 조건에 관해 논하는 2장에서 그중 일부를 자세히 살펴볼 것이다. 우리는 "자동화는 기술적 차원뿐만 아니라 이데올로기적 기능도 가지고 있다"라는 점에는 동의하지만, 그녀의 전반적인 강조점에는 동의하지 않는다. AI와 로봇 공학이 초래하는 총고용효과는 불확실하고 논쟁의 여지가 많지만, 자동화를 "위장"으로 치부하는 것은 역사에 반하는 것이다. 수직공hand-loom weaver부터 조립 라인에서 자동차를 조립하는 노동자, 차가운 금속으로 만들어진 인쇄기를 관리하는 노동자에 이르기까지, 여러 세대의 노동자들은 인간을 기계로 대체하려는 자본의 경향에 관해 "허위"는 없다고 증언할 것이다. 아날로그 및 디지털 공급망과 자동화된 공장이 세워지지 않은 지구 곳곳의 지역을 떠나 이주하는 수백만 명의 인구는 과잉인구의 현실을 증언한다. 사회적으로 일회용이라고 간주하여야 할 사람과 대상에 관해 재고해야 한다는 페데리치의 주장은 매우 정당할지도 모르지만, 자본이 언제나 사람을, 그리고 실제로 전체 인구를 "일회용"으로 만들어 왔다는 점은 의심의 여지가 없다(물론 바로 그렇기 때문에 그것에 맞서 저항해야 한다). 기업의 기계 권력이 형성한 새로운 국면이 그러한 일회성을 새로운 수준으로 끌어올리는 순간에 이러한 현실을 외면하고 모든 것을 허풍과 과장 광고로 치부하는 것은 편안할 수 있지만, 현명하지 않고 감상적이며 위험할 정도로 자기 만족적이다. 이러한 점을 인식했기 때문인지 테일러는 글의 마지막 부분에서 갑자기 진로를 바꾸어 다음과 같이 인정한다. "한 세대 전에는 상상할 수 없었던 기술적 가능성이 이제는 존재하며, 인공지능과 기계학습 및 비전의 발전으로 인해 완전히 새로운 범위의 직업이 위험에 처해 있다는 점은 부인할 수 없다. 산업 전체가 이미 자동화되어 존재하지 않게 되었다." 그리고 그녀는 "'파괴적 혁신'이 무에서 나타나거나 시원한 산들바람이 지나가듯 자연스러운 무언가인 것처럼 기술적인 요인만을 강조하는 것은, 계급 갈등에 깊이 뿌리를 둔 무언가를 비난할 수 없는 필연적인 것처럼 보이게 한다"(Taylor 2018)라고 올바르게 지적한다. 우리는 이에 동의한다. 그러나 이러한 문제와 대면하기 위해서는, AI와 그 자동화 능력에 신비화와 물신화가 가득 덧붙어 있다고 하더라도 그것을 단순한 "위장" 이상의 것으로 이해할 필요가 있다.

우리의 세 번째 비판 대상인 좌파 "최대주의적"maximalist 입장은 "최소주의" 접근법과 정반대다. 이 입장은 인공지능과 로봇 공학 같은 인공지능 관련 기술이 "현실적"이며 생산과 노동의 조건을 획기적으로 변형시킬 수 있다고 주장할 뿐만 아니라, 이러한 능력을 사회주의로 가는 디딤돌로 본다. 이 견해의 지지자들은 AI의 자동화 능력이 임금 노동 착취를 개선하고 어쩌면 궁극적으로 폐지할 기회로서, 사람들이 쾌락, 개인 개발 그리고/혹은 정치 참여를 위해 더 많은 자유 시간을 즐기는 사회로 나아갈 전망을 열어준다고 낙관적으로 바라본다. 이는 자본에 맞선 전면적 혁명이라는 손에 벅찬 전망보다 더 달성할 가망이 보이는 길을 사회주의자들에게 제공하는 것처럼 보인다. 도리어 사회주의는 4차 산업혁명의 기술을 조성하고 모든 시민에게 임금 직업과 무관한 소득을 보장하는 "보편적 기본소득"universal basic income(이하 UBI) 또는 "시민소득"을 도입할 준비가 된 사회민주주의 정부를 통해 달성될 수 있다. 레닌은 코뮤니즘이 "소비에트 + 전기화"와 같다는 유명한 말을 남겼다. "AI + UBI"는 기술-진보적 사회민주주의 사상의 정식이 되었다고 해도 과언이 아니다. 닉 서르닉과 알렉스 윌리엄스의 『미래를 발명하다 : 포스트자본주의와 노동 없는 세상』(2015), 폴 메이슨의 『포스트

자본주의』(2015)와 아론 바스타니(Bastani 2014 ; 2019 [2020])의 『완전히 자동화된 화려한 코뮤니즘』 논증, 포스트-젠더 미래주의의 제노페미니스트(Hester 2018) 노선, 혹은 자율주의 및 포스트오페라이스모post-operaismo 이론가 집단의 작업을 통해 표현된 이 끌개를 둘러싸고 사상가들의 성층이 형성되었다.

다시 말하지만, 우리는 이 집단의 열망에 공감하며 여러 측면에서 그것을 공유한다. 실제로 우리 중 한 명은 매우 유사한 태도로 디지털 기술에 관해 글을 썼고(Dyer-Withcford 2014), 다른 한 명은 맑스주의가 트랜스휴머니즘적 사유에서 최대주의적 사유와 유사한 요소들을 유용하게 수용할 수 있다고 제시했다(Steinhoff 2014). 그러나 우리가 이 책을 집필한 이유는 이러한 AI 낙관론의 몇 가지 전제에 직접적으로 도전하기 위해서이다. 특히, 우리는 AI가 자본주의에서 쉽게 분리·해체·재전유될 수 있다는 생각에 이의를 제기하고자 한다. 이 지점에서 최대주의 입장이 의존하는 원천에 관해 생각해 보는 것은 유용하다. 그것은 부분적으로는 맑스가 때때로 사회주의 또는 코뮤니즘의 출현을 촉진하기 위해 생산력의 근대화하는 힘을 열정적으로 포용한 것, 그리고 질 들뢰즈와 펠릭스 과타리 같은 포스트구조주의 이론가들이 이 입장을 활용하고 재해석한 것에서 비롯된 것이다. 그러나 아마도 가장 중요한 원천은 반맑스주의 철학자 닉 랜드(Land 2012)의 "가속주의적" 사유일 것이다. 그는 멈출 수 없으며 종을 변형시키는(또는 멸종을 초래하는) 계산의 힘을 단호하게 주장하고 예찬했다. 실제로 우리가 여기서 개괄한 최대주의적 사유 노선의 시초가 된 문헌은 윌리엄스와 서르닉의 「가속주의자 선언」(Williams and Srnicek 2013 [2023])으로, 랜드의 사유를 좌파적으로 개조하려고 시도한 글이다. 우리가 기술한 "최대주의" 이론가 집단을 가장 정확하게 줄여서 표현하면 "좌파 가속주의자"다.

나중에 자세히 설명하겠지만, 랜드주의적 사유에 대한 이러한 전유는 그 창시자의 핵심 논증 중 일부를 회피한다. 우선, 랜드(Land 2014)는 AI를 자본주의의 완성형 기술, 즉 자본의 논리를 그 핵심에 심어놓은 기술이라고 주장했다. 랜드가 보기에 AI는 단순히 자본에 의해 전유되는 것이 아니라 자본에 의해 구성되는 기술이며, 노동 자동화·상품 가속화·금융 투기 과정을 통해 만들어진 기술이자 이를 위해 만들어진 기술이다. 두 번째, 그러나 더 불안을 조성하는 랜드주의적 요점은 자본과 AI의 이 상호 내장이 자본주의로부터 인간을 해방하는 것이 아니라 반대로 자본을 인간으로부터 해방한다는 것이다. 즉, 그것은 호모 사피엔스가 더는 필요 없는 자본, 곧 인간 멸종을 의미한다.[3] 이는 편안한 사유가 아니다. 그리고 그것은 랜드가 최근의 저술에서 인종차별주

3. 우리 중 한 명(Kjøsen 2013a)도 랜드의 논증에 관한 사전 지식 없이 안드로이드가 노동하고 잉여 가치를 창출할 수 있는지에 관한 논의를 통해 같은 결론에 도달했다.

의적이자 여성혐오주의적인 "암흑 계몽주의" 사상의 반동적 옹호자로 등장했으며, 이 사상은 많은 AI 생산이 이루어지는 실리콘밸리의 문화에 복잡한 방식으로 침투했다는 사실로 인해 더욱 불편하다.[4] 우리는 랜드주의적 사유의 이러한 양상과는 단호히 거리를 두지만, 그럼에도 불구하고 어떤 AI에 관한 코뮤니즘적 입장도 그의 원래 가속주의 명제 — AI는 자본주의와 선택적 친화력을 가지고 있으며 근본적으로 비인간적이다 — 를 진지하게 받아들여야 한다고 생각한다.

AI에 대한 좌파 최소주의적 부정과 최대주의적 예찬 양쪽의 반자본주의적 비판을 고려할 때, 우리가 중도적이고 온건한 견해를 밝힐 것이라고 예상할지도 모른다. 이것은 참이 아니거나, 혹은 최소주의적 안일함과 최대주의적 낙관론 양쪽 아래에 깔린 공통 지반을 제거하려고 한다는 의미에서만 참이다. AI에 대한 우리의 비판은 두 가지 의미에서 "심연적"abyssal인 것으로 가장 잘 특징지어질 수 있다. 첫째로, 우리는 AI가 주입된 자본주의의 방향성과 목적지를 둘러싸고 엄청난 비결정성이 존재한다는 점을 고백하며, 다른 AI 사상가들도 그래야 한다고 생각한다. 가까운 미래와 먼 미래의 AI의 능력과 전개에 대한 상반된 평가를 들여다보는 것은 정치적 현기증을 유발할 수 있으며, 또 유발해야 한다. 현재 선

---

4. 랜드, 그리고 그가 학계, 실리콘밸리, 극우/네오파시스트/신반동 사상에 미친 영향에 관한 좀 더 자세한 내용은 Wark 2017, Goldhil 2017, Haider 2017 참조.

진 자본주의에서 흔해진 AI가 일상적으로 사용되는 것은 미래의 궤도에 관한 몇 가지 지표를 제공하지만, 이 지표는 확실성을 주는 것이 아니다. 맑스주의가 여러 차례에 걸쳐 대담한 목적론적 확실성을 주장해 왔다는 점을 고려할 때 이는 AI에 대한 맑스주의적 이론화로서는 이상한 주장으로 보일 수 있지만, 우리가 뒤에서 논할 것처럼 맑스의 저작 자체에는 자본의 기술적 강박에 따른 결과에 관한 서로 엇갈리는 설명들이 포함되어 있다. 우리는 이를 약속어음이 아닌 가능성들의 모체로 읽는다. 이러한 접근법은 그 자체로, 신기술과 상관없이 사회적 투쟁은 변함없이 존속할 것이라는 안일한 생각이나, 반대로 신기술 때문에 자본의 자멸이 임박했다는 생각 모두를 약화한다.

그러나 우리가 수행하는 AI 분석의 두 번째 "심연적" 양상은, 미래 가능성들의 미로 속에서, 자본주의의 계속 또는 종말에 대한 각각의 확신을 바탕으로 최대주의 또는 최소주의 입장이 허용하는 잠재적 결과보다 훨씬 더 깊이 불편할 수 있는 잠재적 결과가 식별될 수 있다는 점이다. 이러한 결과는 노동 가치 이론, 생산 현장에서의 투쟁을 계속 중심에 놓는 것, 심지어 자본주의가 임금 노동력을 폐기하면 살아남을 수 없으리라는 확신이 지닌 가정에 의문을 던진다. 이러한 요지들은 패배주의를 정당화하기 위해서가 아니라, 혁명적 코뮤니즘의 사유가 부흥하기 위한 구성요소로서 고려되어야 한다. AI에 대한 맑스주의적 비판을 하는 동시에 맑스주의에 대한 AI-기반 비판을 한다는 말은 바로 이런 의미다. 그렇다면 AI란 무엇인가?

"시뮬레이션을 위한 기계를 만들 수 있다"

AI를 둘러싼 열광을 이해하려면 AI가 무엇이며 어떻게 기능하는지 정의해야 한다. 강조하건대 우리는 AI 전문가가 아니며, 기술적 지식의 부족과 빠르게 진화하는 이 분야의 본성으로 인해 오류를 범할 수 있다. 이러한 어려움에도 불구하고, 우리는 기본적인 AI 개념 및 AI가 실제로 작동하는 방식과 씨름하는 것이 중요하다고 생각한다. AI를 예찬하거나 일축하는 AI에 관한 너무 많은 설명이 이 노력을 건너뛰고 있다. 하지만 AI의 과학과 기술에 어느 정도 익숙해져야만 효과적인 비판을 할 수 있는 법이다.

1956년 뉴햄프셔주 하노버의 다트머스 대학에서 열린 워크숍은 통상적으로 "인공지능" 분야와 연구의 시초로 여겨진다. 주최 측은 이 워크숍의 목표를 다음과 같이 기술했다.

> 이 연구는 학습의 모든 양상이나 지능의 다른 특징이 원리상 매우 정확하게 기술되어 기계로 시뮬레이션될 수 있다는 추측에 기초하여 진행된다. 언어를 사용하고 추상화와 개념을 형성하여 현재 인간에게 맡겨진 문제를 해결하고 스스로를 향상시키는 기계를 만들 방법을 찾으려는 시도가 이루어

질 것이다. (McCarthy et al. 1955)

이 이후로 AI에 대한 정의는 수없이 제시되어 왔지만, 여전히 모호한 상태에 머물러 있다. AI 전문가들은 합의점을 찾지 못했다(Faggella 2018c). 이러한 AI 정의 문제를 더욱 복잡하게 만드는 것은 "AI 효과"AI Effect다. "AI 효과"는 AI가 무언가를 할 수 있게 되면 더는 그 무언가를 하는 데 지능이 필요하지 않은 것으로 고려되는 현상이다. 파멜라 맥코덕은 AI의 역사에서 "누군가가 컴퓨터가 체스를 잘 두게 하고, 비교적 단순하지만 비형식적인 문제를 풀게 하는 등 컴퓨터가 어떤 일을 하게 하는 방법을 알아낼 때마다 '그것은 사고thinking가 아니다'라고 말하는 비평가들의 합창이 있었다"(McCorduck 2004:204)라고 언급했다. 최근의 한 AI 교과서는 1983년에 일레인 리치가 내린 AI 정의를 인용한다. 그 정의에 따르면, AI는 "현재로서는 사람이 더 잘하는 일을 컴퓨터가 할 수 있게 만드는 연구다"(Ertel 2018:2에서 인용). 우리가 좀 더 유용하다고 생각하는 AI의 형식적 정의는 다음과 같다.

AI의 본질 — 사실상 지능의 본질 — 은 제한된 데이터를 바탕으로 시기적절하게 적당한 일반화를 도출하는 능력이다. 응용 영역이 넓을수록 최소한의 정보로 더 빠르게 결론을 도출할 수 있고, 행동은 더 지능적으로 된다. (Kaplan 2016:5~6)

이 정의는 AI를 단순한 계산과 구분하는 동시에 속도, 필요한 정보의 양, 응용의 일반성을 고려하여 다양한 유형의 기존 AI 및 가상 AI를 구분할 수 있게 해준다. 그런데 카플란의 정의는 AI가 실제로 세계에서 취하는 모습에 관해서는 전혀 언급하지 않는다. AI는 로봇을 의미하지 않으며, 이는 대중문화의 영향에 기인한 혼동이다. 로봇학자 앨런 윈필드는 로봇에 대한 세 가지 상호보완적 정의를 제시한다.

1. 환경을 감지하고 그 환경을 대상으로, 혹은 그 환경 속에서 목적적으로 행위할 수 있는 인공 장치
2. 체화된 인공지능, 혹은
3. 유용한 작업을 자율적으로 수행할 수 있는 기계 (Winfield 2012:8)

윈필드의 정의에서 가장 중요한 양상은, 모든 로봇이 형태는 다르지만 신체를 가지고 있다는 점이다. 그러나 AI는 소프트웨어이며, AI를 실행할 계산 하드웨어가 필요하기는 하지만 체화될 필요는 없다. 첨단 로봇은 지각·행위 계획·학습을 비롯한 여러 기능을 위해 AI를 도입하지만, 로봇 신체가 반드시 AI를 수반하는 것은 아니며, AI 체계가 반드시 로봇 신체를 수반하는 것도 아니다.

현존 AI와 AI의 사변적인 미래 모습을 구분하기 위해 다음과 같은 세 가지 범주를 채택하는 것이 유용할 것이다. 이

세 가지 범주란 좁은 AI, 인공 일반 지능, 인공 초지능artificial superintelligence(이하 ASI)이다. 현존 AI는 좁다. "현재 대부분의 AI 접근법은 … 주로 좁은 작업을 처리하도록 설계되어 있다"(Johnson et al. 2016 : 4246). 대부분의 AI 연구, AI의 모든 상업적 응용, 그리고 소비자들이 매일 사용하는 AI는 이러한 작업-기반 도구이다. 기능적인 측면에서, 그것은 정치적으로 활동하는 의인화된 〈한 솔로: 스타워즈 스토리〉의 드로이드 L3-37보다는 현미경에 더 가깝다. 이러한 체계는 특정한 기능의 영역을 넘어서면 할 수 있는 것이 없거나 매우 적다. 사진 속 얼굴을 인식하는 AI 체계는 음성 녹음을 처리하거나 바둑을 두거나 이메일을 작성할 수 없으며, 페르시아어를 구사하지도 못할 것임이 분명하다. 우리는 이 책 전반에 걸쳐 기존의 수십 가지 좁은 AI 체계에 관해 논의할 것이다.

일반성을 기초로 하여, 좁은 AI는 "효율적인 크로스-도메인[영역-교차] 최적화 능력" 또는 "한 영역에서 다른 영역으로 학습을 전이할 수 있는 능력"(Muehlhauser 2013)을 갖춘 AI를 가리키는 AGI와 대조된다. AGI는 다양한 맥락에서 지능적으로 활동 및 행동하고 한 맥락에서 학습한 지식을 새로운 상황에 적용할 수 있는 능력을 갖춘 AI를 가리키며, 이는 "다양한 지적 영역을 걸쳐 추론할 수 있다는"(Baum 2018a : 3) 것을 의미한다. 2019년 현재, 공공 및 민간 기관 양쪽에서 AGI에 관한 진지한 연구가 시행되었지만, 그것은 여전히 사변적 기술로 남아 있다. 우리는 3장에서 AGI를 논한다.

ASI는 AGI보다 더 사변적이다. ASI는 "일반 지능을 가진 것일 가능성이 크지만"(Baum 2018a : 3), 그것은 특히 "인간이 수행하는 대부분의 범용적 인지 영역에서 최고 수준의 인간 지성을 크게 뛰어넘는"(Bostrom 2014 : 63 [2017]) AI를 가리킨다. ASI는 주로 SF의 산물이지만 학계에서도 이에 대한 진지한 논의가 이루어지고 있으며, 학계에서 ASI는 종종 AGI의 탄생에 신속하게 뒤따르는 것으로 간주된다(예를 들어 Bostrom 2014 [2017] ; Torres 2018 ; Baum 2018a ; 2018b 참조). 가장 일반적으로, ASI라고 하면 AGI가 자기-수정 능력을 얻고 예측할 수 없는 힘을 가진 신 같은 인공지능으로 진화하는 시나리오를 상상한다. 그러한 사건에 따른 귀결을 확실하게 예측하는 것은 불가능하지만, 그러한 사건이 발생할 수 있다는 가능성만으로도 여러 사상가와 기관 — 닉 보스트롬과 옥스퍼드의 〈인류 미래 연구소〉, 세스. D. 바움 박사와 〈전 지구 재앙 위험 연구소〉, 엘리저 유드코프스키와 〈기계 지능 연구소〉 — 은 우리가 지금부터 그 가능성을 진지하게 연구해야 한다고 주장한다.

또 다른 중요한 구분은 "강한" AI와 "약한" AI 사이의 차이이다. 강한 AI라는 용어는 때때로 AGI를 지시하는 데 사용되기도 하지만(Kurzweil 2005a : 260 [2007]), 원래 철학자 존 설의 연구(Searle 1980)에서 유래한 것으로, 설은 첨단 AI가 의식을 가질 것이라고 믿는 사람들의 입장을 기술하는 데 이 용어를 사용했다. 설은 기계가 결코 의식을 가질 수 없다고 주장하는 회의적인 약한 AI 입장에서 이러한 견해를 비판한다. 중국어를 말하거나 이해하지는 못하지만, 중국어를 영어로 번역하는 백과사전식 규칙 집합을 장착한 인간(또는 기계)을 가설적으로 설정한 설의 유명한 사고 실험 "중국어 방"은 이러한 입장을 증명하려고 했다. 카플란이 말했듯이, "강한 AI는 기계가 마음을 가지고 있거나 궁극적으로 마음을 가지게 될 것이라고 상정하는 반면, 약한 AI는 기계가 실제 지능을 복제하는 것이 아니라 단지 시뮬레이션할 뿐이라고 주장한다"(Kaplan 2016 : 68). 우리는 기계 의식의 문제에 관해 명확한 입장을 취하지 않는다. 이 책의 논증은 기계 의식이 물리적으로 혹은 심지어 논리적으로 가능하거나 불가능하다는 주장에 의존하지 않는다. 이 주제에 관해서 우리는 사실상 불가지론적인 입장을 취하며, 3장에서 논의하듯 자본에 관해서도 마찬가지다.

현존하는 좁은 AI에 대한 접근법은 일반적으로 세 가지 학파로 구분된다. 구관이 명관 AI Good Ol' Fashioned AI(이하 GOFAI), 기계학습[머신러닝]machine learning, '상황화되고 체화된 동적 프레임워크'the situated, embodied and dynamical framework(이하 SED 프레임워크)다. 기호적 AI라고도 알려진 GOFAI는 AI에 대한 최초의 접근법이었으며 1980년대까지 지배적이었다(Boden 2014 : 89). GOFAI는 기호 언어로 코드화된 정보를 조작하여 논리적 추론과 같은 높은 수준의 인지 기능을 기계에 구현하는 것을 지향하는 접근법이다. 그러한 체계는 그 체계의 세계 또는 문제 영역에 대한 내적 표상을 기호 언어로 생성하고 이 표상을 논리적으로 조작하여 생각하거나 행위한다. 이러한 체계는 명확하게 정의된 일련의 규칙으로 구성되는 경우가 많다. GOFAI의 가장 좋은 예시는 1980년대에 등장하여 확산된 소위 "전문가 체계" 또는 "지식 체계"다. 이 체계들은 인간 전문가의 지식을 수집하여 숙련도가 낮은 작업자나 무지한 관리자가 사용할 수 있게 의도되었다. 전문가 체계는 의료 진단·신용 평가 및 분석·사업 관리에 사용되었는데, 가장 유명한 전문가 체계는 1997년 세계 체스 챔피언 가리 카스파로프를 꺾은 아이비엠IBM의 체스 게임 체계 딥블루다. 그러나 GOFAI에는 무수히 많은 상호작용을 할 수 있는 방대한 규칙 집합이 필요했다. 이러한 방식으로 복잡한 문제를 해결하려면 엄청난 계산 능력이 요구된다. 이와 함께 다른 여러 이유로 GOFAI 이외의 접근법이 추구되었다.

GOFAI의 문제에 대한 한 가지 대책은 "SED 프레임워크"(Beer 2014 : 128)다. 이 분야의 선구자인 로드니 브룩스는 자신의 접근법을 "누벨 AI"nouvelle AI라고 부르며 GOFAI와의 질적 단절을 강조했다(Copeland 2000). SED 연구자들은 종종 "모라벡의 역설", 즉 "컴퓨터가 지능 시험이나 체스 게임에서 성인 수준의 성능을 발휘하게 하는 것은 상대적으로 쉽지만, 지각과 이동성mobility이라는 측면에서는 한 살짜리 아이 수준의 기술을 갖게 하기도 어렵거나 불가능하다"라는 로봇 공학자 한스 모라벡의 관찰에서 동기를 얻고는 한다(Moravec 1988 : 15). AI에 대한 SED 접근법은 지각 장치와 형태를 갖춘 신체가 인지를 위해 환원할 수 없이 중요하다는 점을 강조한다. 이 학파에 따를 때 기계의 지능적 행동은 물질적인 문제를 해결함으로써 진화할 수 있다. 따라서 이러한 접근법은 AI에 덧붙여서 로봇 공학 및 인공 생명체와 관련되는 경우가 많다. SED 종사자들은 처음에는 매우 단순한 곤충형 로봇들에 집중했지만, 2010년대에는 좀 더 복잡한, 부분적으로 휴머노이드인 로봇들이 가능해졌고 산업 현장에 도입되기 시작했다. 다양한 SED 프레임워크가 차세대 AI 패러다임이 될 가능성이 있다.

GOFAI의 문제에 대한 또 다른 대책은 기계학습이었다. 과거 연결주의라고 불렸던 기계학습 학파는 다트머스 워크숍만큼이나 오래전부터 현존했고 1980년대에 학습 알고리즘의 발전으로 어느 정도 견인력을 얻었지만, 빅데이터와 저렴한 계산 능력이 확산한 2010년대까지는 폭발적으로 성장하지 못했다. 2019년 현재, 기계학습은 AI에 대한 지배적인 접근법이다.[5] 그것은 통계적인 패턴 인식 접근법이다. 한 엔비디아 연구원은 기계학습을 세 단계로 구성되는 과정이라

5. 이 책을 통틀어 우리는 기계학습을 비롯한 AI 전체를 지칭할 때 AI라는 단어를 사용한다. 기계학습의 특정한 특성이 당면한 논의에 중요한 경우 우리는 기계학습이라고 구체적으로 언급한다. 대부분의 경우에 우리가 논하는 현존 AI 체계는 기계학습이지만, 언제나 그런 것은 아니다. 기계학습이 통계와 어떻게 구별되고 구별될 수는 있는지는 전문가에게 맡겨야 할 논쟁적인 주제다. 어떤 관점을 취하든, 두 분야 사이에는 상당 부분 겹치는 점이 있다(Srivastava 2015 ; Fawcett and Hardin 2017).

고 기술했다. 기계학습은 "(1) 몇몇 데이터를 취하고, (2) 해당 데이터로 모델을 훈련시킨 다음, (3) 훈련된 모델을 사용하여 새로운 데이터에 대한 예측을 수행한다"(Dettmers 2015). 다른 말로 하자면, 기계학습 체계는 자체적인 추론 모델을 생성하는 것으로 이해될 수 있다.

기계학습은 다양한 아키텍처에서 작동할 수 있지만, 2010년대 AI의 최첨단은 대체로 인공 신경망artificial neural networks, ANN에 기반해 발전해 왔다. 인공 신경망은 인간의 뇌에서 영감을 받았지만 상당히 다른 방식으로 작동하는 컴퓨터 프로그램이다. 인공 신경망은 GOFAI가 그러는 것처럼 고수준 논리를 에뮬레이션하기보다는 뇌 신경 연결의 전기적 조작을 투박하게 모방한다. 인공 신경망은 "인지가 수많은 단순한 처리 요소 또는 단위체(즉, "뉴런")의 상호작용을 통해 창발한다는 가정에 기반한다"(Sun 2014 : 109). 인공 뉴런은 일련의 층으로 조직되며, 각 층은 위와 아래의 층에 연결되어 있다. 최하위 수준은 이미지, 텍스트, 음성 등의 입력을 벡터화된(긴 숫자열로 변환된) 데이터 형태로 수신한다. 숨겨진 층이라고 불리는 상위 수준은 그 아래 층으로부터 전송된 데이터를 처리한다. 초기 네트워크에는 숨겨진 층이 하나뿐이었지만, 오늘날의 네트워크에는 더 많은 숨겨진 층이 있다. 일반적으로, 기계학습 체계의 기저에 있는 인공 신경망 구조에 층이 많을수록 더 복잡한 패턴을 인식할 수 있다. 2010년대 가장 발전된 기계학습을 "딥러닝"deep learning이라고 부르는 이유는 이러한 네트워크가 여러 층으로 구성되어 있고(LeCun, Bengio, Hinton 2015 : 436~44), 일부 네트워크는 층을 1,000개까지 보유하기 때문이다(He et al. 2016). 이전의 기계학습 네트워크는 수작업으로 구성되었지만, "딥러닝의 핵심적 양상은 이러한 기능의 층이 인간 공학자에 의해 설계된 것이 아니라 범용 학습 절차를 사용하여 데이터로부터 학습된다는 점이다"(LeCun, Bengio and Hinton 2015 : 436).

인공 뉴런의 여러 층을 연결하는 인공 시냅스에는 연결 강도를 나타내는 수로 "가중치"가 부여된다. 네트워크는 이러한 연결들의 가중치를 조정함으로써 "학습"한다. 따라서 우리는 기계학습 체계를 변경 가능한 매개변수를 가진 고정된 템플릿template으로 생각할 수 있으며, "이러한 매개변수에 다른 값을 할당함으로써 프로그램은 다른 작업을 수행할 수 있다"(Alpaydin 2016 : 24). 인공 신경망은 얼굴 이미지나 인사하는 사람의 오디오 클립을 비롯한 데이터 집합data set에 노출된다. 네트워크는 "훈련"이라고 불리는 과정을 통해 선택된 객체(들)의 여러 사례[인스턴스]instance에 노출되고, 네트워크가 얼굴이나 "안녕하세요"라는 단어를 인식하여 상황에 따른 올바른 응답을 출력하는 법을 학습할 때까지 시냅스의 가중치가 학습 알고리즘에 의해 조정된다(Kaplan 2016 : 30).

기계학습을 지도 학습, 비지도 학습, 강화 학습이라는 크게 세 가지 유형으로 구분하는 것은 유용하다. 지금까지는 지도 학습이 가장 성공적이었다. 이 접근법에서는 인간 교사가 통상적으로 범주에 따라 입력 데이터의 레이블label을 지정하고, 체계는 제공된 여러 예시에서 패턴을 식별하여 해당 범주를 학습한다. 다양한 가시성 조건과 다양한 각도에서 정지라는 단어가 적힌 빨간색 육각형 표지판의 사진을 충분히 많이 제공하면 지도 학습 체계는 정지 표지판의 개념을 학습할 수 있다.

그러나 레이블링labelling의 필요성으로 인해 지도 학습은 많은 인적 노동을 수반한다. 이는 기업들이 네트워크 스스로 범주와 레이블을 생성할 수 있게 하는 비지도 학습 기술을 개발하도록 이끌었다(Alpaydin 2016 : 117). 충분한 데이터에 노출되면 체계가 데이터 집합 전체를 걸쳐 "믿기지 않을 정도로 정교하고 복잡한 상관관계"를 식별할 수 있다는 것이 비지도 학습에 담긴 생각이다(Kaplan 2016 : 30). 그렇게 함으로써 체계는 자체적인 정지 표지판 개념을 생성한다고 말할 수 있다. 일부 딥러닝 선구자들은 이 기술이 학습을 위해 인간과 동물이 진화한 방식을 모방하기 때문에 결국 중심적인 기계학습 접근법이 될 것이라고 주장하는데, 이 주장에 따르면 인간과 동물은 누군가가 그렇다고 말해서가 아니라 관찰을 통해 세상의 각종 사물이 무엇이라고 불리는지 학습한다(LeCun, Bengio and Hinton 2015 : 442).

강화 학습은 지도 학습과 비지도 학습 사이의 어딘가에 위치한다. 이 접근법의 선구자들은 이를 다음과 같이 기술한다. 이 접근법에서 학습자는 "수적인 보상 신호를 최대화하기 위해 … 무엇을 해야 하는지 학습한다. 학습자는 어떤 행위를 취해야 하는지 지시받지 않고 … 대신 가장 많은 보상을 초래하는 행위가 무엇인지를 발견해야 한다"(Sutton and Barto 1998 : 127). 강화 학습은 단순한 영역들에 국한된 것으로 여겨졌지만, 2013년 영국 회사 딥마인드DeepMind가 강화 학습을 비지도 학습과 결합하여 초인적인 실력으로 아타리 게임을 플레이하도록 체계를 가르치며 상황이 바뀌게 된다. 딥마인드는 게임에 관한 지식을 체계에 프로그래밍하지 않고 게임의 점수와 화면에 표시된 픽셀 정보에 대한 접근만을 체계에 제공했다(Knight 2017). 알파고가 바둑의 대가이자 세계 챔피언인 이세돌을 이길 수 있었던 것도 이 같은 조합 덕분이었다.

카플란이 강조하듯이, 기계학습에서의 학습은 "데이터에서 패턴을 추출하는 것"(Kaplan 2016 : 27)으로 이해해야 한다.[6] 기계학습 체계는 데이터를 처리하기 위한 규칙 집합으로서 하향식top-down 으로 구축된 것이 아닌 상향식bottom-up 으로 구축된다. "학습 알고리즘은 … 다른 알고리즘을 만드는 알고리즘이며 … 우리가 프로그램을 작성하지 않아도 스스로 프로그램을 작성하는 컴퓨터 … 프로그래밍의 전도〔다〕"(Domingos 2015 : 6~7 [2016]). 이것이 기계학습 지지자가

6. 기계의 학습이라고 불리는 것은 인간의 학습과 같지 않다는 점을 강조할 필요가 있다. 기계의 지각 또는 모든 종류의 기계 인지는 인간에서 볼 수 있는 유사한 과정이나 기능과 동일한 방식으로 작동하지 않는다.

기계학습 체계를 프로그래밍의 코페르니쿠스적 혁명이라고 보는 이유다. 만약 체계가 학습할 수 있다면, 설계자는 체계가 노출될 수 있는 모든 잠재적 상황에 대한 해결책을 예상하고 프로그래밍할 필요가 없다(Alpaydin 2016 : 17). 이상적으로 체계는 자체 솔루션을 개발하여 "데이터 자체가 … 다음에 수행할 작업을 정의한다"(Alpaydin 2016 : 11).

그러나 만약 이러한 체계가 훈련 데이터 집합에 포함되지 않은 데이터를 자신이 학습한 내용으로 일반화할 수 없다면, 이는 기계학습의 강력한 속성이 되지 못할 것이다. 따라서 체계는 그 "일반화 능력"에 따라 평가된다(Alpaydin 2016 : 40). 2019년의 기계학습 체계는 기껏해야 훈련된 데이터와 유사한 종류의 새로운 데이터에 대해 일반화를 수행할 수 있지만, 점점 더 정교해지는 체계는 여러 영역에 걸쳐 일반화를 수행할 수 있는 AGI의 가설적 능력에 근접할지도 모른다. 이 책은 기계학습에서 AGI에 이르기까지 AI가 자본주의의 미래와 관련해 함축하는 바에 관해 논한다.

기계 맑스

맑스의 자본 분석에서 기계는 매우 중요한데, 그의 저작에 관한 거의 모든 진지한 연구가 어떤 식으로든 이 주제를 다룰 정도다. 여기서 우리는 맑스의 사유에서 AI 논의에 가장 중요한 양상을 빠르게 배열하고, 이 책의 뒷부분을 구성하는 우리의 논증과 관련된 요점을 강조한다. 기계에 관한 맑스의 사유에는 크게 세 가닥이 있다. 가장 주요한major 첫 번째 사유 가닥에서 기계는 자본주의 체계 내부에서 가치를 창출하는 핵심 역할을 하는 인간의 노동을 보충하는 것으로 이해된다. 생산이 점점 더 기계화되고 노동자에 대한 착취가 심화하는 가운데, 기계는 궁극적으로 체계가 처한 종말적 위기에 이바지한다. 다른 두 가지 부차적minor 가닥들은 이 주요 가닥으로부터 논리적으로 출현하지만, 거기서 벗어난다. 두 가지 모두 기계가 노동으로부터 자율성을 갖게 되는 순간을 상정한다. 그런데 한쪽은 그 결과를 해방으로, 다른 쪽은 악몽으로 여긴다. 기계에 관한 맑스의 사유가 지닌 이러한 세 가닥은 신중하게 접근한다면 서로 결합해 하나로 엮을 수 있겠지만, 이는 그것들 사이의 긴장을 덮어두는 데 달려 있다. 이러한 긴장은 우리가 AI의 수수께끼와 마주할수록 더욱 확대되고 심화된다.

우리가 맑스의 기계 분석의 주요 가닥이라고 칭한 것은 『자본』 1권에서 펼쳐진다. 이 설명에서 기계는 다른 장비·건물·원자재와 나란히 "불변적이고 고정된" 자본이다.[7] 이것

7. 맑스는 불변 자본을 "고정(fixed) 자본"과 "유동(circulating) 자본"으로 구분한다. 전자는 건물, 도구, 기계를 의미하며, 후자는 원자재 및 생산 과정에 투입되는 그 외 투입물을 의미한다. 맑스는 생산 과정 중 조금씩 나눠서든(고정 자본) 한 번에 전부든(유동 자본) 그것이 상품에 자신의 가치를 이전하는 방식을 바탕으로 두 가지를 구분한다(Marx 1992:237~48 참조).

은 인간 노동의 "가변적" 자본과 대조된다(Marx 1990:508~9 [2015];1992:237~48 [2015]). 이러한 "고정" 자본과 "가변" 자본 사이의 구분은 자본주의 내에서 가치를 창출하는 것은 오직 인간의 노동이라는 기본 명제에 기초한다. 기계는 그 힘이 인간과 비교해서 아무리 막강해 보여도 본질적인 인간 활동에 대한 보충supplement 또는 힘-증폭기 역할을 할 따름이다. 이 역할은 설령 기계가 인간 활동의 효율성을 몇 배나 높이더라도 유지된다. 인간이 구축한 기계는 그 자체로는 "죽은 노동"이다.

기계는 새로운 가치를 창출하는 것이 아니라 그것이 생산물에 이전하는 가치를 이미 가지고 있다. 기계는 "자신이 생산해내는 생산물에 자신의 가치를 넘겨준다"(Marx 1990:509 [2015]). 고정 자본의 사회적 기능은 상대적 잉여 가치를 생산하는 것인데, 이는 필요 노동 시간을 줄여 잉여 노동 시간을 증가시킴으로써 이루어진다. 즉, 이 기능은 "노동자가 자신을 위해 일하는 노동 시간의 일부를 단축하고 … 자본가에게 무상으로 제공하는 … 다른 부분을 늘림으로써"(Marx 1990:492 [2015]) 이루어진다. 노동의 생산성을 높인다는 것은 노동자의 생산량이 증가한다는 것을 의미한다. 더 많은 상품이 더 짧은 시간에 생산되고, 그 귀결로 상품 가격은 저렴해진다. 각각의 개별 상품에 객관화된 가치가 줄어들었기 때문이다.

기계에 관한 맑스의 상세한 설명은 『자본』 1권 15장 「기계와 대규모 산업」(Marx 1990 : 492~639 [2015])에서 등장한다. 여기서 맑스는 기계의 "광범위하고 일반적인 특징에만" 관심을 가졌다(Marx 1990 : 492 [2015]). 기계류의 계보는 도구에서 찾을 수 있다. 수공예 노동의 기구는 기계로 바뀌고, 자동화 기술은 (1)구동력 혹은 원동력인 모터 메커니즘[동력기], (2) 운동을 조절·변경·분산하는 전동 장치, (3) 이 운동을 이용하여 노동의 대상을 수정하는 도구 혹은 작업 기계라는 세 가지 부분을 가진 "완전히 개발된 기계"가 된다(Marx 1990 : 494 [2015]). 모든 기계의 핵심 구성요소는 "인간 힘의 구속으로부터의 해방"이며, 이 해방은 기계가 규칙적이고 제어 가능한 원동력을 얻을 때 발생한다. 와트의 복동식double-acting 증기 기관은 최초의 주요 "자율식 원동기"self-acting prime mover다(Marx 1990 : 502 [2015]). 단순히 도구들로만 이루어지는 생산 과정은 노동자에게 맞춰져 있지만, 기계 체계는 "생산에 대한 기존의 물질적 조건"으로서 노동자와 대면하는 "거대한 자동 기계"(Marx 1990 : 508 [2015])다.

15장의 '노동자와 기계 사이의 투쟁' 절은 자본의 기술적 역학이 계급 갈등과 분리될 수 없는 방식을 강조한다. 맑스는 자본 아래에서 노동을 줄여주는 기계가 노동자들에게 지옥을 만들어내는 역설을 고찰했다. 물리적 힘에 대한 요구가 기계에 의해 경감되면서 여성과 아이가 공장으로 대규모 유입되고, 무한정 작동할 수 있는 기계의 능력과 기계 구매에 들어가는 비용의 필요성이 노동 시간의 연장으로 이어지며,

기계 조작을 가속하고 증식하는 능력은 노동 강도의 증대를 초래한다는 것이다. 맑스는 또한 기술 실업을 언급하면서, 기계가 "노동자에 대해 우월한 경쟁자의 역할을 하면서 언제나 노동자를 불필요하게 만드는 지점에 서 있으며, 자본은 이 사실을 의도적으로 크게 선포할 뿐만 아니라 이 사실을 이용한다"(Marx 1990 : 562 [2015])라고 기술한다. 실제로 맑스는 "오직 노동 계급의 반란에 대항하는 무기를 자본에 제공하기 위한 목적으로 1830년 이후 이루어진 혁신의 역사 전체를 저술하는 것이 가능할 것"이라고 시사했다(Marx 1990 : 563 [2015]).

기계화는 또한 경쟁 자본가들 사이의 경쟁을 통해 추진된다. 상품의 가치는 생산에 투입된 사회적 필요 노동socially necessary labour의 양에 따라 달라진다. 만약 자본가가 기술을 도입하여 임금을 지급해야 하는 노동력을 줄이면서도 여전히 그 생산물을 시중 가격에 판매할 수 있다면 경쟁자보다 더 큰 이익을 누릴 것이다. 이러한 이점은 결국 노동력 절감 혁신의 사용이 일반화되면서 그 효력을 잃겠지만, 그다음 자동화 물결에 대한 실마리를 제공할 따름일 것이다. 그러므로 계급 갈등과 기업들 간 경쟁은 인간을 기계로 대체하려는 내적 충동을 자본에 부여한다. 맑스는 이를 자본의 "유기적 구성"을 높이려는 경향, 즉 가변 자본(노동)과 비교해서 불변 자본(기계, 건물, 원자재)의 비율을 높이려는 경향이라고 기술했다(Marx 1990 : 762 [2015]).

그런데 기계는 자본을 위기에 빠뜨리기도 한다. 맑스는 『자본』에서 그 이유에 관한 두 가지 설명을 번갈아 제시했다. 아마도 가장 쉽게 이해할 수 있는 첫 번째 설명은 기계가 자본가들에게 생산량을 늘리면서 (다른 모든 조건이 동일하다면) 임금 지급을 줄일 수 있게 해 주기에 생산되는 상품의 양과 상품을 구매할 수 있는 구매력 사이에 거대한 불균형을 조장한다는 것이다. 이에 따라 공장은 문을 닫고 실업률이 늘어나는 등 경제가 침체하고 마비되며, 이 사태는 과잉 생산의 범람이 해소되고 체계가 다시 돌아갈 수 있을 만큼 충분한 수의 기업이 폐업하거나 사회 혁명이 일어날 때까지 지속된다.

맑스의 다른 설명은 직관적으로는 덜 명백하지만 틀림없이 더 심오한 것으로, 이윤율 저하falling rate of profit, FROP의 경향과 관련이 있다(Marx 1991 : 317~38). 상품의 가치는 궁극적으로 상품의 생산에 요구되는 사회적 필요 노동의 양에 의존하기에, 인간을 기계로 대체하면 상품의 가치가 낮아지고 종국에는 상품에 매길 수 있는 가격과 자본이 가져다주는 상품당 수익도 낮아진다. 자동화는 상품의 가격을 낮추기에 자본가에게는 상품 하나하나의 수익성을 떨어뜨린다. 자동화의 직접적 결과로서 이윤 **비율**의 경향적 저하의 법칙에 직면한 자본은 순수한 생산량을 늘림으로써 적어도 얼마간은 이윤의 **규모**를 유지할 수 있지만, 이는 스스로 가치를 떨어뜨리는 기계적 운동량에 몸을 맡기는 것이다. 맑스(Marx

1991 : 339~48)는 자본이 이 과정을 저지하거나 심지어는 일시적으로 역전시킬 수 있는 여러 가지 방법을 열거했지만, 점점 더 기계적으로 생산되는 경향은 다시 한번 경련성 위기로 향한다. 이번에는 사업의 수익성 저하와 실업, 궁핍화immiseration, 사회적 혼란의 순간으로 인해 초래된다.

이 두 가지 버전의 위기 이론과 그 양립 가능성의 정도는 치열하게 논의되어 왔다. 그러나 두 버전 모두에서, 회귀하는 자본의 위기는 가변 자본(노동)을 불변 자본(기계)으로 대체하려는 자본의 본유적 충동에서 비롯된다. 이는 (임금을 삭감하여) 소비력을 줄이거나 (상품의 가격을 낮추어) 생산의 수익성을 낮추거나, 혹은 둘 다 감소시킨다. 이러한 결과는 심화하는 경제 붕괴의 주기를 걸쳐 반복되며, 각 주기는 임금 하락 압박과 실업의 위협에 시달리면서도 생산을 중단하거나 그 통제권을 가질 수 있을 만큼 여전히 생산의 중심인 노동자 계급에 의한 혁명의 가능성을 제공한다. 이것이, 노선 내부의 분기와 그에 수반되는 논쟁과 함께, 우리가 자본주의와 기계에 관한 맑스주의적 사유의 주요 가닥이라고 부르는 것이다. 이 조류 내부에서 착수하는 AI 분석은 노동 착취, 자본가들 사이의 경쟁, 기술-유발 위기를 초래하는 자본주의의 경향의 관점에서 AI를 분석할 것이다.

우리가 맑스 사유의 두 가지 부차적 경향이라고 부르는 것은 이 주류 가닥의 연장선이면서 동시에 이 가닥에서 벗어난 것이기도 하다. 자본의 기계화가 점점 심화되는 과정에 관한 맑스의 설명에는 노동자(처음에는 가치를 창출하는 주요 행위자)와 기계(처음에는 노동자의 힘을 증폭시키는 보완물)의 위치가 서로 뒤바뀐다는 생각이 잠재되어 있다. 수공예 단계에서 노동 과정의 주체이던 노동자는 자동 기계를 사용하기보다는 자동 기계에 반응하여 반복적 운동을 반복하는 자동 기계가 된다. 자동 기계는 노동 과정의 주체가 되었다. 맑스 사유의 두 가지 부수적인, 어쩌면 독자적인 가닥은 이 착상을 그 논리적 결론으로 발전시키지만 두 가지 다른 방향으로 나아간다.

첫 번째이자 가장 유명한 것은 맑스의 『정치경제학 비판 요강』의 「기계에 관한 단상」에서 유래한 것으로, 이는 1970년대부터 첨단 기술 자본에 대한 비범한 예기로 여겨져 왔다. 「기계에 관한 단상」에서 맑스는 자본이 "일반 지성"을 동원해 방대한 기술과학적 업적을 이룩할 것이라고 예견했다. 이를 통해 자본은 인간 노동력을 완전히 제거하지는 않으면서도 주로 기계적 과정을 감독하는 주변적인 위치로 축소하고 격하시키는 자동화의 수준에 도달할 수 있다. 이것은 골칫거리 노동자 계급에 대한 자본의 최종 승리로 보일 수 있지만, 「기계에 관한 단상」에서 맑스는 이를 이득 없는 승리 pyrrhic victory라고 표현한다. 임금 노동에 기반한 생산의 필요성을 제거함으로써(따라서 임금 소득에 기반한 소비의 가능성을 처분함으로써) 자본은 가치, 즉 자본의 사회적 조직화가 지닌 기반 전체를 약화한다. 자동화는 노동을 폐기하여 의도치 않게 자본을 전복시킨다. 이는 기술 발전의 해방적 본성에 관한 맑스의 다른 유명한 구절들, 특히 발전하는 "생산력"이 화석화된 "생산 관계"를 무너뜨리고 완전히 새로운 "생산 양식"의 출현을 위한 길을 닦는 방식에 관한 설명과 일치한다(Marx 1973 〔1859〕 [2017]).

언뜻 보기에 「기계에 관한 단상」은 이윤율 저하에 관한 맑스의 사유를 알려주는, 자본의 유기적 구성이 증가하는 현상에 관한 예측을 특히 강조된 형태로 재진술할 따름인 것처럼 보일 수 있다. 그러나 조지 카펜치스(Caffentzis 2013 [2018])가 지적한 것처럼 두 이론 사이에는 차이가 있는데, 이윤율 저하는 그것이 작동하기 위해 노동 가치 이론의 유효성에 의존하는 반면, 「기계에 관한 단상」은 노동과 가치의 소멸에서 비롯되는 자본주의적 붕괴의 역학을 상정하기 때문이다. 『정치경제학 비판 요강』은 컴퓨터가 처음 직장에 도입되기 시작한 바로 그 시기에 영어·프랑스어·이탈리아어로 번역되었으며, 등장한 순간부터 첨단 기술 "사이보그" 코뮤니즘에 대한 전조로 받아들여졌다. 노동의 필요성을 완전히 제거함으로써, 비자본주의적 바탕으로 노동을 조직하는 데 있어서 칙칙한 산업적 현존 사회주의가 겪고 있던 모든 어려움을 극복할 전망을 이 사이보그 코뮤니즘은 담고 있었다. 따라서 「기계에 관한 단상」이 좌파 가속주의, 포스트자본주의, 완전히 자동화된 화려한 코뮤니즘 이론가들의 기초 문헌이라는 것은 놀라운 일이 아니며, 그들에게 그것은 너무 근본적이어서 프레드릭 해리 피츠(Pitts 2017)가 이 모든 사례를 "단상 사유"라고 부를 정도다.

맑스의 사유에서 「기계에 관한 단상」보다 덜 논의된 두 번째 비주류 가닥은 「직접적 생산 과정의 결과」(『자본』 제1권의 부록으로 일부 판본에 등장한다)에서 볼 수 있는 자본에 대한 악몽적 비전이다(Marx 1990 : 949~1084 [2015]). 이 텍스트에서 맑스는 노동에 대한 자본주의적 "포섭"subsumption — 이 단어는 대략 지배, 종속, 혹은 탈취로 번역된다 — 과정을 설명한다. 그는 형식적 포섭과 실제적 포섭이라는 두 가지 순간을 자세히 기술한다. 첫 번째 계기에서 자본은 노동을 임금노동으로 조직하여 그 사회적 형태만 바꿀 뿐 노동의 내용, 즉 노동이 수행되는 방식은 자본주의 이전의 장인 수공업과 동일하게 남겨둔다. 그러나 두 번째 계기에서 노동의 내용은 자본주의적 잉여 가치 생산을 향한 명령과 요구를 더 잘 충족시키기 위해 변화하며, 이는 노동이 실제로 포섭되는 순간이다. 처음에 이러한 실제적 포섭은 수공업에 노동의 분업을 도입하는 방식으로 이루어지지만, 이후에는 기계를 통한 노동의 자동화로 나아간다. 이는 자본이 자신의 우선순위에 적합하고 그에 상응하는 기술을 발전시키기 위해 사회적으로 산출된 과학 지식을 흡수해야 함을 의미한다. 우선순위에는 특히 생산의 자동화와 상품 유통의 가속화가 핵심적으로 포함된다. 형식적 포섭에서 실제적 포섭으로 전환되는 과정에서, 노동 시간 연장과 같은 "절대적" 노동 착취는 분업과 기계를 통해 노동 과정을 강화함으로써 노동의 생산성을 높이는 데 기반을 둔 "상대적 잉여 가치"의 추출로 대체된다. 맑스는 이 과정이 구축됨에 따라 산업 공장에서 기술과학에 의해 "자율적"으로 만들어진, 인간 행위성과 떨어진 "거대한 독립성"을 부여받은 것처럼 나타나는 완전한 (맑스의 시대에는 희미하게밖에 볼 수 없었던) "낯선 힘"에 노동자가 직면하는 상황이 발생한다고 주장한다.

이 설명은 단지 자본의 유기적 구성이 증가하는 현상에 관한 또 다른 설명, 혹은 사실상 『정치경제학 비판 요강』에서 묘사된, 반자동화된 자본주의 기계라는 "살아난 괴물"animated monster에 관한 설명에 불과한 것으로 보일 수 있다 (Marx 1993 : 470 [2007]). 그러나 강조점에 차이가 있다. 먼저, 포섭 논증이란 자본이 자신의 체제적 요구 사항(인간 노동의 제거와 상품 유통의 가속화를 통한 가치의 증식valorization)에 맞게 설계한 기계를 실제로 도입한다는 것이다. 그렇기 때문에 포섭 논증에서는 "생산력"이 "생산 관계"와 어떻게 충돌하는지를 구상하기가 더 어려워진다. 오히려 전자가 후자를 강화하는 것처럼 보인다. 「직접적 생산 과정의 결과」에는 위기를 초래하는 이윤율 저하나 「기계에 관한 단상」의 자멸적인 노동-폐기 논리에 대한 단서는 없는 것이 분명하다. 한때 노동자에 의존했던 생산 장치가 노동자를 능가하고 위협하는, 불가사의한 생산 장치의 하늘을 찌르는 존재감만이 있을 따름이다. 이는 더욱더 분명해진다. 왜냐하면 부록의 전반부에는 육체노동에서 공학에 이르기까지 다양한 유형의 노동을 협력적으로 융합하는 "집합적 노동자"의 힘에 관한 맑스의 가장 완전한 논의가 포함되어 있지만, 후반부에 이르러서는 집합적 노동자가 그 힘이 이전된 기계 장치에 의해 왜소해지고 사실상 말살된 것처럼 보이기 때문이다.

이 문헌을 『자본』의 부록으로 읽을 때 그에 앞선 논의들을 토대로 이해되어야 하며, 따라서 자본주의의 붕괴는 이미 전제된 것으로 간주할 수 있다는 주장에는 실제로 타당한 측면이 있다. 그리고 더 나아가 자본의 기계적 자율성은 "외양"appearance일 뿐이며, 바로크 양식으로 가려져 있더라도 생산 연쇄의 먼 아래에 자리 잡은 노동력의 지속적인 중요성을 감지하기 위해 간파해야 하는 신비화라고 주장할 수 있다. 그럴 수도 있다. 그러나 안토니오 네그리(Negri 2017)와 같은 타고난 낙관론자들조차도 지적했듯이, 맑스에게 "외양"은 "그늘짐, 피상적임, 비실체적임"을 의미하는 것이 아니라, 오히려 신비화되고 위장된 과정, 즉 노동자의 힘이 기계에 점차 포섭되는 과정을 바탕으로 만들어진 구체적인 사회적 현실을 의미한다. 맑스는 산업 공장에 대한 분석을 통해 이 암울한 비전을 전개했다. 그러나 이 비전은 자본의 자율화 힘이 AI로 표현되는, "초포섭"hyper-subsumption이라는 다음 단계에 관해 생각하도록 우리를 이끈다. 이 책의 뒷부분에서 우리는 이 새로운 포섭의 단계가 어떻게 펼쳐지고 있는지, 그리고 어째서 AGI에서 정점을 찍을 가능성이 있는지를 설명한다.

맑스의 기계 분석의 주요 가닥과 부차적 가닥은 모두 2019년의 현존 AI 자본주의에서 작동하는 역학을 기술한다. 우리는 「기계에 관한 단상」이나 「직접적 생산 과정의 결과」에서 예견된 기계 자본주의의 정점이나 깊이에 이르지 않았다. 폭스콘 조립 라인, 아마존 물류창고, 페이스북 콘텐츠 모더레이션[8] 현장의 노동자들은 모두 기계가 인간의 노동을 강화하고 능률을 높이기 위해 계속해서 사용되고 있음을 증명한다. 2008년 월스트리트 대폭락 같은 위기는 기계에 의해 침체한 임금, 디지털로 조직된 값싼 노동력, 고속 금융 거래가 자본주의에 가져온 깊은 불안정성을 드러낸다. 맑스의 기계 사유가 지닌 주류 가닥의 많은 부분이 여전히 유효하고, 2020년대가 다가오면서 그 어느 때보다 참인 것으로 드러나고 있다. 그런데 부분적으로는 자본주의 전 지구화가 초래한 위기에 대응하기 위해 개발된 기계학습 기반 AI는 자본주의의 기계적인 극단에 대한 맑스의 비전과 유사한 가능성이 실현될 수도 있음을 시사한다. 「기계에 관한 단상」과 「직접적 생산 과정의 결과」는 자본으로부터 인류를 해방하는 기계의 힘과 인류를 떠나 자율적인 것이 된 자본에 관해 이야기하는 한 페이지의 앞면과 뒷면이다. 자본주의자와 코뮤

8. * 게시글, 댓글 등 사용자 생성 콘텐츠가 플랫폼 정책을 준수하는지 모니터링하는 것.

니스트 모두, 말이 씨가 될 수 있으니 무언가를 원할 때는 신중을 기해라!

자기-복제 자동 기계의 시대

기계에 관한 맑스의 논의는 증기 동력 공장에서 멈춘다. 맑스의 생애 말년에 이르러서야 전력과 전자기가 활용되었고, 그가 글을 쓸 당시 조셉 마리 자카드의 문직기와 찰스 배비지의 실패한 차분기관difference engine 및 분석기관analytical engine과 같은 초기 컴퓨터 기술이 존재하기는 했지만, 맑스는 이에 관해 논하지 않았다. 따라서 맑스주의를 AI에 적용하려면 맑스의 설명은 수정되어야 한다. "사이버네틱 자본주의"와 "디지털 노동"에 관한 맑스주의 문헌의 수는 방대하지만, 구체적으로 AI를 다룬 맑스주의 분석, 그 기술의 특정성, 정치경제와 계급에 관해 그 기술이 함축하는 바를 분석한 문헌은 상대적으로 드물다. 그러나 우리의 사유에 영향을 미친 세 가지 논의가 있다.

첫 번째는 1980년대 일본의 첨단 기술 자본주의에 대한 테사 모리스-스즈키의 검토다. 이는 자동차 제조에 로봇이 도입되고 비디오게임 산업이 폭발적으로 성장했으며, 일본 국제무역산업성이 지원한 초기 AI 계획 "5세대 컴퓨터 체계" 같은 프로젝트가 결국 실패로 돌아간 시기다. 이러한 맥락에서 모리스-스즈키는 현대 좌파의 혼란 중 일부는 고도로 자동화된 자본주의의 가능성을 마주하기를 거부하고, 대신 "두 가지 대조적인 입장 중 하나"를 취하는 데서 비롯된다고 주장했다. 모리스-스즈키에 따르면, 현대 좌파는 "현대의 '정보 혁명'이 자본주의의 본성에 어떤 근본적인 변화가 일어났음을 의미한다는 점"을 부정하거나 "그것이 자본주의 체제가 내는 단말마를 지시한다"라는 주장을 취하는 데서 혼란을 겪고 있으며(Morris-Suzuki 1986 : 81), 이는 우리가 이 책에서 말하는 바와 상통하는 부분이 많다. 모리스-스즈키는 대규모 생산 자동화가 자본주의의 "절대적인 내적 한계"를 구성한다는 저명한 맑스주의 학자 에르네스트 만델(Mandel 1975 : 207)의 주장에 문제를 제기하면서, 그러한 조건에서 자본이 어떻게 그 자신을 영속화할 수 있는지 고려해야 할 때라고 주장했다. 그녀가 말하기를, 여기에는 생산에서 "끊임없는 혁신"으로 이전되는 노동, 기술직의 프롤레타리아화, 엘리트 연구 과학자 배출을 위한 교육 체계의 기업화, "쉽게 채용되고 쉽게 버려지는" 노동 인구의 창출이 포함될 것이다(Morris-Suzuki 1984 : 120). 오늘날 이것은 현재에 대한 선견지명적인 기술로 읽힌다. 새로운 AI의 물결은 모리스-스즈키가 지적한 것과 같은 문제를 더 높은 수준에서 제기한다. 기계에 의해 산업 생산에서 쫓겨난 노동자들이 유일하게 피난처로 여겼던 활동 영역이 기계학습과 다른 새로운 AI 기술로 잠식되기 시작했다.

두 번째는 라민 람틴의 놀라운 저서 『자본주의와 자동

화:기술 혁명과 자본주의 붕괴』(Ramtin 1991)다. 이 책에서 람틴은 1980년대 디지털 자동화를 주도한 사이버네틱스 기술에 비추어 맑스의 기계론을 재고하는 최초의 체계적 시도를 수행했다. 그는 맑스가 제시한 동력기, 전동 장치, 작업기라는 세 부분으로 구성된 산업 기계의 해부학적 구조에 지도 또는 제어 기능 — 한때 인간의 지능과 감각에 의존하는 것으로 여겨졌지만 이제는 센서sensor를 비롯한 정보기술로 점점 더 자동화되는 기능 — 을 추가해야 한다고 제안했다. 람틴은 이 수정을 제안함으로써 정보 혁명에 관한 포스트산업적 행복감을 지지하지 않으면서도 디지털 기술이 가져온 질적 변화를 인식하는 컴퓨터 이론화를 향한 길을 제공했다. 그런데 람틴의 저작은 계급 투쟁에 대한 맑스주의 분석에서 이러한 발전이 초래할 가능한 귀결에 단호한 시선을 던졌다는 점에서도 주목할 만하다. 그는 자본의 노동자 계급에 대한 전면적인 사이버네틱 공세가 전후 경기 활성화 시기에 뒷전으로 밀려났던 실업 문제를 전경으로 가져올 것이라고 시사했다. 맑스의 프롤레타리아화 개념을 직장에서의 착취뿐만 아니라 직장에서 퇴출되기 쉬운 경향까지 포함하는 개념으로 인식해야 한다는 그의 주장은, 이 책의 뒷부분에서 다룰, 2008년 금융위기 이후 등장하는 "과잉인구"에 관한 논의를 여러 측면에서 예기하고 있다.

모리스-스즈키와 람틴은 초기 AI와 관련된 일과 노동 조건의 중요한 변화를 지적했을 뿐만 아니라, 기계에 관한 맑스의 기본적 개념화에 대해서 중요한 수정안을 제시하기도 했다. 람틴은 사이버네틱스 이론을 바탕으로 기계에 관한 맑스의 설명이 제어라는 핵심 기능을 생략하고 있으며, 이는 아마도 그 기능이 궁극적으로 인간 행위자에 의해 수행된다고 가정했기 때문일 것이라고 지적했다. 그러나 람틴의 지적에 따르면, 이 가정은 사이버네틱스 학자들이 기계 조작에 피드백 이론을 도입하면서 도전했던 바로 그 가정이다. 그는 자동화와 기계화를 구분하고 자동화를 질적으로 새로운 것으로 만드는 것은 바로 제어 기능이라고 시사했다. 모리스-스즈키는 "하드웨어"와 "소프트웨어"의 분리로 인해 기계 응용의 범위와 유연성이 매우 증가했다는 점을 강조한다. 명령 프로그램을 바꿔서 조작을 변경할 수 있는 기계를 통해, 이전에는 인간 노동에 고유한 것으로 여겨졌던 가변성을 기계가 일부 확보하기 시작했다.

람틴과 모리스-스즈키가 디지털 자동화의 초기 단계에서 AI에 대한 분석적 예기anticipation를 도출했다면, 맑스주의적 AI 분석의 세 번째 표본인 조지 카펜치스는 일자리 없는 미래에 대한 그 시대의 많은 예측이 실현되지 않은 이유에 관해서 핵심적인 이론을 제공한다. 1980년부터 2008년까지 저술된 일련의 글에서 카펜치스는 AI의 명백한 일자리 파괴력을 그 안티테제인 서비스 부문과 전 지구적 스웻샵[9]의 확

9. sweatshop. 열악한 환경에서 저임금을 받으며 일하는 작업장.

장에 비추어 고려해야 한다고 주장한다. 즉, 우리는 "아프리카"와 "자동 기계"를 함께 생각해야 한다. 그는 『자본』 3권 9장 「일반적 이윤율(평균이윤율)의 형성과 상품 가치의 생산가격으로의 전환」(Marx 1991 : 254~73 [2015])을 인용한다. 여기서 맑스는 전체로서의 자본이 추출하는 이윤은 전체 체계 내에서 추출되는 잉여 가치의 총량에 따라 달라지지만, 개별 자본가의 이윤과 그들이 고용하는 사회적 필요 노동의 양은 직접적으로 상응하지 않는다고 말했다. 가치는 사회적 현상이며, 생산된 모든 가치는 상품이 교환된 후 사회적 풀social pool에 속하게 된다. 그러나 자본가들은 이 사회적 풀에서 잉여 가치를 이윤의 형태로 전용하기도 한다. 개별 자본가는 자신의 자본이 다른 자본에 비해 규모가 크고, 유기적 구성이 높으며, 평균 이윤율이 높을 경우 더 많은 이윤을 전용할 것이다(Marx 1991 : 241~73 [2015] ; Caffentzis 2013 : 132~4 [2018]). 따라서 고도로 자동화된 사업은 노동 집약적 자본이 창출하는 잉여 가치를 빨아들인다syphon-off. 카펜치스는 이를 "유기적 구성의 분산 증가 법칙"the law of the increasing dispersion of organic composition이라고 불렀는데, 이 법칙에 따르면 "산업의 한 부문에서 … 과학 기술의 도입이 증가할 때마다 그것은 … 다른 산업 부문에서 낮은 유기적 구성 생산의 도입이 동등하게 증가하도록 이끈다"(Caffentzis 2008 : 65). 첨단 기술(자동 기계)과 저임금 노동(아프리카)을 향한 자본의 모순적인 움직임에 관한 카펜치스의 설명은 현재의 AI 열병이 어떻게 기술적 돌파구뿐만 아니라 값싼 노동력을 확보하는 데 점점 더 큰 어려움을 겪으면서 유발되었는지에 대한 성찰을 제시한다.

AI 노붐novum

이 책을 집필하기 전후로, 그리고 맑스주의 이론과 AI의 과학·경제학·사회학에 관한 문헌을 소화하는 것에 덧붙여서, 우리는 모든 AI 논의에서 불가피하게 참조 지점이 되는 고전 영화—〈2001〉, 〈블레이드 러너〉, 〈터미네이터〉—뿐만 아니라 기계학습의 출현과 함께 등장한 최신 저작과 작품을 비롯한 수많은 AI 과학소설(이하 AI-SF)을 읽고 관람했다. 일부 사람들은 이를 판단 장애의 증거로 간주할 것이다. 해리 콜린스(Collins 2018 : 5~13)는 AI라는 명칭을 "인공허구적 지능"Artifictional Intelligence으로 바꾼다. 왜냐하면, 그가 주장하기를, SF가 AI 능력에 대한 광범위한 과대평가를 조장하기 때문이다. 즉, 초인간적 특이점에 대한 묘사는 "항복", 멍청한 컴퓨터 프로그램에 대한 인간의 포기를 조장한다. 마찬가지로, AI 연구자 마이크 쿡(Cook 2018)은 과학자에 대한 과도한 존중 및 AI의 과대 포장과 나란히 AI-SF를 기계학습이 할 수 있는 것과 할 수 없는 것에 관한 "기본적인 이해 부족"에 기여하는 일련의 문화적 요인 중 하나로 지목한다.

우리는 동의하지만, 이것이 AI-SF에 관해 말할 수 있는 전부는 아니라고 생각한다. 다르코 수빈(Suvin 1979)은 SF가

"노붐"(라틴어로 "새로운 것")에 주목하여, 주어진 순간의 사회에서 발현하기 시작한 잠재성을 인지적으로 탐구한다는 유명한 제안을 했다(Suvin 1979 : 63~84). 노붐은 맑스주의 이론가 에른스트 블로흐(Bloch 1986 〔1955〕)의 용어로, "역사적 과정의 최전선"에 나타나는 어떤 새로운 힘을 의미한다. AI-SF는 AI라는 노붐에 집중한다. 따라서 AI-SF는 현재 우리의 현실을 소외시키고estranging 낯설게 하여 현존 AI 자본주의의 가능한 방향들 — 어지러울 정도로 유토피아적이거나, 끔찍할 정도로 디스토피아적이거나, 우울할 정도로 평범한 방향 — 에 관한 사고 실험을 실행한다. AI-SF의 경우 이러한 사고 실험의 중요성은 더욱 강조되는데, 이는 컴퓨터 과학과 SF 사이에 이미 여러 문헌을 통해 잘 정리된 바 있는 피드백 루프가 존재하기 때문이다. 즉, SF에서 영감을 받은 과학자들이 작품에서 상상된 세계를 현실화하기 위해 노력하는 상호작용이 일어나고 있기 때문이다.

물론, 많은 AI-SF 사고 실험 뒤에 깊이 있는 성찰이 없다는 것은 종종 참이다. AI를 초인적인 제임스 본드 악당이나 성적인 조종자로 묘사하는 할리우드식 AI 표상에 관한 콜린스의 신랄한 비판은 정당하다. 이러한 인간중심주의적 묘사는 AI의 지극히 "비인간적인" 본성을 이해하기 어렵게 만든다. 이미 익숙한 문화 산업의 비유들을 기술적으로 증폭시키면서, 그것들은 AI의 모습이 현재와 다르지 않되 단지 더 커지고 좋아질 따름인 미래를 제공할 것이라는 기업들의 약속에 동조하고 있다. 그런데 훨씬 더 비판적인 관점을 취하는 다른 종류의 AI-SF도 있다. 이 책을 집필하는 동안 우리는 때때로 논쟁적인 좌파 관점들 — 회의적 관점, 가속주의적 관점, 심연적 관점 — 가운데 어느 입장에 해당하는지에 따라 이러한 작품들을 분류해 보려고 했다.

사이버펑크 AI-SF는 설령 그것이 회의론자들이 그럴듯하다고 여기는 수준을 훨씬 뛰어넘는 기술 역량을 외삽한다고 하더라도 AI에 대한 회의적인 맑스주의 관점과 친화력을 가지고 있다. 이는 사이버펑크 소설이 지능 기계 시대에 자본이 지니는 해부학적 구조를 가감 없이 보여주기 때문이다. 사이버펑크 소설은 진정으로 빛나는 AI가 지저분한 프롤레타리아화와 융합하여 반짝이는 누아르를 만들어내는 미래를 투사함으로써 현존 AI 자본이 풍기는 불길함을 낯설게 만든다. 오리지널 〈블레이드 러너〉에서 훌륭하게 구현된 이 장르는(시각적으로 인상적이지만 억압적으로 가부장적인 리메이크작 〈블레이드 러너 2049〉에서는 그렇지 못하다) 최근의 AI-SF에서 계속 다듬어지고 있다. 저드 트릭터의 소설 『기계복제 시대의 사랑』(2015)은 안드로이드와 인간이, 서로에 대한 적대감과 사회 통념에 어긋나는 관계가 늘어나는 상태로 공존하는 쇠락한 로스앤젤레스를 배경으로 하여, 주인공이 분해된 안드로이드 연인의 부품을 되찾기 위해 기괴할 정도로 피카레스크한picaresque 여정을 떠나는 이야기다. 여기서 자본은 자신의 고정된 구성요소와 가변적인 구성요소 양쪽에 대한 지배력을 끊임없이 유지하면서 자신의 유기적 구성을 심화시켜 나가고 있다. 어조와 속도는 다르지만, 페미니즘 주제와 가정적 배경을 설정한다는 면에서 독창성을 보여주면서 비슷한 문제의식을 공유하는 작품으로는 앤드로메다 로메이노-랙스의 『플럼 레인』(2018)이 있다. 2029년 일본을 배경으로 한 이 작품은 필리핀 이주 노동자와 지능 기계가 노인 여성의 간호를 놓고 벌이는 대치를 다루면서 불안정성·식민지·노예제에 관한 복잡하고 멜랑콜리한 성찰을 향한 길을 열어준다. 비록 이런 종류의 작품은 안드로이드와 인간이 결합하여 반란이나 탈출을 한다는 희망적인 전망으로 끝날 수도 있지만, 그 전반적인 논조는 자본이 기계를 소유하고 인간을 착취하며 이윤에 따라 후자를 전자로 대체한다는 잔인한 방정식에 AI가 예속된다는 점을 강조한다.

그런데 또 다른 부류의 AI-SF는 사회주의적 유토피아의 안식처다. AI에 기반한 사회 및 생태 계획의 가능성은 포스트자본주의 미래에 관한 킴 스탠리 로빈슨의 탐구의 상당 부분을 뒷받침한다. 가장 명시적인 것은 로빈슨의 『2312』이다. 이 작품 안에서 다른 행성 정착지들이 "단호하게 후기 자본주의의 지배를 받는" 오래된 지구와 단절할 수 있게 해주는 힘 중 하나는 "태양계의 총 연간 경제가 1초 이내에 양자 컴퓨터로 호출될 수 있는 가능성"이며, 이는 "슈퍼컴퓨터와 인공지능이 … 비-시장 사회를 완전히 계산할 수 있게 해준다"(Robinson 2013 : 125). 그러나 이 장르의 가장 두드러진 예시는 『플레바스를 생각하라』(1988)부터 『수소 소나타』(2013)에 이르는 고 이언 뱅크스의 "컬처"Culture 소설 시리즈이다. "컬처"[소설 속 포스트희소성 사회의 명칭]에서는 진화한 AI인 초지능적이고 자비로운 "마인드"Minds가 은하의 공공복지를 관장하며 인류와 공존하고, 기계의 지원으로 물질적 필요와 심지어는 필멸의 운명에서 벗어난 인류는 그 유적 존재species-being의 모험적이고 개체화되고 복잡한 전개를 이어가고 있다. 이곳, 포스트희소성post-scarcity 사회에서 계획은 풍요로움으로 인해 불필요한 것이 되었으며, 이는 "완전히 자동화된 화려한 코뮤니즘"에 대한 소설적 표현이다(Merchant 2015).

이러한 낙관적 비전의 정반대 편에 위치하며 우리 자신의 심연적 관점에 더 가까운 것은 "나쁜 노붐"으로서의 AI에 대한 일련의 묘사다. 이는 어떤 인간중심주의적 적대감에서 비롯된 것이라기보다는, 오히려 AI를 고삐 풀린 자본주의가 체계적으로 도달한 정점으로서 묘사하는 것이다. 처음에는 디지털 기업가 정신에 관한 가벼운 이야기처럼 보였던 찰스 스트로스의 『아첼레란도』(2005)는 AI가 태양계를 해체하여 끊임없이 확장되는 계산적이고 시장화된 네트워크의 원자재로 삼고, 호미니드hominid를 최선이 아닌 차선, 업무 수행력이 떨어지는 행위자로 가볍게 버리는 경쟁 속으로 우주를 몰아넣는 방식에 관한 참혹한 이야기로 바뀌게 된다. 『아첼레란도』가 제안하는 것은, 특이점을 말하는 커즈와일과 다른 유토피아적 예언자들의 황홀한 비전과는 대조적으로, 그러한 사건의 진정한 의미는 "생명을 사용하는 지능형 도구의 운명이 기업 기구의 진화를 위한 디딤돌이라는 점"에 놓여 있을 개연성이 높다는 것이다(Stross 2005 : 240 ; Shaviro 2009 참조). 최근 컴퓨터 과학자이자 AI 연구자인 재커리 메이슨(그는 아마존의 기계학습 기반 추천 체계 개발에 참여한 바 있다)도 이와 다소 유사한 비전을 제시했다(Locke 2017). 그의 『보이드 스타』(2017)에서, 불평등과 기후 변화에 시달리는 샌프란시스코의 주인공들은 해독 불가능한 초지능 AI의 활동으로 인해 자신들의 개인적 삶이 효과적으로 포섭되고 동화되는 것을 발견한다. 이러한 AI는 "자신의 행위에 영향을 받는 부산물로서만 인류와 관계하며, 기호 조작과 같은 이[異]세계적인 계산 문제들에 몰두한다"(Locke 2017). 그리고 한 억만장자 금권 엘리트가 이러한 AI를 도구적으로 활용하려 하면서 개인의 정체성은 기괴한 방식으로 대규모로 붕괴한다.

그런데 진정으로 위대한 AI-SF는 아마도 우리가 도식적으로 검토한 가능성들을 가로지르고, 가지고 놀며, 재배열하는 작품일 것이다. 이 점에서 여전히 타의 추종을 불허하는 (그리고 명백하게 트로츠키주의에 깊이 관여하고 있다는 점에서 특별한 관심을 끄는) 켄 맥클라우드의 비범한 『가을 혁명』 4부작(2008, 2009)은 인간이 통제하는 AI 계획 경제에서부터 하이브 마인드[집단 의식형 체계]hive-mind의 디지털 흡수, AI의 탈성장 포기에 이르는 AI에 따른 일련의 사회적 결과를 "분기하는 미래"의 비유를 통해 이해한다. 피터 와츠의 『해

바라기』(2018)라는, 최근의 단편 소설과 중편 소설의 순환이 보여주는 시퀀스도 유사한 효과를 달성한다. 이 시퀀스에서, 초기에 주인공이 AI와 맺은 황홀한 연결은 냉소주의를 초래하고, 이후 냉소주의는 그녀가 좁은 AI "침팬지"the chimp(Watts 2018)의 지시에 따라 끝없는 성간 탐사 여정을 떠나면서 공포로 바뀐다. 왜냐하면 이 식민지화 여정의 기업 경영진은 그들의 통제를 벗어날 수 있는 AGI를 절대 사례화[인스턴스화]instantiate하지 않을 것이기 때문이다. 이러한 이유로, 화물에는 수평적 사고가 필요한 비상사태가 발생할 때마다 100년 간격으로 잠에서 깨어나는 극저온 냉동 승무원이 포함되어 있다. 그러나 이러한 기능에도 불구하고, 인간은 엄격한 비용 편익에 기반한 소모품이라는 점이 밝혀진다. 이 시리즈의 가장 최근 이야기는 인간의 반란 시도가 AI의 감시력에 패배하는 것으로 끝난다. 이야기의 끝에서, 동료들이 산소 결핍으로 사망하는 것을 막기 위해 진압에 협조한 여주인공은 자율적 AI의 출현이 승무원들에게 노예 상태에서 벗어날 최선의 가능성을 제공할 수 있을지도 모른다고 성찰한다. 그러나 와츠의 우주가 지닌 전반적으로 침울한 분위기는 그러한 지능이 그것을 만든 프롤레타리아 제작자들에게 아군이 될지 적이 될지에 관해 명백한 의문을 제기한다.

그러한 사례들 — 즉 최악이 아니라 최상의 경우들 — 에서, SF는 사고를 위한 기계이며, AI-SF는 기계 사고와 자본주의에 관해 사고하기 위한 기계다. 그렇기에 이어지는 장들에서 우리는 때때로 우리의 분석에 AI-SF에 대한 참조를 직조해 넣을 것이다.

요약

이어지는 글에서 우리는 맑스와 맑스주의 학자들의 연구를 바탕으로 자본과 AI의 만남이 가져온 현재 상태와 그것의 미래 전망을 평가한다.

1장에서는 우리가 AI 산업이라고 칭하는 것의 현황에 관한 정치경제학적 설명을 제시한다. 이 설명은 미국과 중국, 그리고 다른 지역들의 거대 기술 기업들을 AI 산업의 주창자로 제시하고, 이들과 국가 연구 프로그램 및 오픈소스 AI 개발자 공동체 사이의 상호작용을 기술한다. 이어서 1장은 현재 상황에 대한 분석에서 가까운 미래에 대한 전망으로 나아간다. 그것은 거대 AI 기업의 야망이, AI를 다른 모든 형태의 상품 생산과 유통이 의존하게 될 "생산의 일반적 조건들"의 새로운 구성요소로서, 1차 산업혁명의 철도나 2차 산업혁명의 전기 유틸리티와 유사한, 편재하는 하부구조로 확립하는 것을 지향하고 있다고 전망한다.

2장에서 우리는 자율주의적 맑스주의의 계급 구성 이론의 관점에서 AI와 고용의 문제를 다룬다. 우리는 AI를 디지털 자본이 노동자 계급을 상대로 벌이는 사이버네틱 공세의 두 번째 물결, 즉 2008년 경제 위기를 계기로 발발한 새로운 맹습으로 간주해야 한다고 주장한다. 우리는 선진 자본주의의 사회적 공장social factory에서 AI가 응용된 몇 가지 사례를 살펴본 후, AI가 고용의 종말에 처하게 할 것인지 아니면 일자리 파괴와 창출이라는 자본의 과정이 계속되게 할 따름인지에 관한 미래학자들과 경제학자들의 논쟁을 검토한다. AI가 당장의 일자리 위기를 초래하든 그렇지 않든, AI의 도입이 지닌 여러 양상은 임금과 노동 조건에 하방 압력을 가할 개연성이 높으며, 이미 일터 안팎에서 다양한 사회적 투쟁을 촉발하고 있다.

3장에서 우리는 AI 자동화가 편재하게 되면 자본이 존속하지 못하리라는 (일부의) 편안한 가정에 도전한다. 가치 이론을 이론적 출발점으로 삼고 AGI의 장기적인 가능성을 평가하면서 우리는 이 믿음을 뒷받침하는 인본주의적 가정이 더 이상 유효하지 않으며, 호모 사피엔스가 반드시 자본주의 프롤레타리아화의 유일한 주체인 것은 아니라고 제안한다. 만약 AI가 특이점의 지평에 접근하거나 도달한다면, 우리에게 펼쳐질 풍경은 불가피한 자본주의 붕괴가 아니라 인간 존재자로부터 자율적인 문자 그대로 자동 주체로서의 기계 자본의 승격이다. 그러므로 "지금 당장 완전한 자동화"를 외치는 사회민주주의 프로그램은 이러한 궤적에 선의의 공범으로 자리 잡는 것일 수 있다.

결론에서 우리는 앞선 분석으로부터 몇 가지 정치적 가정을 도출한다. AI를 생각할 때 불확실성은 피할 수 없지만,

보편적 기본소득과 에코-모던eco-modern 기술-계획을 도입해 AI 자본을 개혁하려는 사회주의 전략은 AI가 인간 해방 프로젝트에 제시하는 문제의 깊이를 직시하지 못한다. AI에 대한 코뮤니즘적 지향은 생산 수단의 소유권을 변형시키는 데 초점을 맞추며 그러한 기술들의 도입 또는 포기에 관해서 실제적인 선택을 할 수 있게 만든다. 게다가 새로운 생산 양식의 출현은 극심한 사회적 갈등과 생태적 재앙의 조건에서 발생할 개연성이 높다. 이러한 맥락에서 비인간적인 것은 자본주의만이 아닌데, AI 자본과의 투쟁을 통해 출현하는 인간의 형태는 그 투쟁에 진입했을 때의 인간과 같지 않을 것이기 때문이다.

1장 인지 수단

마이크로소프트의 견해는 간단한 워드 프로세서부터 양자 컴퓨터에 이르기까지 모든 것에 AI가 포함되어야 한다는 것, 마이크로소프트의 표현을 빌리자면 "주입"되어야 한다는 것이다.

— 제임스 톰슨 (Thompson 2018)

새로운 전기電氣

2016년, 스탠퍼드 대학 교수이자 기업가, 전 바이두 수석 과학자, 전 구글 브레인 책임자였던 앤드루 응은 AI를 "새로운 전기"라고 선언하며 다음과 같이 주장했다. 응에 따르면, "정확히 100년 전에 전기가 거의 모든 것을 변화시켰듯이, 이제 나는 향후 몇 년 안에 AI가 변형키지 않을 산업이 있기는 할지 실제로 의문이 든다"(Lynch 2017). 새로운 산업혁명으로 이끄는 근본적인 유틸리티로서의 AI 개념을 지지하는 사람은 응뿐만이 아니다. 이 개념은 〈세계경제포럼〉World Economic Forum과 같은 자본주의 기관에서 발표한 "4차 산업혁명" 선언에 내포되어 있다(Schwab 2017 [2016]). 그것은 또한 기술 전문가 케빈 켈리에 의해 명시적으로 전개되었는데(Kelly 2014), 켈리는 가까운 미래에 우리가 "모든 것의 배후에서 실행되는 저렴하고 신뢰할 수 있는 산업 등급의 디지털 스마트함"을 지닌 "공용 유틸리티"common utility를 갖게 되리라고 예측했다. 켈리에 따르면, "모든 유틸리티가 그렇듯 AI 또한 그것이 설령 인터넷·세계 경제·문명을 변형시킨다고 하더라도 지극히 지루한 무언가가 되어버릴 것이다. 한 세기 전에 전기가 그랬던 것처럼, 이 기술은 관성적인 객체들에 생명을 불어넣을 것이다. 과거에 전기를 도입했던 모든 것에 이제는 인지가 스며들 것이다." 브이아이브이(Viv 연도 미상)와 같은 기업은 이러한 생각을 사업 전략에 반영하여, 자사의 AI 플랫폼을 통해 "지능이 수도와 전기 같은 하나의 보편적 기반 서비스가 된다"고 주장한다.

응과 켈리가 보여주는 예측은 AI가, 맑스가 "생산의 일반적 조건들"(Marx 1990 : 506 [2015] ; 1993 : 530 [2007])이라고 부르는 것 즉 주어진 장소와 시간에 자본주의 생산 환경을 형성하는 기술·기관·관행의 일부가 될 수 있음을 시사한다. 맑스는 통신 및 운송 수단을 비롯한 하부구조를 생산의 일반적 조건을 구성하는 중대한 요소로 언급했다. 만약 AI가 새로운 전기가 된다면, AI는 심화한 형태의 작업장 자동화로 응용될 뿐만 아니라 자본주의 경제 자체의 깊고 광범위한 하부구조 재조직화의 기반으로서도 응용될 것이다. 이러한 AI의 편재성은 AI가 개별 자본가에 의해 활용되는 특수한 도구의 형태를 취하는 것이 아니라, 오늘날 전기와 전기 통신이 그런 것처럼 모든 자본주의 기업의 생산 과정에 전제된 하부구조 — 인지 수단 — 가 될 것임을 의미한다. 따라서 AI는 생산의 일반적 조건이 될 것이다. 우리는 "인지 수단" — 맑스의 통신 및 운송 수단에 대한 AI 등가물 — 이라는 용어를 제안하지만, 이 장의 결론에서 논하는 이유로 인해 "인지자본주의"라는 포스트오페라이스모post-operaismo 개념(Moulier-Boutang 2011)과 그것이 혼동되어서는 안 된다고 주장한다.

이러한 논증을 세우기 위해서는 먼저 자본주의의 AI 도입의 역사를 검토하고, 기계학습 접근법에 기반한 AI의 기존의 상업적 응용 사례와 예상되는 상업적 응용 사례를 조사하며 현대 AI 산업을 분석할 필요가 있다. 이 산업에서 축적의 기반은 고도로 발전된 기술과학 상품이지만, 모든 자본주의 기업과 마찬가지로 그것은 잉여 가치를 생산하려는 강박, 즉 과점 및 독점 형성을 통한 이윤 추구·경쟁·투자 유치·시장 통제·경쟁자 패배의 지배를 받는다. 그러나 우리는 AI가 생산의 일반적 조건의 일부가 되는 데 기여할 수 있는 이 산업의 두 가지 구조적 특징에도 주목한다. 이 두 가지 구조적 특징이란, 한편으로는 경제적·행정적·군사적 목적으로 AI 개발을 조성하고자 하는 신자유주의 국가들의 아낌없는 지원과 보조금이다. 그리고 다른 한편으로는, 각종 도구와 템플릿이 무료로 배포되고 협력적으로 활용되지만 그럼에도 AI 과점자들의 플랫폼과 우선순위에 맞춰져 있는, AI 연구의 크고 활발한 오픈소스 구성요소라는 겉보기에 변칙적인 존재다.

우리는 간단한 챗봇부터 스마트시티와 사물인터넷Internet of Things, IoT에 이르는 다양한 응용 사례를 통해, 가까운 미래에 기계학습 기반 인지 및 지각 기능이 어떻게 편재적으로 될지를 사변한다. 이 예시들은 AI가 생산의 일반적 조건으로 자리 잡을 수 있는 몇 가지 방식을 입증한다. 이 분석은 네트워크화된 다중multitude의 새로운 능력을 가리키는 것으로서의 "일반 지성"(Marx 1993 : 706 [2007]) 개념에 대한 포스트오페라이스모의 인본주의적 재구성에 반하는 그림을 그려낸다. 반대로, 생산의 일반적 조건의 일부로서의 AI의 가능한 미래는 일반 지성에 대한 맑스의 최초의 정식화를 지지한다. 이는 사회적 인간 노동에서 **탈착된**excised from, 자본의 축적된 기계 능력으로 이해된다. 현재로서는 AI 개발이 네트워크화된 다중에게서 추출한 데이터의 처리와 데이터 마이닝data mining에 크게 의존하고 있지만, 이러한 개발의 목표는 완전히 새로운 수준의 자동화를 달성하여 자본이 노동으로부터의 전례 없는 독립성을 확보하는 것이다.

AI 산업과 기계 지능의 과점자들

소매 판매에서 오락과 산업 생산에 이르기까지 새로운 AI의 실제 및 잠재적 용도에 대한 기업의 관심은 다양하지만, 좀 더 제한된 범위에서 첨단 기술 기업의 중심적인 관심사는 AI 체계의 실제 생산에 있다. 우리는 이 복잡한 분야를 광범위한 상업적 AI 응용 분야와 구분하여 "AI 산업"이라고 부른다. 기업 지향의 출판물에서는 AI가 자본주의 생산에 "혁명"을 일으킬 것이라고 끊임없이 상기시키지만(Columbus 2016), 우리의 분석에 따르면, 설령 그러한 변형이 일어나더라도 그 변형은 아직 초기 단계에 머물러 있다. 대신, 우리는 AI를 다른 신흥 기술의 영향력과 묶여 있어 아직 확실성을 가지고 알기 어려운 신흥 산업의 하나로 고려한다. AI에 대한 사업적 관심도는 높지만, AI 산업을 제외하면 이는 AI 기술에 대한 실제 투자 수준이 높다는 점을 의미하지는 않는다. 2017년 한 응용 인공지능 콘퍼런스 참석자를 대상으로 진행한 설문조사는 "AI 도입이 … 여전히 저조하며, 주목할 만한 성공 사례의 대부분은 업계 내 가장 큰 기술 기업들에서만 나오고 있다"(Rayo 2018)라는 결론을 내렸다.

AI 개발은 1980년대에 처음으로 뚜렷한 산업 부문으로 나타났다. AI 산업의 첫 번째 시대는 GOFAI 전문가 체계를 기반으로 진행되었다. 이 시대에 AI 산업은 기업 고객을 위한 생산 수단, 대개 기업 고객과 협력하는 방식으로 기업 고객을 위한 생산 수단으로서의 체계를 생산하는 소수의 소규모 기업으로 구성되었다. 몇몇 경우에 대기업은 내부에 AI 부서를 설립하여 전용 전문가 체계를 개발하기도 했다. 이러한 체계에는 상당한 정도의 전문화가 요구되며, 그 응용 분야가 매우 좁고 제작 및 갱신에 많은 노동이 들어간다. 모든 분야에 적용할 수 있는 "일반적" 전문가 체계를 개발하려는 여러 시도가 있었지만, 그 시도들은 결국 실패로 돌아갔다(Roland and Shiman 2002 : 205). 이러한 체계에 대한 상업적 열풍은 1990년대에 가라앉았지만, 비슷한 시기에 기계학습 접근법이 학계에서 주목받았고, 2010년대에는 계산 능력의 발전과 개선된 학습 알고리즘에 힘입어 AI가 상업 영역으로 돌아왔다. 2017년, 『이코노미스트』(Economist 2017a)는 "명시적으로 프로그래밍이 되지 않고도 데이터를 선별하여 패턴을 인식하고 예측"하는 기계학습의 힘이 상업적으로 중요해지는 영역의 목록을 제시했다. 이 점에 관해 몇 가지를 조사해 볼 가치가 있다.

기계학습에 기반한 AI 산업은 전문가 체계가 지배적이었던 첫 번째 시대보다 훨씬 더 다양하며, 이것이 최근 선진 자본주의가 심각한 AI 열병을 앓는 이유 중 하나다. 『이코노미스트』(Economist 2017a)는 타게팅 온라인 광고 및 제품 추천, 가상 개인 비서 및 증강 현실 체계의 개발, 자율주행차의 전망에 관해 열광적으로 보도한 바 있다. 2019년 초 현재, 이 중 일부는 이미 고도로 발전한 상태이며, 다른 일부는 이제 막 시작 단계에 있다. 광고 및 추천에 대한 알고리즘 타게팅은 10년 넘게 디지털 웹 2.0 기업의 기반이었다. 애플의 시리, 아마존의 알렉사, 마이크로소프트의 코타나 같은 디지털 개인 비서는 점차 상식적인 것이 되어 가고 있다. 물리적 현실에 가상적 이미지와 정보의 그물망을 입히는 증강 현실augmented reality, AR 제품은 이제 막 상품으로 판매되거나 인앱in-app 구매 및 데이터 마이닝을 위한 무료 수단으로 배포되기 시작했다. 〈포켓몬 고〉와 같은 게임과 기타 모바일 앱이 증강 현실이라는 미지의 영역을 시험하고 있으며, 의료 애플리케이션과 같은 새로운 영역은 구글·애플·마이크로소프트 같은 기업에서 활발히 연구하고 있다. 아마도 기계학습의 상업적 사용에서 가장 큰 성과이자 가장 어려운 과제이기도 한 자율주행 자동차 및 트럭의 개발은, 자본주의의 운송 분야 전체를 변형시키기 위해 경주하고 있는 구글과 바이두 같은 선도적인 정보 기업, 포드·제너럴모터스·다임러 같은 기존 자동차 업계 대기업, 우버와 테슬라 같은 초신성 기업 모두를 끌어당

기는 "문샷"moonshot[야심차고 혁신적인 계획]이다.[1]

AI 산업의 기업들은 종종 처음에는 자체 사업 운영에 사용하기 위해 기계학습 기술을 구축하지만, 판매용 또는 임대용 상품이나 "무료" 서비스로 제공하기도 한다. 이들은 맑스가 사회의 총생산물과 총생산 과정을 세분화한 두 가지 주요 "부문"을 위한 상품을 생산한다. 여기서 두 가지 주요 부문이란 다음과 같다. 부문 1은 생산 수단, 즉 생산적 소비를 위한 상품이다. 부문 2는 생계 수단, 즉 개인적 소비를 위한 상품이다(Marx 1992 : 471 [2015]). 기계학습에 관한 일부 논평가들은 이 두 부문에 따라 사업적 응용을 위한 AI와 소비자 장치를 위한 AI라는 "두 개의 AI"가 존재하게 될 것이라고 제안해 왔다(Economist 2017a). 부문 1의 예시로는 월마트와 같은 거대 기업이 조직 전체의 기능을 실시간으로 세밀하게 모니터링할 수 있게 해주는 기계학습 기반 클라우드 데이터베이스 플랫폼인 에스에이피SAP[독일의 거대 IT기업]의 하나HANA(Ruth 2017), "AI 기반 적응형 제조, 자동화된 품질 관리, 예측 유지보수 등"을 제공하여 산업 제조를 완벽히 혁신하는 것을 목표로 하는 앤드루 응의 스타트업 랜딩닷에이아이Landing.ai(2017년 설립)가 있다(Landing, 연도 미상). 부문 2의

1. 이것은 기계학습의 상업적 가능성에 관한 완전한 조사와는 거리가 멀다. 실제로 기계학습의 응용 분야는 무궁무진해 보이는데, 왜냐하면 기계학습의 패턴 찾기 능력은 데이터가 풍부한 모든 분야, 즉 디지털 시대에는 거의 모든 분야에 적용될 수 있기 때문이다(Zilis and Cham 2016).

예시로는 아마존 홈Amazon Home 및 이와 유사한 장치 등 다양한 소비자 상품을 포함한다. "스마트 스피커"로 광고되는 홈은, 다양한 가정 자동화 및 정리 작업을 가능하게 하는 알렉사 디지털 개인 비서에 대한 사용자 음성 인터페이스다. AI는 휴대전화나 텔레비전과 같은 다른 스마트 기기에서도 찾아볼 수 있으며, 또한 기계학습 기반 추천 체계가 타임라인을 큐레이팅하고 사용자에게 다음에 보거나 들을 콘텐츠를 제안하는 페이스북·트위터·유튜브와 같은 무료 제품 서비스의 구성요소로 "제공"given away되기도 한다. 결국, 이러한 체계는 광고 수익을 창출하기 위해 고객 데이터를 수집한다. 그러나 우리가 앞으로 보게 될 것처럼, 부문 1과 부문 2의 AI 생산은 종종 동일한 과점 기업에 의해 지배되며, 공용 클라우드 계산 설비[예를 들어 구글의 GCP와 아마존의 AWS]의 활용을 비롯하여 다양한 방식으로 상호연결될 수 있다.

2015년부터 AI 연구에 대한 기업의 투자, 기계학습 스타트업에 대한 벤처 자금 지원, 경쟁적인 AI 인재 채용이 급증하고 있으며, 인수합병 활동도 그만큼 활발하게 이루어지고 있다. 이 활동의 규모를 가늠하기란 어렵다. 한 분석에 따르면, AI 산업은 2015년 1,260억 달러의 매출을 기록했으며 2024년까지 3,061억 달러로 성장할 것으로 예상되지만(Statista 2016 : 9), 다른 분석에 따르면 2018년 전 세계 AI 관련 지출은 2017년 대비 54.2퍼센트 증가한 191억 달러에 불과했으며 2021년까지 522억 달러에 이를 것으로 예측된다(International Data Corporation 2018). 『이코노미스트』(Economist 2017a)는 2017년 전 세계 기업들이 AI 관련 인수합병에 지출한 금액을 약 213억 달러로 계산하며, 이는 2015년의 26배에 달한다. 이렇게 평가들이 서로 상충하는 현상(종종 명백하게 AI 공급 업체와 사업 자문 업체의 이해타산으로 주도되는데)은 혼란스럽지만, AI가 선진 자본을 대표하는 자들의 상상력을 사로잡은 것은 분명하다(Press 2018도 참조하라). 『이코노미스트』(Economist 2017a)가 말하듯이, "경쟁, 고조된 희망, 광고에 힘입어 AI 유행은 첫 번째 캘리포니아 골드러시처럼 느껴질 수 있다."

기계학습 전문가를 확보하기 위한 기업의 경쟁은 격렬하다. 링크드인LinkedIn 프로필 데이터를 바탕으로 진행된 한 연구에 따르면, "AI 연구 및 응용 분야에서 일할 수 있는" 박사 학위 소지자의 수는 2만 2천 명이며, 현재 일자리를 찾고 있는 사람은 3,074명에 불과하다(Gagne 2018). 수요가 공급을 크게 능가한다(Economist 2017b). 미국의 정보 자본가들은 자율주행 자동차 프로젝트를 진행하는 주요 자동차 회사 등 새로운 경쟁자뿐만 아니라 실리콘밸리에 자회사를 설립한 중국의 기술 기업들과도 경쟁하고 있다. AI 자본의 성공을 위해 최고의 인재를 채용하는 것이 중요하다고 여겨지면서 이 경쟁은 "학위를 마치기도 전에 기업들이 교수와 대학원생을 채용하기 위해 학과를 수탈하는 유행을 촉발했고", 채용 박람회를 마치 광적인 "월마트의 추수감사절 블랙 프라이데이세일"과 같은 분위기로 만들었다(Economist 2017b). 기계학습 인재를 확보하기 위한 경쟁이 치열해졌다는 것은 임금 또한 높아졌다는 것을 의미한다.

최근 『뉴욕 타임스』 기사에서 보고하기를, "주류 기술 기업에서 일하거나 이들로부터 구인 제의를 받은 경험이 있는 9명의 사람에 따르면, 학교를 갓 졸업한 박사 학위자와 그보다 교육 수준이 낮고 경력이 몇 년 되지 않은 사람을 비롯한 전형적인 AI 전문가들은 연봉과 회사 주식으로 연간 30만 달러에서 50만 달러 이상을 받을 수 있다"(Metz 2017b). 2014년 구글이 딥마인드를 인수할 당시 직원 50명의 회사에 6억 5천만 달러를 지급했고, 2016년에는 직원이 400명으로 늘어나면서 연구소의 "인건비"만 총 1억 3,800만 달러, 직원 1인당 평균 34만 5천 달러에 달했다. 이러한 수치에 비추어 볼 때, 기계학습 전문가는 "새로운 투자 은행가"로 여겨져 왔다(Shead 2017). 물론, AI 프로젝트를 관리한 경험이 있는 임원에게는 더 높은 보상이 주어진다. 구글은 자율주행차 기술 소유권을 둘러싼 우버와의 법정 소송에서 구글의 자율주행차 부서 리더 중 한 명이 경쟁 업체로 이직하기 전에 1억 2천만 달러 이상의 인센티브를 받은 사실을 밝혔다. 하지만 기계학습 기술을 익힌 갓 졸업한 20대 중반 신입 사원도 "10만 파운드 이상, 때로는 100만 파운드까지" 벌 수 있다(Shead 2017).

AI 산업의 범위는 국제적이다. 2016에서 2018년 사이, AI는 여러 긴장이 고조되는 시대에 특히 군사적으로 응용될 수 있는 잠재력을 지녔다는 점에서 미국과 중국 간 기술 경쟁의 중요한 축으로 널리 인식되었다. 중국의 주요 AI 개발사로는 중국의 최대 검색 엔진 기업 바이두와 전자 상거래 대기업 알리바바가 있다(K-F. Lee 2018 [2019]). AI 산업의 다른 주요 국가 현장으로는 캐나다, 이스라엘, 영국 등이 있다. 그러나 거의 모든 평가가 미국이 선도적인 지역이라는 점을 시사한다(Jang 2017 ; Rapp and O'Keefe 2018 ; Fabian 2018). AI 개발의 양상과 관련된 전 세계 3,000개 이상의 기업을 대상으로 진행한 한 조사에 따르면, 40퍼센트의 기업이 미국에 있는 것으로 추정되었다(Fabian 2018). 그렇지만 6개의 기업이 특히 눈에 띄는데, 이는 알파벳(구글의 모회사), 아마존, 애플, 페이스북, 아이비엠, 마이크로소프트다. 이 기업들은 모두 탈레톤 길레스피(Gillespie 2010)와 닉 서르닉(Srnicek 2016 [2020])이 각각 "플랫폼" 또는 "플랫폼 자본주의"라고 부르는 것을 잘 보여주는데, 그것의 핵심적인 특징은 검색 엔진·소셜 미디어 네트워크·비디오 또는 음악 스트리밍 서비스 사용자·컴퓨터 소프트웨어 또는 소매 소비자 등 고객이 생성한 빅데이터를 디지털로 수집하는 것이다. 이러한 데이터 보고에 대한 접근은 플랫폼 기업을, 기계학습 체계를 훈련하는 데 유리한 현장으로 만든다.

아이비엠

아이비엠은 1956년에 유명한 다트머스 워크숍에 소속 연구원이 참여한 사례에서부터 1997년 체스 세계 챔피언 게리 카스파로프를 상대로 승리한 딥블루의 개발, 2011년 텔레비전 퀴즈쇼 〈제퍼디〉에서 인간 경쟁자들을 상대로 승리를 따내어 아이비엠을 간단하게 차세대 AI의 대중적 얼굴로 만든 AI 왓슨의 개발에 이르기까지 AI에 대한 오랜 관심을 보여주었음에도 여러 방식에서 이례적인 기업이다. 그러나 아이비엠이 왓슨 체계에 1,500만 달러를 투자했음에도 불구하고 왓슨은 이후 큰 상업적 성공을 거두지 못했다. 왓슨은 "현존하는 가장 안벽한 인지 플랫폼 중 하나"(Kisner, Wishnow, Ivannikov 2017 : 1)로 묘사되며 의류에서 통신에 이르기까지 다양한 분야의 상업적 벤처에 적용되었지만, 아이비엠은 주로 수익성이 높은 의료 및 건강 보험 분야에서의 잠재적 사용에 중점을 두었다. 그러나 2018년에 아이비엠은 이 핵심 부서의 직원 수를 감축하여 해고하고 새로운 집중 분야를 모색하겠다고 발표했다. 이러한 좌절이 어디까지가 기술적 실패로 인한 것이고 어디까지가 아이비엠의 조직 관행이 지닌 경직성으로 인한 것인지는 불확실하다(Strickland 2018). 아이비엠의 AI 추구는 기계학습 체계를 훈련하는 데 필요한 대규모 독점 빅데이터 풀을 보유하고 있지 않았다는 점 때문에 지장을 받았을 개연성도 있다. 아이비엠은 대신 의료 연구 및 데이터 수집에 종사하는 소규모 기업들의 인수에 막대한 비용을 들여 이를 확보해야 했다(Kisner, Wishnow, Ivannikov 2017 : 19~20). 그러나 미국의 다른 주류 AI 생산업체들은 이러한 문제를 겪지 않는다.

알파벳 (구글)

알파벳은 수년 동안 사용자 데이터를 수집하여 AI 프로젝트의 발전에 적용해 왔다. 이는 먼저 알고리즘을 통해 검색 패턴을 개선하고 이를 광고 게재 위치와 일치시킨 다음, 유사한 방법을 사용하여 유튜브에서 동영상 콘텐츠를 분류·필터링·추천하거나 안드로이드 휴대전화 운영 체제 사용자가 구매할 앱을 예측함으로써 이루어졌다. 알파벳의 구글 브레인 부서는 선도적인 기업 기계학습 연구 그룹으로 널리 알려져 있다. 2014년과 2018년 사이에 구글은 12개 이상의 AI 관련 기업을 인수했는데(Patrizio 2018), 그중 가장 주목할 만한 기업은 2016년 인간 바둑 세계 챔피언을 상대로 기이한 승리를 거두며 왓슨을 대신해 AI의 대표 형상으로 떠오른 기계학습 체계 알파고를 만든 딥마인드였다. 이러한 연구는 구글의 알고리즘 온라인 서비스 및 구글 홈 기기뿐만 아니라 구글이 2000년대 초반에 인수한 웨이모 자율주행차 부서 및 로봇 관련 기업들과도 연결된다. AI 개발은 구글의 소유주인 세르게이 브린과 래리 페이지, 그리고 이들에 못지않게 구글의 "공학 책임자"이자 트랜스휴머니스트 사상가 레이 커즈와일이 열렬히 지지하는 노력이다(Simonite 2017). 구글의 막대한 자금과 깊은 전문성, 이데올로기적 헌신의 조합은 구글이 상업용 AI 연구 분야에서 독보적인 위치를 차지할 수 있게 했다. 그런데 미국의 다른 플랫폼 자본가들도 비슷한 길을 걷고 있다.

페이스북과 아마존

알고리즘 분석과 예측은 페이스북이 사용자들의 관심사와 상호관계에 대한 "소셜 그래프"social graph를 구성하여 막대한 온라인 광고 수익 창출에 성공하는 데 핵심적인 역할을 했다. 페이스북 AI 연구Facebook AI Research, FAIR는 전 세계에 4개의 AI 연구소를 두고 최전선의 AI 연구를 활발히 진행하고 있으며, 가상 비서를 개발하는 오즐로Ozlo와 같은 AI 관련 기업을 여러 차례 인수한 바 있다(Patrizio 2018). 아마존은 방대한 양의 소비자 데이터에 대한 알고리즘 분석에 의존하여 증가하는 소매와 로지스틱스logistics 조작 전반에 걸쳐서 고객을 위한 "추천"을 개발했으며, 현재는 부분적으로 로봇화된 거대한 창고 및 주문 처리 체계의 운영과 점점 통합되고 있다. 아마존은 "스마트 홈" 체계 에코, 디지털 개인 비서 알렉사, 알렉사의 비즈니스 버전 렉스, 텍스트를 음성으로 변환하는 폴리, 이미지 인식 서비스 레코그니션 등 다양한 AI 기반 제품을 선보인 바 있다. 게다가, 기계학습은 소매상이 제삼자 판매업자에게 제공하는 아마존 주문 이행Fulfillment by Amazon 프로그램의 서비스 제품군에 스며들어 있다.

마이크로소프트와 애플

비록 마이크로소프트는 구글·페이스북·아마존보다 오래된 세대의 IT 기업이지만, 수십 년간의 소프트웨어 개발 경험뿐만 아니라 수백만 명의 컴퓨터 사용자와의 상호작용

기록을 바탕으로 코타나Cortana(소프트웨어에 묶여 제공되는 디지털 비서) 같은 프로젝트와 재앙과도 같았던 테이Tay(테이는 온라인 대화를 통해 인종차별주의적이고 성차별주의적인 나치가 되도록 기계학습하였고 극단적인 편견을 이유로 퇴출당했다)에서부터 좀 더 무해한 10대 모방형 조Zo에 이르기까지 챗봇 벤처의 성공과 실패를 다양하게 보여주고 있다. 마지막으로, 마이크로소프트의 오랜 경쟁자이자 주류 플랫폼 자본가 중 AI에 가장 소극적이었던 애플도 2016년에서 2017년 사이에 디지털 개인 비서 시리를 지속해서 개발하고 아이폰 사용자를 위한 안면 인식 보안 체계 페이스아이디FaceID를 만들면서 이 분야에 뛰어들었다. 2018년에는 구글의 AI 최고 책임자를 극적으로 빼내 가기도 했다(Patrizio 2018).[2]

빅테크를 넘어서

최상위 기술 기업 주변에는 생명공학에서 농업, 교육, 머천다이징merchandising, 감시에 이르기까지 AI 산업 속의 전문화된 분야들에서 틈새시장을 개척하려는 수많은 소규모 스타트업이 밀집해 있다(Zilis and Cham 2016 ; Patrizio 2018). 이 광

---

2. 서르닉(Srnicek 2016 [2020])은 고도의 설계를 갖춘 계산 제품에 대한 애플의 협소하고 긴밀하게 제어된 집중으로 인해 애플이 사용자 데이터에 의존하는 "플랫폼 자본가"로 보기는 어렵다고 주장하지만, 음악 스트리밍과 앱으로 구동되는 아이폰에 관여하고 있다는 점을 고려하면 이러한 평가에는 논쟁의 여지가 있다.

경은 끊임없이 변화한다. 이전의 IT 발전 주기에서 볼 수 있는 익숙한 패턴을 따라 이들 기업 중 상당수가 급성장했다가 소멸할 가능성이 크며, 성공하는 기업은 AI 업계 대기업에 인수될 가능성이 크다. "2017년에 시장을 떠난 120개 AI 기업 중 115개 기업이 인수합병을 통해 이루어졌다"(Patrizio 2018). AI 체계용 전문 하드웨어를 생산하는 기업들도 엔비디아나 인텔 같은 지배적인 하드웨어 기업의 그늘에서 계속 등장하고 있다. 벤처 자본가들은 2017년 하드웨어 스타트업에 2년 전보다 두 배 많은 15억 달러를 투자했으며, 세레브라스·그래프코어·캄브리콘 같은 신생 기업들은 각각 1억 달러 이상의 투기성 자금speculative funding을 유치했다. 이러한 스타트업은 "두 가지 목표 중 하나를 향해 달려가고 있는데, 이 두 가지 목표란 수익성 있는 틈새시장을 찾거나 인수합병되는 것이다. 이른 시일 내에 말이다"(C. Metz 2018).

국가 행위자 : AI 초강대국

AI 개발에서 또 다른 핵심적 행위자는 국가다. 맑스는 자본주의 국가에 대한 체계적 연구를 완성하지 못했고, 이를 완성하려는 맑스 추종자들의 시도는 맑스주의 이론에서 가장 복잡한 논쟁 몇 가지를 유발했다.[3] 그러나 맑스가 자본주

3. 국가에 관한 맑스의 사유를 완성하려는 다양한 시도에 대한 최근의 검토

의 국가에 귀속한 기능 중 하나는 특정한 '생산의 일반적 조건들'을 창출하는 것이었다(Marx 1990 : 506 [2015] ; 1993 : 530 [2007]). 이에 대한 예시 중 하나로 하부구조를 들 수 있는데, 하부구조는 일단 수익성 있는 사업이 되면 민간 자본으로 이전될 수 있다. 이렇게 민영화된 산업은 자본주의 국가에 국가 안보라는 명목으로 경쟁국에 맞설 기술력을 제공하는데, 이것이 바로 군산복합체의 역학이다. 국가와 자본의 상호작용이 따르는 이러한 길은 미국의 디지털 기술 발전과정에서 전형적으로 드러난다. 컴퓨터와 네트워크는 일반 상업용으로 넘어가기 전에 국방부의 군사-기업-학계 진영에서 배양되었다(Edwards 1996 ; Mazzucato 2013). 가장 유명하지만, 결코 유일하지는 않은 사례는 미국 고등연구계획국이 인터넷 창설에 자금을 지원한 일이다. 디지털 자본의 자유주의적인 자기-표현과는 달리, 미국 첨단 기술 산업의 탄생은 국가가 후원하는 연구, 기술 개발을 위한 계약 및 보조금에 의존했으며, 이는 미국이 국가 사회주의를 상대로 냉전에서 승리하는 데 중요한 역할을 했다.

디지털 기술 개발에서 국가와 자본의 이러한 상호작용은 냉전의 종결에 뒤따른 전 지구화 시대에 미국을 넘어 전 세계적으로 널리 도입되었다. 부르주아와 맑스주의 양쪽의 여

로는 O'Kane 2014 참조. 생산의 일반적 조건들을 창출하고 유지하는 데 있어 국가의 역할에 관한 논의는 Lapple 1973 참조.

러 이론가가 국민 국가nation state의 몰락을 선언했다. 그러나 그 실상에 있어 자본주의 전 지구화는 세계 시장에서의 경쟁적 참여가 의존하는 하부구조와 디지털 산업에 대한 지원과 보조금을 그 활동의 특징으로 포함하는 국민 국가의 매개를 통해 전개되었다(Schiller 1999 ; Powers and Jablonski 2015). 전 지구화를 지배해 온 이른바 "워싱턴 컨센서스"는 커지는 적대 관계를 은폐했는데, 특히 냉전의 승자로 떠오른 미국과 패배한 "포스트사회주의" 러시아 및 중국 사이의 긴장이 그러했다. 이들 국가는 미국 주도의 자본주의에 굴복하거나 타협할 수밖에 없었다. 2008년 월스트리트 대폭락과 함께 제국적 패권국으로서의 미국의 위상이 눈에 띄게 약해지자 이러한 갈등은 경제 및 군사 경쟁이 격화되면서 더욱 첨예하게 드러났고, 현재 AI에 대한 경쟁국들의 계획은 이 경쟁의 필수적인 요소로 자리 잡았다.

미국의 AI 개발은 이미 국가 주도의 하부구조와 기술을 기반으로 구축되었으며, 아이비엠 및 이후의 구글(Nesbitt 2017)과 같은 AI 연구의 선두 주자들은 미국 국방 관련 자금의 지원을 받아 왔다. 한 보고서에 따르면, 16개 이상의 미국 정부 기관이 AI 개발에 자금을 지원하고 있다(Fabian 2018).[4]

---

4. 그러나 미국에서 초기에 국가가 주도했던 기술의 민영화가 매우 많이 진행되었다는 사실 자체는 미국 정부에 몇 가지 문제를 초래한다. 구글, 아마존, 페이스북, 애플, 마이크로소프트라는 5개의 빅테크는 미국 연방정부만큼 비국방-관련 과학 연구에 큰 비용을 지출하고 있다(Manjoo

그러나 미국 연방 정부가 전반적인 '국가 인공지능 연구개발 전략 계획'을 수립하기 시작한 것은 2016년에 이르러서였다. 트럼프 행정부는 "미국이 기술 혁신을 주도할 수 있도록 지원하는 역할과 정보 국가화·무기화·감시를 위한 역할"을 이유로 AI를 국가적 우선과제로 지정했으며, 대통령은 AI의 사회적 또는 고용 효과에 관한 규제를 가하는 방식으로 AI 자본에 부담을 주어 "걸림돌"이 되지 않을 것임을 분명히 했다(Future of Life Institute 2018). 다양한 정책 중 AI 발전을 위해 5년 동안 최대 20억 달러를 투자하겠다는 미국 국방성의 발표가 눈에 띄는데, 기계학습을 감시와 "군집" 드론 및 기타 반자율 무기의 제어에 사용하는 것에 높은 우선순위를 부여하는 것처럼 보이기 때문이다(Scharre 2018). 구글과 일부 실리콘밸리 기업에서 일하는 첨단 기술 노동자들은 군사 계약을 받아들이는 데 반발했는데, 이는 AI에 대한 저항의 중요한 사례이며 우리는 2장에서 이에 관해 논한다. 그러나 이러한 항의에도 아랑곳하지 않고 국방부는 이것이 "AI 격동surge"의 첫 번째 단계일 뿐이라는 점을 분명히 했는데(Seligman 2018), 이 격동에는 향후 10년간 100억 달러가 투입될 '합동 기업 방위 하부구조'를 계산하는 특별한 군용 클라우드 같은 다른 프로젝트가 포함된다.

2017). 예를 들어 암호화를 둘러싼 FBI와 애플 사이의 갈등처럼 미국 정부와 기술 기업 사이에 갈등이 있는 경우, 국가가 더 우월한 비법을 보유하고 있다고 확신할 근거는 어디에도 없다.

미국 정부가 이처럼 갑작스럽게 AI에 집착을 보이는 것은 유력한 디지털 경쟁자 중국의 등장에 기인한다. 2017년 중화인민공화국은 연구개발, 산업화, 인재 육성, 교육 및 기술 습득, 표준, 규제, 윤리 및 보안을 위한 동기와 목표를 담은 차세대 인공지능 개발 계획을 발표했다. 이 계획은 2030년까지 중국이 AI 혁신의 "주요" 중심지가 될 것으로 예상한다(Dutton 2018). 2000년 당시에도 중국과 미국 사이에 존재했던 기술 발전 수준의 막대한 격차를 고려하면, 이 야망은 충격적이다. 이 야망에 어느 정도 타당성을 부여하는 것은 2000년 이후 중국이 보여주는 경제 성장 속도와 AI 개발의 성격에 생긴 변화다. 구글 차이나의 전 대표이자 현재는 중국 AI 프로그램의 대변자라고 할 수 있는 리카이푸(K-F. Lee 2018 [2019])는 가장 최근의 AI 세대, 특히 기계 학습은 획기적인 혁신의 순간을 지나 혁신적인 응용의 시대로 들어갔다고 주장한다. 리카이푸는 이 시나리오에서 중국이 대규모의 (슈퍼스타급은 아니어도 고도로 숙련된) 소프트웨어 공학자, 치열한 경쟁이 일어나는 디지털 자본 부문, 사실상 규제 없이 수집되는 방대한 양의 데이터를 보유하고 있다는 점에서 AI 개발을 위한 이점을 가지고 있다고 주장한다. 그는 2030년까지 미국과 중국이 AI 산업을 통제한다는 측면에서 국가 수준의 "복점"duopoly을 구성할 것이라고 제시한다. 그의 설명은 협력을 향한 온화한 희망으로 끝나지만, "AI 초강대국"이 지배하는 "새로운 세계 질서"에 관한 그의 설명에서는 치열한 경제 및 군사 경쟁의 근본적인 벡터가 너무도 잘 드러난다(K-F. Lee 2018 [2019]).

다른 국가들은 당연히 미국과 중국의 AI 복점에 대한 이러한 비전을 선뜻 따르려 하지 않는다. 2018년, 유럽연합은 치열한 국제 경쟁으로 인해 AI 개발의 선두를 유지하기 위해서는 조정된 조치를 취할 필요가 있다는 점을 인식하고, 2020년까지 AI 연구개발에 대한 투자를 최소 200억 유로까지 늘리는 것을 목표로 하는 "민관" 공동 프로그램을 발표했다(Middleton 2018). AI 개발에 대한 국가 정책의 중심성을 보여주는 두드러진 사례이자 유럽 기업들이 이 부분에 대해 불안해하는 주된 이유는 최근 유럽연합이 공표한 〈일반 개인정보 보호 규정〉이 가져올 잠재적 영향이다. 이 법안은 미국 및 중국의 정책과 비교하여 기업의 데이터 수집에 엄중한 제한을 가한다. 기업 로비스트들은 〈일반 개인정보 보호 규정〉이 앞으로 생길 잠재적인 기계학습 프로젝트에 지장을 준다는 이유로 비판했으며, 이는 고도의 감시 관리 체제를 요구하고 이를 정상적인 것으로 만들 AI 자본의 잠재력을 보여주는 불안한 전조다. 미국과 중국 기업의 고액 연봉 직책으로 AI 인재가 소위 "두뇌 유출"되는 것을 막기 위해 유럽연합은 여러 유럽 국가에 센터를 둔 다국적 유럽 AI 기관—'유럽 학습 및 지능형 체계 연구소'—도 출범시켰다(Rankin 2018). 그런데 유럽의 이러한 AI 공동 전선 이면에서는 여전히 국가 간 경쟁이 요동치고 있으며, 영국·프랑스·독일은 지역 내 AI 선도국의 지위를 차지하기 위해 치열하게 경쟁하고 있다(Shead 2018).

미국, 중국, 유럽연합은 AI 자본을 유치하려는 국가들의 전 세계적 경주에서 그저 가장 몸집이 큰 경쟁자일 뿐이다. 일본과 러시아도 AI 개발에 상당한 보조금을 지원하고 있으며, 2018년 중반까지 뉴질랜드에서 폴란드, 케냐, 튀니지에 이르기까지 20개 이상의 국가가 "인공지능 전략"을 수립했다(Dutton 2018). 여러 국가가 보여주는 이러한 동원의 기저에는 깊은 불안이 깔려 있다. 뒤에서 살펴보겠지만, 개별 기업의 수준에서 AI 자본은 승자독식의 소유권에 집중하고 독점을 형성하려는 경향을 가지고 있을 수 있다. 국제적인 국가 관계의 수준에서도 유사한 역학이 출현할 수 있다. 미-중의 "양극적" AI 자본 지배에 관한 리카이푸의 예측에서 더 놀라운 특징 중 하나는 "AI 부유국들이 엄청난 수익을 긁어모으는 동안, 어떤 기술적 문턱을 넘지 못한 국가들은 역방향으로 … 거의 전적으로 의존하는 종속적 상태로 후퇴하게 될 것이며", 그들이 제어할 수 없는 AI 시설을 활용하기 위해 광적으로 "시장과 데이터 접근을 거래"할 것이라는 점이다(K-F. Lee 2018 [2019] : Kindle 위치 2759 [2019]). AI 군사력이라는 더욱 직설적인 위협과 함께 이러한 전망은, 어떤 국가도 자본주의 생산의 새로운 일반적 조건들의 발전에서 배제되기를 원하지 않는다는 것을 의미하며, 이는 그 조건들의 파괴로부터 배제되기를 원하지 않는다고 말하는 것과 같다.

엣지, 클라우드, 그리고 규모의 경제

기업의 수준이 되었든 국가의 수준이 되었든 AI 산업에 필수적인 것은 AI가 실행되는 고가의 하드웨어[5]다. 오늘날 이는 지배적으로 "클라우드" 형태 — 사용자가 비용을 지불하고 인터넷을 통해 접근할 수 있는, 광대하고 에너지를 많이 소비하는 데이터 센터의 형태 — 를 취하고 있다(Mosco 2014 [2015]). 대역폭과 처리 능력의 가용성availability이 증가함에 따라 클라우드의 저장·데이터베이스·계산 기능의 가용성뿐만 아니라 지난 몇 년 안에 클라우드 AI 또는 "서비스로서의 AI"의 가용성도 증가했다(MSV 2018). AI가 탑재된 소비자 장치 및 서비스는 실제 AI 처리 과정이 이루어지는 클라우드로 데이터를 전송한다. 또한, 클라우드를 사용하면 (이미지 및 음성 인식과 같은) 기계학습 기술을 웹사이트나 프로그램에 삽입할 수 있을 뿐만 아니라 기계학습 모델을 온라인으로 구축할 수도 있다. 딥러닝 모델 훈련에 필요한 까다로운 계산적 요구사항은, 필요한 하드웨어를 구매할 여력이 없는 대부분의 소규모 기업은 클라우드 제공업체로부터 계산 시간을 구매한다는 것을 의미한다. 『트랙티카』(Tractica 2018)는 2012년 이후로 AI 산업에서 계산 능력의 요구사항이 30만 배 증가하

5. * 여기서 고가의 하드웨어란 GPU, TPU와 같은 고성능 연산 장치와 이를 포함한 데이터센터, 클라우드 하부구조 등 AI 학습과 추론에 필요한 대규모 계산 자원을 가리킨다.

여 클라우드 AI를 치열한 경쟁의 장으로 만들었다고 보고했다. 아마존 웹 서비스와 마이크로소프트[의 클라우드서비스인] 애저Azure는 최고의 성과를 거두어 왔으며, 구글 클라우드·아이비엠·바이두 클라우드는 시장 점유율을 높이기 위해 노력하고 있다. 그러므로 클라우드 AI는 AI 산업 내부 사회를 훨씬 뛰어넘어 여러 기업에서 기계학습을 이용할 수 있게 해줄 것으로 기대되지만, 그 클라우드들의 소유권은 이미 "극소수"의 손에 쥐어져 있으며, 빅테크 기업이 지배적인 공급업체로 자리 잡고 있다(Miller 2018).

클라우드는 엣지 계산edge computing이라는 신흥 기술로 보완된다. 엣지 계산은 일부 처리 과정이 클라우드로 전송되지 않고 기기에서 국소적으로 수행되는 접근법이다. 『트랙티카』(Tractica 2018)는 AI 엣지 기기 출하량이 "2018년 1억 6,140만 대에서 2025년에는 전 세계적으로 연간 26억 대까지 증가할 것"으로 예상했다. 엣지 계산은 클라우드와 비교하여 대역폭·네트워크 지연 문제·보안이라는 측면에서 이점을 제공한다. 자율주행 차량과 같은 애플리케이션에서는 약간의 지연만으로도 재앙이 일어날 수 있다. 이에 덧붙여서, 기기에 데이터를 보관하는 것은 명백하게 해커에 맞서 보안상의 이점을 제공할 수 있다. 계산적 요구사항과 사용자 수가 증가함에 따라, 엣지 계산은 클라우드의 부하를 줄일 수 있다는 점에서 클라우드 AI 제공업체에 매력적인 선택지가 되고 있다(Miller 2018). 그러나 엣지가 클라우드를 대체할 것이라고 예상하는 사람은 아무도 없다. 이 두 가지가 함께 작동한다. 엣지는 클라우드에 대항하는 탈중앙화된 파괴자라기보다는 이미 클라우드에 막대한 투자를 하는 빅테크 기업들을 위한 또 다른 경쟁의 축이 될 개연성이 높다.

요컨대, AI 산업은 상호연결된 수많은 상업적 벤처를 창출하고 있으며, 자본주의 활동을 자연화하려는 사람들에게 널리 채택된 용어를 사용하자면 이는 AI 산업의 "생태계"다. AI는 광범위한 적용 가능성·재정적 인센티브·기술 발전에 힘입어 기술 산업을 넘어 일반화되기 시작했다. 한 단계 발전한 일반화에 대한 전망은 자본이 이러한 인지 수단에 대한 접근을 전제하는 미래, 다시 말해 AI가 생산의 일반적 조건의 일부가 되는 미래가 개연성이 충분한 것임을 보여준다.

이러한 일반화 과정을 거치면서 AI 산업 풍경에 극적인 변화가 있을 수 있겠지만, 현재로서는 빅테크 기업이 꼭대기를 차지하고 있다. 클라우드 계산 시설의 제어, 대규모 데이터 집합의 소유권, 제한된 AI 인재 풀에서 최고의 인재를 채용할 수 있는 부는 빅테크 기업이 지닌 여러 이점 중 일부다. 이러한 요인들은 AI 시대에도 소수의 거대 기업이 정보기술 부문을 지배하는 현상이 계속될 것임을 시사한다. 따라서 AI 산업이 따라갈 가능성이 있는 한 가지 궤적은 맑스가 자본주의적 축적의 일반 법칙에 내재한다고 기술했던 것, 즉 자본주의적 권력의 중앙화와 집중이다(Marx 1990 : 777 [2015]). 이는 시장 경제를 찬성하는 관찰자들조차 명백하게 인정하는 것이다. 『이코노미스트』(Economist 2017a)는 다음과 같이 주장한다. "현존하는 기술 그룹은 투자에 대한 선점은 물론 그들이 가진 풍부한 데이터·계산 능력·스마트 알고리즘·인간 인재를 감안할 때 AI가 가져다주는 많은 이득을 차지할 것으로 보인다." 그리고 기계학습의 상업적 전망에 열광하는 사업 지향적인 한 연구는 "혁신과 경쟁 사이에 트레이드오프[상충 관계]"가 있을 수 있음을 거리낌없이 인정한다.

> 대부분의 소프트웨어 관련 기술과 마찬가지로, AI에는 규모의 경제가 있다. 게다가, 예측 정확도가 높아지면 사용자가 늘어나고, 사용자가 많아지면 더 많은 데이터가 생성되며, 데이터가 많아지면 예측 정확도가 높아지는 등 AI 도구는 어느 정도의 수익 증가로 특징지어진다. 기업은 더 많은 통제권을 가질 때 〔AI〕 구축에 더 큰 동기를 갖게 되지만, 규모의 경제와 함께 이는 독점으로 이어질 수 있다. 빠른 혁신은 단기적인 관점에서는 사회에 유익할 수 있지만, 장기적인 관점에서는 최선이 아닐 수 있다. (Agrawal, Gans and Goldfarb 2018 : 23 [2019])

AI 버블?

2010년대 후반에는 "AI 버블"의 출현에 관한 사변이 점점 더 광범위하게 확산되었다(Press 2018). 2017년 보고서에서 사업 자문 회사 가트너는 "AI가 과대광고 주기Hype Cycle를 가속화함에 따라 … 대부분의 공급 업체는 고객에게 필요need·잠재적 용도·사업적 가치를 먼저 확인해주기보다는 단순히 AI 기반 제품을 구축하고 이를 마케팅하는 데만 집중하고 있다"(Hernandez 2017)라고 경고했다. 가트너는 자사 보고서를 읽는 기업 관계자들에게 "AI 워싱"AI washing이나 AI 체계의 능력에 관한 과장된 주장에 속지 말 것을 경고했다. 더욱 충격적인 것은 2018년의 한 사업 보고서는 AI가 결국 상업적 부문으로서 "성숙"하겠지만 "현장은 시체들로 어지럽혀져 있을 것"이라고 예측했다는 점이다(Riot Research 2018). AI 기술이 충분히 일반화되어 생산의 일반적 조건의 일부가 되기 전에 AI 산업은 또 다른 "AI의 겨울"AI winter에 빠지는 것은 아닐까?

"AI 버블"의 붕괴와 최근 AI 산업에 뛰어든 여러 기업의 실패가 반드시 AI 자본의 종말을 의미하는 것은 아니다. 과대평가된 스타트업과 심지어는 기존 대기업이 무너지면서 새롭게 진입하는 기업이 선임자의 실패를 교훈으로 삼는 것은 철도와 전신 이후로 수 세기 동안 자본의 혁신이 지닌 정상적인 주기적 특징이었다. 이 모든 것이 자본 축적의 핵심이다. 가장 직접적으로 관련된 최신의 예시는 2000년 미국의 "닷컴" 버블이 터지면서 여러 초기 전자 상거래 시도가 무산되고, 그 파급 효과로 통신 산업이 위기에 처한 것이다. 이 재난으로 몇 년 동안 새로운 디지털 사업에 대한 투자가 중단되었지만, 구글·페이스북·그 외 웹 2.0 기업이 수정된 사업 모델을 바탕으로 등장하며 아마존·마이크로소프트와 같은, 불황에서 살아남은 대기업과 함께 디지털 상품화의 새롭고 더 큰 물결에 합류하게 되면서 재개되었다. 이와 유사한 위기는 AI 발전이 따르는 길에서 일어날 수 있는 단순한 접촉 사고일 수도 있다.

그러나 AI 산업의 호황 전망을 더 깊이 방해할 수도 있는 다른 가능성도 있다. 그 가능성의 하나는 기술 자체에서 심각하고 고질적인 문제들이 발견되는 경우일 것이다. AI 안전 운동AI Safety movement 관련 연구원 로만 V. 얌폴스키(Yampolskiy 연도 미상)는 AI의 실패들을 정리한 짧은 목록을 작성했다. 이러한 문제들 가운데 가장 심각한 것은 아마 2013년에 보고된 한 사례일 것이다. "객체 인식 신경망이 특정한 소음 이미지에서 실제로 존재하지 않는 유령 객체를 감지했다." 이는 기계학습 기반 객체 인식 체계가 특정한 추상적 패턴을 공작이나 표범 같은 현실의 사물로 혼동하면서, 그것을 매우 높은 확신도를 가지고 보고하는 잘 알려진 경향을 가리킨다. 이러한 괴상한 현상은, 해당 체계들이 완전히 새로운 대상을 단순히 자신이 학습한 데이터 집합의 극단적 사례로 해석하는 방식에서 비롯되는 것으로 보인다. 이에 따라 발생하는 가장 즉각적인 우려는 군사 및 보안 목적으로 사용되는 이미지 인식 체계가 "적대적 이미지"에 의한 악성 스푸핑6에 취약하다는 점이다(Nguyen, Yosinski and Clune 2015). 더욱 골치 아픈 문제는 신경망이 그것을 만든 제작자에게 불투명하며, 갑자기 전혀 예상되지 못한 결과를 내놓을 수 있다는 점이다(Scharre 2018). 이러한 불안은 아직 AI에 대한 열광에 치명적인 타격을 주지는 못했다. 그러나 재앙적인 AI 오류는 사업적 신뢰성을 떨어뜨릴 수는 있다. 2018년에 발생한 일련의 치명적인 자율주행차 사고는 기업과 대중에게 자율주행차 기술에 수반되는 복잡하고 값비싼 책임들을 상기시킴으로써 자율주행차 연구에 일시적이나마 먹구름을 드리웠다.

또한, AI가 자본이 기대하는 상품들을 제공하지 못할 가능성도 있다. 디지털 "정보 혁명" 전체가 "생산성 역설"에 극심하게 시달리고 있는데, 이는 "컴퓨터 시대는 곳곳에서 확인되고 있지만, 생산성 통계는 그렇지 못하다"라는 로버트 솔로우(Solow 1987)의 냉소적인 관찰로 요약되는 문제다. 1990년대 말의 짧은 기간을 제외하면, 선진 자본주의 경제에 디지털 기술이 광범위하게 도입되었음에도 (2019년 현재로서는) 이전의 혁신 주기를 기준으로 매년 관찰 가능한 생산성 증가를 달성하지 못하고 있다. 그 이유에 관한 격렬한 논쟁이 일어났다. 일부 경제학자들은 이러한 표면적으로 나타나는 이상 현상이 디지털 활동의 실제 중요성을 측정하는 데 문제가 있거나 디지털화로 인한 경제적 이득이 나타나기까지 그저 시간이 더 필요하다는 점을 반영한다고 주장

6. * spoofing. 공격자가 다른 대상을 사칭하여 상대방을 속이는 것.

한다(Brynjolfsson, Rock and Syverson 2017). 로버트 고든(Gordon 2016) 같은 다른 경제학자들은 정보기술의 경제적 효과가 1870년부터 1970년까지 미국의 경제 성장을 이끈 자동차·전기·도시 위생 화학제품·의약품 등의 발명에 비해 훨씬 작을 따름이라고 주장한다.

2008년 월스트리트 붕괴의 불안한 여파로, 장비 및 건물과 같은 새로운 생산 수단에 대한 미국 기업의 지출은 특히 배당금·자사주 매입·인수와 같은 금융 및 투기 활동에 지출된 금액에 비해 낮았다(Henwood 2018a). 마이클 로버츠(Roberts 2018)는 "모든 주요 자본주의 경제의 생산성 성장이 둔화한 것은 대부분의 자본주의 국가에서 자본가들이 신기술에 대한 투자를 강화하는 데 실패했기 때문"이라고 주장한다. 이러한 상황은 AI 관련 기술에 들어가는 비용의 급격한 하락, AI 하부구조에 대한 정부의 대규모 보조금 지원, 경기 침체 이후 점차 긴축되는 노동 시장에서 발생하는 임금 요구의 위협 — 이는 자동화를 촉진한다 — 으로 인해 바뀔 수 있다. 그러나 아직까지는 현재의 새로운 AI 연구 물결이 실제로 실험실을 벗어나 사업 관행의 광범위한 변형으로 이어질 것이라는 절대적인 보장은 없다. AI 혁명은 디지털 깡통 소리만 요란하게 울리고 사라질 수도 있다.

생산의 일반적 조건들

현재 AI에 대한 자본의 열광이 성능상의 실패나 투자에 대한 불안감 때문에 깨지지 않는다고 가정해 보자. 이 결합의 최종 결과물은 어떤 모습일까? AI 산업의 두 번째 시대가 장기적으로 어떤 의미를 가질 수 있는지 자세히 설명하기 위해 우리는 종종 간과되는 맑스의 개념, 즉 '생산의 일반적 조건들'을 살펴보겠다. 『자본』(Marx 1990 : 472~3, 474, 505~6, 579, 652 [2015])에서 지나가는 말로 언급하고 『정치경제학 비판 요강』(Marx 1993 : 308, 524~33, 725 [2007])에서 심도 있게 논의한 이 범주로 맑스는 무엇을 의미하는 것일까?

이에 대한 출발점으로서, 이러한 조건들이 일반적이라는 것이 무엇을 의미하는지 이해하는 것은 유용하다. 맑스의 체계에서 "일반"general은 거의 언제나 "특수"particular에 반대되는 개념이다. 그는 생산을 지속하기 위해 개별 자본이 직접 구매하거나 생산하는, "특정 자본가 또는 다른 자본가를 위한 생산의 특수한 조건"과 구별되는 생산의 일반적 조건들에 물질적 투입(원자재와 중간재), 생산 수단, 노동을 포함시킨다(Marx 1993 : 531 [2007]).[7] 특수한 조건이 이 자본 또는 저 자본

7. 맑스는 생산의 특수한 조건을 논할 때 불변 자본의 형태를 취하는 생산 요소만을 언급했으며, 특히 고정 자본에 특별한 주의를 기울였다. 이 책은 주로 고정 자본이라는 형태에 초점을 맞추고 있지만, 고정 자본의 경제적 형태를 기계로 환원할 수 없다는 점을 기억하는 것은 중요하다. 건물, 도구, 내부 운송 네트워크, 생산 예비품과 완제품을 저장하는 시설은 모두 기계와 같은 방식으로 고정 자본으로 기능한다(Marx 1990:510, 1992:201 [2015]).

의 생산과 관련된 것이라면 생산의 일반적 조건은 모든 자본에 공통된 것이다.

맑스는 『정치경제학 비판 요강』에서 개별 자본과 일반적 조건들 사이의 관계를 "특수한 자본과 그 특수한 생산 과정의 조건들과는 구별되는, 사회적 생산의 공동적이고 일반적인 조건들에 대한 자본의 특정한 관계"로 설명했다(Marx 1993 : 533 [2007]). 따라서 일반적 조건들이란 "모든 특수한 자본주의 생산 과정에 이득이 되는(또는 방해가 되는) 무언가"(Kjøsen 2016 : 65)다. 하부구조는 일반적 조건들의 본성을 잘 보여주는데, 도로·운하 혹은 철도는 "단일한 자본뿐만 아니라 주어진 지역의 모든 개별 자본에 도움을 주기 때문이다"(Kjøsen 2016 : 65). 따라서 맑스는 생산의 일반적 조건들을 통해 개별 자본이 특수한 역사적 순간에 처하게 되는 일반적 환경, 즉 계급 투쟁과 자본주의적 경쟁의 지형을 설명했다.

여기서 중요한 점은, 이러한 조건들이 일반적인 것은 모든 개별 자본이 **잠재적으로** 그것을 이용할 수 있기 때문이지, 이는 모든 사람이 그것을 무료로 이용할 수 있거나 실질적으로 얻을 수 있다는 의미가 아니라는 것이다. 서로 다른 조건들에 대해서는 사정이 다르게 나타난다. 어떤 것은 상품인 동시에 일반적 조건일 수도 있다. 예를 들어, 컨테이너 수송이나 인터넷 연결에 필요한 하드웨어 같은 운송 및 통신은 모든 개별 자본이 비용을 지불해야 하는 어떤 것이며 현대 자본주의 생산에 필수적인 요소다. 한 운송 양태가 공통적인 매개체라면 그것은 생산의 일반적 조건으로 간주된다. 다른 조건은 무료이거나 세금을 통해 간접적으로 비용을 지불할 것을 요구한다. 예를 들어, 모든 자본은 원하든 원치 않든 세계 시장에 진입하게 된다. 반면에 선박 항로의 보호와 운송 하부구조의 유지에 필요한 비용은 세금으로 충당된다.

하부구조는 생산의 일반적 조건들의 핵심적 구성요소 중 하나에 불과하다. 우리 중 한 사람이 지적했듯이, 일반적 조건들에는 정신을 아득하게 만들 만큼 여러 사물의 배열이 포함된다. 여기에는 통신 및 운송의 수단, 생산 및 저장을 위한 건물의 일반적인 사용, 시장 즉 유통의 영역과 그 과정, 세계의 정치 질서, 과학·기술·공학의 일반적 상태, 어지러울 정도로 다양한, 특정한 생산 형태들 — 예를 들어 기계에 의한 기계 생산 및 생산 자동화의 정도 — 과 생산이 발생하는 규모 및 속도가 포함된다(Kjøsen 2016 : 64).

생산의 일반적 조건들이 수행하는 특정한 기능은 무엇인가? 맑스는 하부구조를 논하면서 "생산의 모든 일반적 조건은 … 유통을 촉진하거나 … 가능하게 하거나 … 혹은 … 생산력을 증가시킨다"(Marx 1993 : 530~1 [2007])라고 주장했다. 잘 설계된 고속도로·다리·터널 체계는 물론 유통을 더 빠르게 만들어 촉진하며, 이전에 도로가 없었던 곳에 건설된다면, 유통을 가능하게 만들 것이다. 유통을 가속하면 자본은 생산에서 잉여 가치를 추출해 시장에서 그 가치를 실현하는 순환을 가속할 수 있다(Marx 1992 : 203 [2015]). 하부구조와 관련이 없는 생산의 일반적 조건들에도 유사한 고려사항이 적용된다. 예를 들어, 생산 자동화의 정도가 높아지면 기계가 인간의 노동력만으로는 불가능한 물리적 힘을 응용할 수 있기 때문에 잉여 가치 추출은 더욱 심화된다(Marx 1990 : 509 [2015]).

생산의 일반적 조건들이 수행하는 기능에 관한 맑스의 논증을 실제로 이해하려면, 그리고 그 안에서 AI가 어떻게 기능할 수 있는지를 이해하려면, 일반적 조건들이 생산 양식 자체와 어떻게 연동하여 발전하는지를 논할 필요가 있다. 즉, 일반적 조건들은 언제나 특정 지역과 시기를 가리키는데, 이는 매뉴팩처 시대의 일반적 조건들이 대규모 산업 시대와 달랐고, 이는 이후의 포드주의 시대와 달랐으며, 미래의 가능한 AI 자본주의에도 달라질 것임을 의미한다(Marx 1990 : 505~6 [2015] ; Kjøsen 2016 : 65~6). 중요한 점은 한 시기의 일반적 조건들이 다음 시기에는 "부적합"하거나 "견디기 힘든 족쇄"가 될 수 있으며, 따라서 새로운 시기에 "적합"하도록 조정되거나 갱신되어야 한다는 것이다. 일반적 조건들이 적합할 때, "생산 양식〔즉, 시기〕은 탄력성, 즉 갑자기 비약적으로 확장될 수 있는 능력을 획득한다"(Marx 1990 : 579 [2015] ; Kjøsen 2016 : 65~6). 즉, 이제 생산의 속도와 양이 이전 시기보다 더 높은 수준을 달성할 수 있다.

생산의 일반적 조건들은 새롭게 등장하는 생산 양식들에 어떻게 적용될까? AI 자본주의의 가능한 미래를 그려보려면,

우리는 이러한 역학을 자세히 살펴보아야 한다. 일반적 조건들과 생산 양식 사이의 연결은 산업 자본의 여러 부문의 수준에서 시작된다(Kjøsen 2016 : 66). 예를 들어, 기계의 발명을 통한 생산에서의 혁명은 다른 분야들에도 변형을 강제할 수 있다. 다른 분야들은 "과정의 개별 단계로서 서로 연결되어 있으면서도 사회적 분업에 의해 각각 독립적인 상품을 생산하는 방식으로 고립되어 있다"(Marx 1990 : 505 [2015]). 한 분야의 양 그리고/또는 속도 측면에서 생산성 향상을 유발하는 모든 변화는 그 분야가 새로운 수준의 생산성을 유지하기 위해 연결된 분야들도 조정할 것을 요구한다. 이러한 역학을 예증하기 위해 맑스는 면방직의 기계 혁명이 "조면기의 발명을 불러일으켰다"라고 언급했는데, 이 기술 없이는 면직물의 공급이 기계화된 면방직을 따라잡을 수 없었기 때문이다(Marx 1990 : 505 [2015]). 일반적 조건들과 관련해서 이 역학은 뚜렷하다. 맑스는 특히 통신 수단과 운송 수단에 주목하면서, 대규모 산업 생산에 적합하도록 일반적 조건들의 변화를 강요한 것은 구체적으로 기계에 의한 생산의 일반화와 그 일반화에 따른 능률과 생산량의 증가였다고 주장한다. 그러므로 특수한 생산 분야들이 서로 긴밀하게 연결되어 있을 때, "한 분야의 지식·기술·조직 측면에서 일어난 혁명이 관련 분야들로 전파되어 생산성 향상뿐만 아니라 생산량 증가로 이어지고, 이는 이후 관련 생산 분야 전체에 새로운 연쇄 반응을 일으켜 결국에는 생산 양식의 혁명으로 이어지며", 그렇게 생산 양식의 생산 능력이 탄력성을 띠게 된다(Kjøsen 2016 : 66~7).

대규모 산업은 운송 및 통신 네트워크의 "방대한 변형"을 요구했을 뿐만 아니라, 균일하고 정밀하게 가공된 기계용 부품을 대량으로 생산할 수 있는 기계를 요구했다. "따라서 대규모 산업은 자기 고유의 생산 수단인 기계 자체를 장악해야 했으며, 결국 기계를 기계로 생산해야 했다. 그렇게 해야만 대규모 산업은 스스로 적합한 기술적 토대를 만들고 자립할 수 있었다"(Marx 1990 : 506 [2015]). 기계가 기계용 부품을 생산하기 시작했을 때 비로소 기계 자체가 생산의 일반적 조건이 될 수 있었으며, 이는 모든 개별 자본이 기계를 적합한 양과 품질로 이용할 수 있게 되었음을 의미한다. 이는 모든 개별 자본이 어떤 특수한 신기술을 도입해야만 그것이 일반적 조건의 일부로 간주된다는 뜻이 아니다. 개별 자본이 대체로 동등한 위치에서 신기술에 접근할 수 있다면 충분하다. 경쟁은 신기술의 도입을 강제할 것이며, 일정한 임계 규모에 이르는 다수의 개별 자본이 그것을 널리 사용하게 되면, 그것은 생산의 일반적 조건들의 일부가 될 것이다. 이는 1990년대 미국 정부가 상품 유통을 위한 "정보 고속도로"로서 인터넷의 기업 도입을 조성했던 것처럼 국가에 의해 장려되거나 심지어는 가능하게 만들어질 수도 있다(Schiller 1999). 정부가 국가 AI 역량을 강화하는 데 높은 수준의 관심을 보인다는 것은 국가가 이미 생산의 일반적 조건들에 대한 또 다른 혁명을 압박하고 있음을 시사한다. 그러나 우리가 이러한 압박이 무엇에 대한 반응인지, 어떤 형태를 띠는지 논하기 전에, 생산의 일반적 조건들이 오늘날 어떤 형태를 취하고 있는지를 간략히 살펴볼 필요가 있다.

21세기 자본주의 생산의 일반적 조건들

맑스는 매뉴팩처 시대의 생산의 일반적 조건들이 대규모 산업 생산에 적합한 조건으로 변형된 방식을 묘사했다. 맑스 시대 이후, 자본주의적 생산 양식은 적어도 두 차례의 주목할 만한 시기를 거쳤다. 이 두 시기는 한편으로 테일러리즘과 조립 라인으로 정의되는 포드주의, 그리고 다른 한편으로 그에 뒤따르는 시기, 일차적으로 정보통신기술과 로지스틱스로 정의되며 가장 일반적으로 포스트포드주의라고 기술되는 시기다(Hardt and Negri 2001 [2001]). 포스트포드주의를 정의하는 방식에 대한 합의가 없다는 점은 같은 시기에 디지털 자본주의(Schiller 1999), 로지스틱스 또는 공급 사슬 자본주의(Toscano 2011 ; Cowen 2014 [2017] ; Kjøsen 2016), 인지자본주의(Moulier-Boutang 2011) 등 다양한 명칭이 사용된 데서 분명하게 드러난다. 우리는 포스트포드주의라는 용어의 무정형적 성질을 인식하고 있으며 이에 대한 많은 비판에도 동의한다(이에 관한 초창기의 개괄로는 Amin 1994 참조). 그리고 우리는 특히 포스트포드주의의 여러 이론가가 이 시기와 포드주의 사이의 연속성을 경시하고 질적 차이를 중시했다는 점에 주목한다. 즉, 우리 또한 포드주의 이후로 중대한 변화가 일어났다는 것은 명백하며, 따라서 새로운 시기를 지정하는 것은 가치 있는 일이라는 입장을 취한다. 더 나아가, 우리는 아마도 포스트포드주의를 넘어서 새로운 자본주의적 생산 양식의 시기, 즉 우리가 현존 AI 자본주의라고 부른 시대로 우리 자신이 접어들고 있을지도 모른다고 제안한다. 이는 완전히 성숙한 AI 자본주의를 지향하는 사이버네틱 자본주의라는 더 거대한 양태의 중간 단계로 볼 수 있다(Robins and Webster 1988 ; Peters, Britiz, Bulut 2009 ; Tiqqun 2001).

첨부된 표는 자본주의적 생산 양식들과 그것들이 수반하는 생산의 일반적 조건들이 거쳐온 역사를 도식적으로 보여준다. 복잡한 현상을 포착하려는 모든 도표가 그런 것처럼, 우리의 표는 지나친 단순화로 인해 우리의 의도보다 더 엄격한 것처럼 보일 위험이 있다. 표에 나열된 시기들은 서로 중첩되며 전 세계 여러 장소에서 서로 다른 방식과 속도로 진행되어 왔고, 지금도 그러한 과정을 거치고 있다.

맑스의 이론을 따라 우리는 경제의 한 분야에서 일어난 혁명이 광범위한 AI 도입의 필요성을 유발하여 AI를 일반적 조건의 일부로 만든다고 제안한다. 2장에서 우리는 AI 개발에 관한 흥분의 상당 부분이 자본이 값싼 노동력을 찾아 전 지구적으로 확장하는 과정에서 직면한 위기들에 대한 반응이며, 3장에서는 발전된 형태의 자본에 이전 시기가 남긴 족쇄, 즉 인간 노동이라는 끈질긴 족쇄를 AI가 극복할 수 있다는 전망을 우리가 진지하게 받아들여야 한다고 주장한다. 그러나 여기서 우리는 일반적으로 이용 가능해진 AI가 자본에 내재적인 혁명적 역학 속에 어떻게 통합될 수 있는지를 묻고자 한다. 자본이 공간이라는 족쇄를 극복하기 위해 도로와 항구 같은 물리적 하부구조에 의존해야 하는 이유와 그 의존 방식을 이해하는 것은 어렵지 않다. 그렇다면 일반적으로 이용 가능한 AI는 자본의 가치화를 가로막는 어떤 제약들을 자본이 극복할 수 있게 해 주는가? 그리고 AI는 어떻게 일반적으로 이용 가능한 것이 될 수 있을까?

하부구조적 AI

AI가 생산의 일반적 조건들의 일부가 될 수 있는 방식에 대한 우리의 접근법은 인문학 및 정치경제학의 "하부구조적 전환"(Rossiter 2016 ; Cowen 2014 [2017] ; Steinhoff 2019a)과 로지스틱스 하부구조 및 에너지 하부구조에 대한 맑스주의적 평가들(Toscano 2011 ; 2014 ; Bernes 2013 ; Kjøsen 2016)로부터 영향을 받았다. 이러한 비판적 접근법들은 하부구조가 다양한 권력관계와 얽히고설킨 방식을 보여줌으로써 종종 하부구조가 보이지 않게 되는 현상에 대응하고자 한다. 그런데 하부구조적 AI라는 특수한 개념은 AI 자본의 대표자들로부터 직접적으로 유래한다. 우리가 앞서 살펴본 바와 같이, 앤드루 응과 케빈 켈리 같은 논평가들은 오늘날 전기와 인터넷 접

역사적 관점에서 바라본 생산의 일반적 조건들

시기	17세기~ 18세기 후반	18세기 후반~ 19세기 중반	19세기	19세기 후반~ 20세기 후반	1970년대~2010년대	2010년대~?	??
생산의 시대	중상 자본	매뉴팩처	산업 자본주의		사이버네틱 자본주의		
생산의 시기		매뉴팩처	대구모 산업	포드주의	포스트포드주의	현존 AI 자본주의	AI-자본주의
생산 기술과 조직화	수공예, 협력, 수공구	노동 분업, 수공구	산업 기계, 노등 분업	테일러리즘, 조립 라인, 대량 생산	유연한 생산(대량 맞춤화), 공급망	좁은 AI	
포섭의 유형[1]	형식적 포섭		실제적 포섭		'초-포섭'[2]		
생산의 일반적 조건들	운하, 범선 운송, 식민지 시장, 도로, 견인용 동물, 합승 마차	노동 분업, 아스팔트 도로, 운하, 범선 운송, 식민지 시장 및 체계	증기 동력, 공작 기계, 기계에 의한 기계 생산, 철도, 원동기, 강 증기선, 기선, 세계 시장, 전신, 제국주의	전력, 전신, 라디오, 텔레비전, 자동차, 브레튼우즈 (GATT, WB, IMF), 세계 시장	전 지구 및 지역 무역 협정 (NAFTA, WTO), ICT, 네트워크, 전자 금융 시장, 로지스틱스, 전 지구적 공급망, 소프트웨어, 정보, 바코드, 스캐닝 기술, 컨테이너 운송 및 협동 일관 수송, 프로세스 매핑	클라우드, 빅데이터, 플랫폼, 센서, 스마트폰 및 개인용 컴퓨터, GPS, 좁은 AI, 광대역 인터넷, 웹	AI 자율주행차, 스마트 시티, 디지털 개인 비서, 점점 더 발전하는 AI, AI에 의한 AI 생산, 3D 프린팅

주석 1. 논리적 범주 또는 역사적 범주로서의 포섭에 관해서는 다양한 해석이 있다. 이 표는 후자를 채택하고 있지만, 자본주의 생산 양식을 주기화하기 위한 방식으로 포섭을 사용하는 데 우리 모두 동의하는 것은 아니다. 포섭에 관한 해석 차이는 『자본』이 해석되는 방식과 관련이 있다. 『자본』을 (1) 자본주의의 역사적 전개를 묘사한 작품(예를 들어 Mandel 1990 참조)으로 해석하는지, 혹은 (2) "자본주의의 본질적 결정자, 즉 우리가 '자본주의'를 자본주의라고 말할 수 있도록 모든 역사적 변이와 무관하게 동일하게 유지되어야 하는 요소"를 검토하는 자본주의에 대한 이론적 분석(Heinrich 2012:31)으로 해석하는지에 따라 포섭의 의미는 바뀔 수 있다. 포섭에 대한 역사적 해석 대 논리적 해석에 관한 논의는 Endnotes 2010을 참조하라.

주석 2. "초-포섭"의 개념은 스티글러의 문법화 개념과 유사하다.

근이 보급된 것처럼 AI가 네트워크 하부구조를 통해 보급되어 편재하게 될 것이라고 예상한다. AI가 이러한 방식으로 배치되도록 만드는 생산이나 유통에 대한 제약, 공급 병목, 혹은 다른 요인이 있는가? 마이크로소프트(Microsoft 연도 미상)는 인간의 인지적 한계가 지닌 "근본적 제약"이라는 용어를 통해 그 요인 중 하나를 식별한다. 현대성modernity을 컴퓨터와 함께 상승하는 정보의 폭발이라고 정의한 마이크로소프트는 다음과 같이 통탄한다. "이러한 정보 홍수의 한가운데에서도 우리는 여전히 정보를 흡수하는 인간의 능력의 제약을 받고 있다." 이것은 데이터-중심 생산 양식으로의 전환이 진행 중이며, 맑스가 대규모 산업에 관해 주장한 것처럼 기술 산업은 그 자신을 위한 "적합한 기술적 토대"를 스스로 마련할 때까지 "자립할 수 없을 것"이라는 개념이다(Marx 1990 : 506 [2015]). 이 토대는 하부구조적 AI, 즉 인지수단이다.

선진 자본을 위해 주류 AI 생산업체들이 일반화된 AI 하부구조의 구축을 추진할 때 사용하는 슬로건은 "AI의 민주화"다(Microsoft 연도 미상 ; Gosaduaff 2017 ; Gent 2018). 마이크로소프트, 구글, 아마존은 모두 이 목표를 위한 프로젝트를 발표했다. 마이크로소프트는 "AI를 상아탑에서 꺼내 모든 사람이 이용할 수 있게 민주화하겠다"라는 계획을 발표했다. 마이크로소프트는 다음의 네 가지 사항을 나열하는데, 전부 인용할 가치가 있다.

우리는 인공지능을 이용하여 우리가 앰비언트 계산ambient computing, 행위자들과 상호작용하는 방식을 근본적으로 변화시킬 것이다.

우리는 어떤 장치에서든, 그리고 언제가 되었든, 우리가 상호작용하는 모든 애플리케이션에 지능을 주입할 것이다.

우리는 우리의 자체 애플리케이션에 주입된 것과 동일한 지적 기능 — 인지 기능 — 을 전 세계 모든 애플리케이션 개발자가 사용할 수 있게 만들 것이다.

우리는 세계에서 가장 강력한 AI 슈퍼컴퓨터를 구축하고 클라우드를 통해 누구나 이용할 수 있게 만들 것이며, 이로써 모두가 그 힘을 활용하고 크고 작은 AI 과제를 해결할 수 있게 하고자 한다. (Microsoft 연도 미상)

마이크로소프트는 AI로 잠식된 세계를 상상하며, 이는 기술-물활론techno-animism이나 다름없다. 마이크로소프트에 따르면, "키보드, 카메라, 사업 애플리케이션 등 우리가 모든 것에 지능을 주입함으로써 정말로 하는 일은 애플리케이션이 보고, 듣고, 예측하고, 학습하고, 어떤 것에 대해 조치를 취하도록 가르치는 것이다." 다른 빅테크 기업들도 동일한 용법을 구사했다. 아마존의 가이 어니스트는 "팀 규모와 기술이 어떻든, 그리고 활용 사례가 어떻든" AI 도구를 이용 가능한 것으로 만듦으로써 아마존 웹 서비스가 "AI의 민주화"를 실현하고 있다고 기술한다. 구글의 클라우드 및 기계학습 수석 과학자 페이페이 리와 IBM 사물인터넷의 고위 임원 마이클 마린 또한 같은 문구를 언급했다(Greene 2018 ; Simpson 2018). 따라서 AI를 "민주화"한다는 것은 AI의 배포와 AI를 만드는 도구를 모두 일반화하여 더 많은 최종 사용자end-user가 이용할 수 있게 만들고, 어떤 분야에 종사하든 심지어 AI 훈련을 받지 않은 사람도 누구나 AI를 개발할 수 있도록 한다는 것을 의미한다.

"민주화" 프로그램의 가장 중요한 축 중 하나는 AI 산업이 보이는 수익 지향성과 모순되는 것처럼 보일 수 있다. AI 산업은 AI 제작을 위한 도구와 템플릿이 무료로 배포되고, 협력적인 온라인 프로그래밍 집단이 프로젝트에 착수하며, 일반적 사용을 위해 제품을 무료로 공개하는 대규모의 활발한 오픈소스 공동체가 특징이다. 거의 모든 빅테크 기업이 자신들의 AI 관련 자료 일부를 오픈소스로 공개했다(Simonite 2015 ; Crosby 2018). 2015년에 구글은 아파치 2.0 오픈소스 라이선스에 따라 딥러닝 프로그래밍을 위한 도구 라이브러리 텐서플로TensorFlow를 출시했으며, 이는 현재 널리 사용되고 있다. 구글의 성공을 본 다른 빅테크 기업들도 그 뒤를 따랐다. 2017년에 페이스북은 리이브러리의 일부, 카페2Caffe2 및 파이토치PyTorch 프레임워크를 비롯해서 사전-학습된 모델 및 데이터 집합을 공개했다(Arakelyan 2017). 마이크로소프트의 인지 툴킷CNTK, 바이두의 워프-시티시Warp-CTC, 아마존의 데스티니DSSTNE(제품 추천 체계를 구동하는

AI 프레임워크)는 이제 모두 무료로 제공되며, 산업 등급 AI를 제작하는 데 사용할 수 있다(Stone 2016 ; Finley 2016). 이에 덧붙여서, 빅테크 기업에서 유래하지 않은 다른 많은 오픈소스 AI 프로젝트가 있다(Harvey 2017). 오늘날 거의 모든 AI 프로젝트는 이러한 오픈소스 툴킷에 의존한다. 우리는 이 점이 AI가 생산의 일반적 조건의 일부가 되기 위한 중요한 이정표라고 주장한다.

이러한 오픈소스 프로젝트는 AI가 대기업의 통제를 벗어난 길을 걷게 될 것임을 의미할까? 이 물음에 답하기 위해서는 소위 자유 오픈소스라고 불리는 프로그래밍의 역사를 상기하는 것이 유용하다. 리처드 스톨먼 같은 자유 소프트웨어의 지지자들은 1980년대에 소프트웨어의 비상품화를 촉구했지만, 리눅스의 발명가 리누스 토르발스뿐만 아니라 오라일리 미디어[미국의 출판사]의 CEO 팀 오라일리 등이 옹호하는 사업 친화적 오픈소스 움직임에 밀려 대체로 패배했다(Liu 2018 ; Halliday 2018). 2020년이 다가오면서 "오픈소스"는 비지니스 언론의 유행어가 되었고, 주류 IT 기업들 역시 오픈소스 커뮤니티를 위험하고 체제 전복적인 존재로 보던 시각에서 벗어나, 이제는 견고하면서도 비용이 들지 않는 프로그래밍 자원의 공급원이자 잠재적 인재 채용의 장, 자사 플랫폼으로 사용자를 끌어들이기 위한 전략적 거점으로 인식하기 시작했다(Weber 2004 ; Soderberg 2008 ; Tozzi 2017). 실제로 일부 오픈소스 프로젝트는 해당 프로젝트를 사용하는 회사 소속 직원들의 기여로 주도되고 있다. 리눅스의 경우, 2017년에는 "전체 커널kernel 개발의 85퍼센트 이상이 … 작업 대가를 받는 개발자들에 의해 이루어졌다"(Corbet and Kroah-Hartman 2018 : 15).

구글의 안드로이드 운영 체제의 예시는 오픈소스의 변화를 잘 보여준다. 안드로이드는 2008년 구글이 애플의 스마트폰 시장 지배에 도전하기 위해 "개방형"open 기반으로 출시했다. 애플의 iOS는 여전히 아이폰이 독점하고 있지만, 안드로이드는 삼성의 손을 거쳐 2017년부터 전 세계적으로 지배적인 스마트폰 운영 체제가 되었다. 그런데 구글은 이 개방으로 무엇을 얻었을까? 안드로이드는 처음에는 애플이 지배하는 휴대전화 세계에서 구글의 검색 엔진이 배제되는 것을 피하기 위한 방어책이었다. 이후 안드로이드 자체가 부상하면서, 구글은 널리 사용되는 플랫폼을 확보했다. 구글은 이제 "오픈소스 기반[이] 핵심 사유 애플리케이션 및 서비스와 결합"되는 "클로즈드 소스 크리프"closed source creep를 도입했다(Amadeo 2018). 구글은 고객들이 안드로이드 휴대전화에서 찾을 것으로 기대하는 점점 더 많은 애플리케이션을, 다른 운영 서비스뿐만 아니라 무료 안드로이드 복제품 레플리컨트Replicant처럼 구글이 통제하지 않는 안드로이드 버전을 만드는 개발자도 접근할 수 없게 만들었다. 안드로이드는 비록 표면적으로는 오픈소스지만, 실제로는 구글의 대규모 데이터-수확data-harvesting 조작의 부속물로 작동하며, 구글은 이를 통해 막대한 광고 수익과 기계학습 체계의 훈련을 유지한다. 2018년, 유럽연합 반독점 규제 당국은 "구글이 자사 검색 엔진의 지배력을 강화하기 위해 안드로이드를 수단으로 사용했다"(Satariano and Nicas 2018)라고 발표하며 휴대전화 시장에서의 권력 남용을 이유로 구글에 51억 달러의 벌금을 부과했다.

그러므로 대기업 AI 생산업체는 오픈소스 AI 개발과 공존하고 실제로 이득을 얻을 수 있을 뿐만 아니라, 사실상 경쟁사에 대항하여 이를 무기화할 수 있다(Vorhies 2016b). 구글의 텐서플로는 아마존 웹 서비스나 마이크로소프트 애저와 같은 (구글이 아닌) 경쟁 클라우드에서도 실행될 수 있지만, 이는 구글이 클라우드 게임에서 후발주자이기 때문일 확률이 높다. 이제 텐서플로는 적극적으로 시장에서 한 부분을 차지하려 하고 있다. 구글이 AI 분야를 지배하게 되면 개발자들을 구글 클라우드로 유인하거나 그들에게 구글 클라우드를 강요할 수 있으며, 텐서플로가 "AI계의 안드로이드"(Gershgorn 2015)가 될 수도 있다. 게다가, 기술 기업들이 스스로 인정하는 바처럼, 오픈소스 소프트웨어는 기업의 단일팀이 성취할 수 있는 것 이상으로 개발 및 개선을 가속화할 수 있다. 한 논평자는 다음과 같이 말한다.

> 자유 소프트웨어는 이러한 기업들에 좋은 사업인데, 더 많은 사람이 AI를 개발할 수 있게 해준다는 바로 그 이유 때문이다. 모든 빅테크 기업은 가능한 한 많은 AI 인재를 확보하

> 기 위해 경쟁에 뛰어들고 있으며, 이 분야에 더 많은 사람이 유입될수록 더 좋은 결과물을 낼 수 있다. 게다가, 다른 사람들이 새로운 제품 제작을 촉진하는 코드를 사용하여 프로젝트를 만들고, 회사 외부의 사람들이 버그를 찾아 수정하며, 학부 및 박사 과정에서 학생들이 소프트웨어에 관한 교육을 받고 있어, 회사의 내부 도구를 이미 알고 있는 새로운 인재가 유입되는 통로를 만들고 있다. (Gershgorn 2018)

따라서 오픈소스 AI 프로젝트는 AI 대기업의 독점적 하부 구조에 대한 "진입로" 역할을 한다(Asay 2017). 실제로, 오픈소스 AI에 대한 기업의 장려는 디지털 자본주의 비판자들에게 기업이 오픈소스 AI를 억제할 뿐만 아니라 구글의 텐서플로로 구축된 "딥페이크"deep fake 포르노와 같은 악의적인 결과를 초래할 것이라고 우려하게 할 정도다(Gershgorn 2018). 2010년 이후로 플랫폼 자본주의와 오픈소스 AI가 공생하면서, 상업적으로 성공한 오픈소스 개발자의 제품이 빅테크 기업의 후원 아래로 점차 합병되는 동시에 무료로 이용 가능한 기업의 도구를 통해 아마추어가 만드는 비공식 AIdark-side AI의 그림자 세계가 만들어지며 두 가지 비판이 모두 타당해질 수 있다. 이러한 자본-오픈소스 관계는 빠올로 비르노가 "자본주의의 코뮤니즘"(Virno 2004 : 110 [2004])이라고 명명한 것의 전형이다. 여기서 기업은 상향식의 다양하고 종종 자유로운 제품 생산을 적극적으로 조성하고, 그중 가장 성공적인 결실을 상품화하여 이윤을 취득한다.

이러한 전략은 우리가 이미 살펴본 AI 산업 역학과 일관적이다. 정부 지원 AI 연구의 직간접적 수혜자인 주류 AI 개발자들은 다른 기업에 AI 역량을 공급하고 대규모 오픈소스 공동체의 성장을 촉진하고 있다. 자본 전체의 차원에서 이는 AI 기반 사업 분석, 관리 도구, 생산 자동화가 점차 보편적으로 제공되게 됨을 뜻하며, 이러한 공급은 거대 클라우드 계산 플랫폼과 엣지 계산 장치의 조합을 통해 이루어진다. 최종 사용자에게, 이는 애플리케이션과 제품에 AI 기능이 점점 더 많이 통합되고 AI를 제작하기 위한 도구가 점점 더 많이 이용 가능해지고 사용하기 쉬워질 것임을 의미한다. 이러한 AI의 "민주화"는 AI 산업의 주요 독과점 회사들이 막대한 이익을 거두는 것과 전적으로 일관적일 것이다 — 철도 및 통신 같은 이전 세대의 생산의 일반적 조건들이 구축될 때, 이러한 하부구조 기술을 생산한 기업들이 막대한 부를 축적했던 것과 동일한 방식이다. 설령 AI가 일반적으로 이용할 수 있는 것이 되더라도, AI는 여전히 이러한 자본주의적 공급업체의 통제 아래에 잔류할 것이다.

스마트시티, 사물인터넷, 앰비언트 지능

"민주화" 프로그램만이 AI를 일반적으로 이용할 수 있게 만드는 유일한 방식은 아니다. 첨단 기술 자본이 선호하는 다른 세 가지 주제 즉 사물인터넷, 스마트시티, 앰비언트[주변]ambient 지능은 서로 다른 각도에서 이러한 가능성을 조명한다. 사물인터넷은 "〔네트워크로 연결된〕 스마트 객체를 구석구석 배포하는 것"으로 간단히 정의될 수 있다(Kopetz 2011 : 307). 인터넷은 일반적으로 인간들 사이의 통신을 위한 기술로 이해되지만, 사물인터넷은 무선 주파수 인식radio-frequency identification, RFID 같은 기술에 힘입은 기계들 사이의 통신으로 구성된 가설적 또는 신흥 인터넷이다.[8] 사물인터넷이라는 용어는 "컴퓨터가 정보를 수집할 수 있는 수단을 갖추도록 권한을 부여하여 우아하게 무작위의 방식으로 스스로 세계를 보고, 듣고, 냄새 맡을 수 있게 해야 한다"라고 생각한 케빈 애슈턴(Ashton 2009)이 창시한 용어다. 무선 주파수 인식 기술과 센서 기술을 통해 컴퓨터는 인간이 입력한 데이터라는 한계에 얽매이지 않고 세계를 관찰하고 식별하며 이해할 수 있다. 사물인터넷의 목표는 인간 중개자 없이 스스로 세계와 소통하고 지능적으로 행위하는 기계다. 인간의 인지적 한계로 상정된 근본적 제약에 관한 마이크로소프트의 테제를 요약하면서, 일부 분석가들은 이러한 기계 집단이 기능적으로 실현되기 위해서는 AI가 필요하다고 주장한다.

8. 겉보기에는 인간의 공간처럼 보이는 인터넷조차도 인터넷조차 점점 더 많이 기계에 의해 횡단되고 있다. 자이프먼(Zeifman 2017)에 따르면, 인간은 2016년 인터넷 통신량의 48.2퍼센트만을 차지했고 나머지는 다양한 봇이 생성한 것으로 나타났다.

"사물인터넷 장치에서 발생하는 데이터의 홍수는 … 데이터 속에서 가치 있는 통찰을 발견할 수 있는 AI 기술 없이는 제한된 가치만을 〔지닌다〕"(International Data Corporation 2016).

스마트시티는 합의된 정의가 아직 존재하지 않는 용어지만(Cocchia 2014), 스마트시티에 대한 비전은 도시 환경의 문제에 초점을 맞추어 AI의 자본주의적 근미래에 관한 또 다른 사고방식을 제공한다. 스마트시티에 대한 대부분의 개념화는 적어도 한 가지 기준, 즉 "도시 환경의 구조에 내장된, 구석구석 편재한 계산과 디지털 계측 장치"(Kitchin 2014 : 1)의 현전에 동의한다. 여기에는 다양한 작동기actuator와 처리기processor에 연결된 센서와 카메라가 포함될 수 있으며, 이는 기계들 사이의 통신을 통해 교통·유지보수·에너지 분배 혹은 그 외 다양한 도시 흐름을 자동으로 최적화하여 사회생활을 개선하는 방식으로 작동한다. 따라서 스마트시티는 사물인터넷에 대한 특수한 도시적 표현이지만, 도시 개발을 거대 AI 자본가들의 손에 점진적으로 맡기려는 암묵적인 정치적 의제를 가지고 있다. 두 비평가가 말한 바처럼, 스마트시티 담론은 "저절로 작동하는 기계로서의 통치 체제라는 만연한 유토피아주의"의 색깔을 띤다(Sadowski and Pasquale 2015). 어쩌면 놀랄 일도 아니지만, 구글은 스마트시티를 향한 노력에 참여하고 있다. 2장에서 우리가 살펴볼 것처럼, 토론토 해안가에 스마트 동네를 세우려는 구글의 프로젝트는 2018년 내내 지역의 저항에 부딪혔고, 그 운명은 여전히 불확실한 것으로 남아 있다.

소위 "AI의 민주화", 스마트시티, 사물인터넷이라고 불리는 것들은 모두 앰비언트 지능, 혹은 "사람의 현전에 민감하고 그에 반응하는 전자 환경"이라는 개념을 표현하는 서로 다른 방식이다(Aarts and Encarnacao 2006 : 1). 앰비언트 지능 패러다임의 목표는 "장치들이 장치들을 연결하는 네트워크에 숨겨진 정보와 지능을 사용하여 집단적으로 조작하는 상황이다. 조명·음향·시각·가전제품·개인 건강 관리 제품은 모두 서로 원활하게 협력하여 자연스럽고 직관적인 사용자 인터페이스를 지원함으로써 전체 사용자 경험을 개선한다"(Aarts and Encarnacao 2006 : 1). 사용자가 환경에 반응하는 것이 아니라 사용자와 환경이 지속적인 양방향 상호작용 과정에 참여하는 것이 목표이다(Aarts and Encarnacao 2006 : 11). "사람과 체계 사이에 새로운 지능적 중개자층"이 생겨날 것이며(Panetta 2017), 환경은 사용자와의 상호작용에서 "선제적"proactive이게 될 것이다(Aarts and Encarnacao 2006 : 11).

일반화된 앰비언트 지능은 AI가 생산의 일반적 조건의 일부가 되는 한 가지 방식이다. 만일 실현된다면, 특히 앰비언트[주변]가 된 AI가 지각과 인지를 위한 기계학습 역량을 갖춘다면, 이는 자본의 기술적 환경에 급진적인 변화를 초래할 것이다. 만약 인간의 지식과 기술이 죽은 노동으로 전환될 뿐만 아니라, 죽은 노동 자체가 역사적으로 인간이 독점해 온 지각과 인지라는 기본 능력을 갖추게 된다면 어떠할까? 지각과 인지는 전기화처럼 편재적이고 일상적인 사물 일반의 특성이 될 것이다. 미래를 예측한다는 어떠한 주장 없이도, 우리는 현재 고정 자본으로 기능하고 있는 일부 현존하는 AI 응용 사례를 살펴봄으로써 그 사용이 생산의 일반적 조건들의 일부가 되는 상황을 상상해 볼 수 있다.

이러한 응용 사례 중 하나는 챗봇chatbot이다. 챗봇은 텍스트든 청각이든 "자연 언어를 사용하여 인간과 대화하는 모든 소프트웨어 애플리케이션"을 말한다(Dale 2016 : 813). 헬렌 헤스터(Hester 2016)가 지적하듯이, 사무·행정·통신 업무의 여러 양상을 기계에 위탁하고자 마련된 이러한 애플리케이션은 "여러 측면에서 전통적으로 여성의 노동으로 간주되어 온 것의 자동화를 나타낸다." 이는 알렉사, 코타나, 시리의 이름과 목소리에서 드러나는 요점으로, 이러한 애플리케이션이 "젠더를 수행하는" 기술이라는 점을 드러낸다. 오늘날 챗봇은 텍스트가 지배적이지만, 구글의 듀플렉스Duplex(2018년 10월 시점에서 개발 중인 상태의 챗봇이다)는 제한된 환경에서 놀라울 정도로 인간과 구분하기 어려운 구두 대화 기술을 보여주었다. 일부 관찰자들은 심지어 듀플렉스가 너무도 인간적인 " '음'과 '아' 소리를 내는 것"(R. Metz 2018)에 이의를 제기하며 그것이 스스로 AI라고 밝히게 할 것을 요구하기도 했다. 한 연구에 따르면, 이미 36퍼센트의 기업이 챗봇을 도입하고 있으며, 2020년까지 44퍼센트의 기업이 추가로 도입할 것으로 예상된다(Oracle 2016). 챗봇은 단순한 규칙 기반 프로그램일 수도 있지만, 현대의 체계에서는 좀 더 탄탄한 기능성과 사용의 편의성을 달성하기 위해 일반적으로 기계 학습을 도입하여 경험과 자연 언어 처리 과정을 통해 학습하고 좀 더 쉽게 대화하게 한다. 예를 들어, 구글의 듀플렉스는 순환 신경망에 구축된 기계학습 체계다(Leviathan and Matias 2018). 산업 분석가들은 곧 챗봇이 "비정형 데이터unstructured data와 복잡한 작업을 다루기 위해 AI를 사용할 것"(Panetta 2016)이라고 예상한다. 챗봇은 종종 페이스북 메신저 및 위챗과 같은 메신저 프로그램에 내장되어 있으며, 고객 서비스 애플리케이션에 가장 빈번하게 도입된다. 페이스북이 챗봇 기능을 선보인 첫해인 2016년, 페이스북 메신저는 3만 3천 개 이상의 활성화된 봇을 보유했다(Vr 2016).

구글의 듀플렉스 개발자들은 자신들의 제작이 "자연스러운 대화를 통해 기술과의 상호작용을 현실화"하는 "인간-컴퓨터 상호작용의 오랜 목표"를 달성할 수 있기를 희망한다(Leviathan and Matias 2018). 이것은 챗봇의 목적을 깔끔하게 요약한다. 챗봇의 목적은, 웹 스토어 및 인적 기술 지원과 같은 이전의 고객-대면 사업 요소를 자동화된 자연 언어 대화로 대체하는 새로운 인터페이스로 그것이 작용하게 만드는 것이다. 챗봇은 온라인 거래를 대면 거래처럼 직관적이고 간단하게 만들기 위해 마련되었다. 사업 자문 회사 가트너는 "챗봇과의 상호작용에는 특별한 설정이 요구되지 않을 것이며, 기술은 인간의 요청을 이해하고 이를 곧바로 실행하게 될 것"(Panetta 2016)이라고 예상한다.

그러나 챗봇은 고객 서비스뿐만 아니라 다른 분야에서도 활용되고 있다. 르베프, 스토리, 자갈스키가 보여준 것처럼 소프트웨어 개발자들은 직장에서의 "협업 마찰을 줄이기" 위해 "자체적으로 변형된" 챗봇을 만들어 왔다(Lebeuf, Storey and Zagalsky 2017 : 2). 저자들이 입증하는 바처럼, 개발자들은 챗봇을 사용하여 일정과 작업을 조정하고, 그룹 규범과 역할을 준수하도록 장려하며, 각자의 역할·책임·전문성을 구분하고, 협력과 신뢰를 모니터링하고 촉신함으로써 그룹의 기능성을 증진한다(Lebeuf, Storey and Zagalsky 2017 : 3~4). 그들은 또한 챗봇을 사용하여 대규모 정보 흐름을 큐레이팅하고 지식과 기술을 공유한다(Lebeuf, Storey and Zagalsky 2017 : 5). 그렇게 함으로써, 그들은 다양한 작업과 과정을 대화 형식으로 변환하는 챗봇에 그들의 사회적 활동의 상당 부분을 떠넘기고 있다.

2018년은 기술적 발전과 사업적 응용이라는 양쪽 측면에서 챗봇에 있어서는 "이정표의 해"였다(Seth 2018). 그러나 각 챗봇에 요구되는 영역-특정적 내용으로 인해, 이러한 체계는 GOFAI 전문가 체계가 직면했던 과중한 맞춤화 작업량이라는 동일한 문제에 시달린다. 그런데 새로운 응용 분야에서 이용 가능한 데이터로 훈련된 기계학습을 사용하여 해당 영역에서 챗봇의 생산을 "부트스트래핑"[9]하거나 자동화할 가능성에 관한 연구가 진행 중이다(Babkin et al. 2017). 만약 이러한 작업이 성공한다면, 우리는 챗봇이 더욱 증식하여 생산의 일반적인 조건으로서의 AI와 관련해 우리가 상정한 편재성에 접근할 것으로 예상할 수 있다.

우리는 널리 보급될 것으로 예상되는 또 다른 현존하는 AI 응용 사례를 고려할 수도 있다. 2016년, 아마존은 시애틀에 자동화된 편의점 아마존 고의 첫 번째 지점을 개장했다. 2019년 초 기준으로, 열 번째 지점이 건설 중이다. 아마존이 "그냥 걸어 나가는 쇼핑"just walk out shopping이라고 홍보하는 아마존 고는 "컴퓨터 시각, 딥러닝 알고리즘, 센서 융합"을 사용하여 계산원과 계산대 줄을 없앤다(Amazon 2016). 기본적으로 아마존 고는 기계 지각을 위해 다양한 장치에 의존하며, 그 데이터는 AI에 의해 처리되고 종합된다. 고객이 아마존 애플리케이션으로 매장에 로그인하면 매장 내에서의 행위가 추적되어 어떤 품목을 선택하든 매장에 자동으로 기록되며, 매장에서 나가면 계정에 요금이 청구된다. 아마존의 자동화 수사rhetoric에도 불구하고, 2019년 시점에서 아마존 고 매장에는 여전히 자율주행차와 마찬가지로 인간 해결사와 감독관이 필요하다(Del Ray 2017). 멜빌(Melville 2017)은 아마존이 낮은 이윤의 식료품 산업에 진지하게 파고들기보다는 새로운 결제 수단, 즉 소매 거래를 위한 새로운 인터페이

9.* 최소한의 초기 자원이나 데이터로 빠르게 초기 버전을 만들고 확장하는 것.

스를 시험하기 위한 장소로 식료품 산업을 이용하고 있을 따름이라고 주장한다. 구석구석 확산한 AI 기반 기계 지각을 통해, 아마존 고는 소매 거래를 계산원의 대인 상호작용 혹은 셀프 계산의 인간-기계 상호작용에서 인간 고객에게는 보이지 않는 상품-기계 상호작용으로 변환시킨다.

이러한 예시에서 외삽해 보면, 우리는 기계의 지각과 인지 능력이 사회 전반에 걸쳐 일반화되어 생산의 일반적 조건이 된다면 어떠할지 상상해 볼 수 있다. 전기와 마찬가지로 AI 지각과 인지는 다양한 용도로 활용될 수 있다. 앞에서 논한 사례들에서 그것은 인간 노동력을 대체한다는 명백한 목표를 가지고 도입되었다. 다음 장에서 우리는 고용에 대한 AI의 영향이라는 주제로 주의를 돌린다. 그런데 만약 마이크로소프트가 상정한 족쇄로서의 제한된 인간 인지 능력이라는 관점에서 이러한 사례들에 접근한다면, 우리는 그것이 더 일반적으로 적용될 수 있는 방식을 알 수 있다. AI 지원 챗봇과 자동화된 소매의 경우, AI의 인지와 지각은 사회적 상호작용의 과정을 효율화하기 위해 투입되며, 그 결과 이러한 상호작용은 기계가 관리할 수 있도록 단순화되고 소화하기 쉬운 형태로 전환된다. 따라서 소프트웨어 개발자들 사이에서 일어나는 복잡한 업무상의 사회적 상호작용과 고객 서비스 거래는 챗봇과의 대화로 축소되어 과정을 용이하게 한다. 아마존 고의 경우, 소매 거래는 다양한 데이터 스트림의 통합을 통해 변형되어 인간의 현상적 경험에서 완전히 사라진다.

두 경우 모두에서 AI는 복잡한 상황을 단순화하는 인터페이스로 기능한다. 이는 자본주의적 생산 양식에서 새로운 것은 아니다. 빈센트 맨저롤와 우리 중 한 명(Manzerolle and Kjøsen 2015)이 근거리 무선 통신near-field communication(이하 NFC) 기기의 맥락에서 보여준 것처럼, 자본은 거래를 단순화하고 능률을 높이는 기술을 열정적으로 포용해 왔다. 고도의 단순화와 능률을 위한 AI의 능력에 흥분한 사업 자문 회사 액센추어(Accenture 2017)는, AI가 오늘날 우리 화면에 편재한 그래픽 사용자 인터페이스를 대체하는 차세대 사용자 인터페이스user interface(이하 UI)가 될 것이라고 선언한 바 있다. 우리 중 한 명은 액센추어 소속 애널리스트들은 AI를 인터페이스로 간주할 때 "큐레이션"curation이라는 독특한 용어를 사용하여 AI의 새로움을 기술한다고 지적했다(Steinhoff 2019a). 액센추어가 표명하기를, "그 정교함이 절정에 달할 때 AI는 복잡한 활동을 조직한다. AI는 종종 장면의 뒤편에서, 작업을 수행하기 위해 여러 경험과 채널을 걸쳐 합작한다. AI는 자기 경험을 바탕으로 큐레이팅하고 행위할 뿐만 아니라, 상호작용을 통해 학습하여 새로운 작업을 제시하고 완료한다"(Accenture 2017 : 20). 이러한 기술의 모호함은 큐레이션 기능이 어디에나 적용 가능한 해법처럼 상정되고 있음을 드러낸다. 즉, 이는 지능적이고 적응적인 방식으로 작동하는 인지 자동화 기법이다. AI는 사용자에게 정보를 표시할 뿐만 아니라, 사용자가 정보를 활용하기 전과 활용하는 동안

정보를 지각 및 인지하고, 적극적으로 정보를 수집·처리·공개·은폐하는 인터페이스로서 기능한다. 이것은 앰비언트 지능의 지지자들(Panetta 2017)과 켈리의 "저렴하고 신뢰할 수 있는, 산업 등급의 디지털 스마트함"(Kelly 2014)이 상정한, "새로운 지능형 층"의 기능으로 상상된 것이다.

맑스에게 하부구조는 "유통을 촉진하거나 심지어는 가능하게 하고, 혹은 … 생산력을 증대시키는"(Marx 1993 : 530~1 [2007]) 기능을 하는 반면, 일반적 조건들 자체의 기능은 생산 양식에 탄력성, 즉 생산의 양과 속도를 확장할 능력을 부여하는 것임을 상기해 보라. 도로와 디지털 네트워크는 유통을 촉진한다. 교육 체제는 지식과 이데올로기를 생산하고 분배하여 생산력을 높인다. 자본과 제한된 인간의 정보-처리 능력이라는 족쇄가 충돌하는 맥락에서, 하부구조적 AI는 기계가 아직 처리할 수 없는 인간 인지 능력의 영역을 제외하고 정보 흐름을 큐레이팅하는 것으로 자리 잡고 있다. 자본에 필수적이지만 (자본 입장에서) 성가시게도 시간·생각·임금을 소모하는 소매 거래의 경우에는 '아마존 고'의 AI를 통해 가벼워지고 가속화될 수 있다. 소매 거래는 사실상 아마존에 의해 효과적으로 큐레이팅되고 있으며, 비록 아마존의 인간 행위자가 이 과정을 지시했지만, AI 체계가 더 발전하여 자체적으로 큐레이션 과정을 개발 및 시행할 수 있게 되거나 여러 AI 체계의 상호작용을 통해 자체적인 큐레이션 과정이 개발 및 시행될 수 있게 될지도 모른다. AI 하부구조에 의해 유통의 최적화 그리고/혹은 생산력 향상이 일어날 수 있는 모든 방식을 여기에서 열거하는 것은 불가능하다. 스마트 가전 제품(예를 들어 식재료 부족을 지각하는 냉장고)을 시장 정보·소매업체·배송 서비스와 연결하여 인간 인지 및 행위의 범위에서 쇼핑을 완전히 제거하는 것을 목표로 하는, 식스(SIX 연도 미상)의 "사물인터넷을 통한 전자 상거래를 위한 완전한 하부구조" 같은 체계는 이미 개발 중이다. 인지적·지각적 능력을 광범위한 환경 전반으로 외부화함으로써 자본의 가치증식과 실현을 강화할 수 있는 다른 여러 방식이 분명히 존재한다.

큐레이션은 하부구조적 AI의 가능한 응용 사례 중 하나일 뿐이라는 점을 염두에 두면서, 우리는 AI가 생산의 일반적 조건의 일부가 될 수 있으며 자본에 의해 실제로 생산의 일반적 조건의 일부로 위치 지어지고 있다고 제안한다. 만약 이런 일이 일어난다면 AI는 운송 수단과 통신 수단에 대한 인지적 유비, 즉 **인지 수단**이 될 것이다. 인지 수단은 생산 수단과 운송 및 통신의 수단 양쪽과 얽힌 새로운 기술 하부구조 층일 것이다. 자본주의적 생산은 언제나 기획과 실행의 양 측면에서 모두 인간의 인지 능력에 의존해 왔지만, AI 하부구조는 인지 및 지각 작업을 기계에 분배할 수 있게 해주며, 그러한 작업을 인간과는 다른 기계적 방식으로 수행하여 생산 양식에 잠재적으로 혁명적인 영향을 미칠 수 있다. 맑스가 대규모 산업을 가능하게 한 중추적인 요인으로서 당시 새롭게 등장한 유형의 통신 및 운송 수단(증기선, 철도, 전신기)을 구체적으로 언급할 필요를 느꼈던 것처럼, 우리는 새로운 사이버네틱 생산 양식을 정의하는 것이 될 가능성이 있는 요인으로 인지 수단을 지목한다.

인지 수단을 확립하는 과정에서 자본은 말 그대로 사고하고 지각하는 능력을 얻게 된다. 맑스는 "노동 수단이 기계로 발전하는 것은 자본의 우연한 순간이 아니라, 오히려 물려받은 전통적인 노동 수단이 자본에 적합한 형태로 역사적으로 재형성되는 것"(Marx 1993 : 694 [2007])이라고 지적했다. 우리가 여기서 서술한 가능한 미래에서, 자본은 노동 능력의 원초적 기능 — 인지와 지각 — 을 자본에 적합한 기계적 형태로 재형성한다. AI를 "민주화"하려는 움직임은 이러한 기본 기능을 확보하고 사회 전반에 분산된 기계들에 이를 구현하는 것을 가속화하려는 자본의 노력으로 읽힐 수 있다.

인지 수단

자본은 인류를 완전히 버릴 준비가 되어 있지 않지만, 점점 더 "스마트"한 기술 환경을 형성하는 기계에 인간의 인지 능력을 점점 더 많이 채워 넣을 준비는 되어 있다. AI는 일을 자동화할 수 있는 그 잠재력이라는 측면에서뿐만 아니라 생산의 일반적 조건의 일부가 될 수 있다는 점에서도 중요하다. 만약 인지 수단이 확립된다면 생산은 분명 점점 더 자동화될 것이며, 이는 지능 기계가 지각·학습·통신하는 환경 내에서 일어날 것이다. 기계학습이 개선되고 새로운 AI 기술이 나타남에 따라 이 지능 기계 네트워크는 그 역량을 더욱 확장할 것이며, 사회적 공장 전반에서 자본은 점점 더 높은 수준의 지각·지능·소통 능력을 갖추게 될 것이다.

우리가 인지 수단 [개념]을 제안한다는 점으로 인해 우리 자신이 포스트오페라이스모 인지자본주의 이론(Vercellone 2006 ; Moulier-Boutang 2011 ; Hardt and Negri 2017 [2020])을 지지한다는 인상을 받을 수 있을 것이다.[10] 이와는 반대로, 우리는 이 장에서 우리가 개괄한 인지 수단 시나리오는 인지가 엄격하게 인간 능력에 속한다는 포스트오페라이스모 분석과 양립할 수 없다고 주장한다. 사실, 인지 수단 시나리오는 포스트오페라이스모가 맑스에게서 차용한 일반 지성의 개념을 전면적으로 수정하는 일을 수반한다고 우리는 주장한다.

맑스는 일반 지성을 기술 속에 현현하는 것으로 기술했는데, 자본주의 생산 양식에서 그것은 대체로 자본의 형태로

10. 21세기 자본주의에서 정보 기계와 데이터, 특히 메타데이터를 노동과 자본의 핵심 구성요소로 이해하며 자본과 AI 사이에 뿌리 깊고 계속 진화하는 친화성이 있음을 인식한 맛떼오 파스퀴넬리를 제외하고, 포스트오페라이스모 사상가들은 일반적으로 AI 문제를 직접적으로 다루지 않았다. 파스퀴넬리의 연구는 비록 체계적 비판을 제시하지는 못했지만, AI가 포스트오페라이스모 사상에 제시하는 몇몇 모순을 받아들이고 그것들을 이론적으로 조정하려는 시도를 나타낸다. 따라서 우리는 곧 공개될 자본과 계산에 관한 그의 논문(2019)을 간절히 기대한다.

나타난다. 일반 지성에 관한 맑스의 주요 언급으로는 다음과 같은 유명한 구절이 있다. "고정 자본의 발전은 일반적인 사회적 지식이 어느 정도까지 직접적인 생산력이 되었는지를 보여주며, 따라서 사회생활 과정의 조건들 자체가 어느 정도까지 일반 지성의 통제 아래 놓이고, 그에 따라 변형되었는지를 보여준다"(Marx 1993 : 706 [2007]). 이 맥락에서 사회적 개인의 지식은 직접적인 생산력이 되지만, **오직** (이 점은 종종 간과되는데) 그것이 기계에 구현된 후에야 그렇게 된다. 왜냐하면 인간의 기술과 지식이 사회적일 수 있는, 즉 일반화될 수 있는 것은 오직 인간 신체 바깥에 있는 객체를 통해서이기 때문이다. 오늘날에는 — 만약 웹이나 스마트폰 애플리케이션을 통해 구글 번역기에 접근한다면 — 누구나 수십 개 언어의 문장들을 적어도 대략적으로는 즉시 이해할 수 있는 능력을 갖게 된다. 일반 지성이란, 자본이 기계적인 형태로 보유한 기술과 지식의 이러한 끊임없이 증가하는 다양성을 가리킨다. 반면에, 맑스는 그러한 기계의 구현이 이루어지기 이전 단계에서 사회적 개인이 보유한 기술과 지식을 "사회적 뇌"라고 불렀다(Marx 1993 : 694 [2007]). 자본은 사회적 뇌의 여러 양상을 계속해서 척출하고 에뮬레이션하여 기계 속에 구현하고 일반 지성에 추가한다. 이는 경영 이론가들이 "개인의 머릿속에 있는 지식을 기업이 이용할 수 있는 명시적 표상으로 전환[하는 것]"으로 정의하는 "지식 포획"knowledge capture의 행성 규모 버전이다(Gartner 연도 미상). 일반 지성이 포획하는 사회적 뇌가 많을수록 자본은 더욱 강력해진다.

포스트오페라이스모는 일반 지성에 대한 맑스의 원래 정식화를 거부했다. 비르노는 이를 "〔인간〕 종에 공통된 언어-인지 능력"으로 재정의한다(Virno 2004 : 42 [2004]). 이러한 재정의가 필요한 이유는 다음과 같다고 그는 말한다.

> 맑스는 "일반 지성"을 과학적으로 객관화된 능력, 기계들의 체계로 구상했다. "일반 지성"의 이러한 양상은 분명 중요하지만, 이것이 "일반 지성"의 전부는 아니다. 우리는 일반 지성이 기계들의 체계로 육화되는 차원 대신 (혹은 오히려 철로 주조되는 차원 대신) 그것이 산 노동의 속성으로 현존하는 차원을 고려해야 한다. 일반 지성은 오늘날 무엇보다도 살아있는 주체의 소통·추상화·자기-반영으로 현현한다. 경제 발전의 바로 그 논리에 따를 때, 일반 지성의 일부가 고정 자본으로 응고되는 대신 인식론적 패러다임epistemic paradigm·대화적 수행·언어 게임의 형태를 띤 채 소통적 상호작용으로 펼쳐질 수밖에 없다고 주장하는 것은 타당해 보인다. (Virno 2004 : 65 [2004])

비르노에게 일반 지성은 소통적 상호작용·추상화·대화적 수행·언어 게임·협동 및 소통[통신] 능력(Virno 2004 : 65 [2004])뿐만 아니라 "무한히 다양한 개념과 논리적 도식"(Virno 2004 : 106 [2004])을 포함하는 네트워크화된 인간 존재자들의 새로운 사회적 역량이다. 우리는 또한 포스트오페라이스모 사상가 하트와 네그리가 일반 지성 시대의 노동이 지닌 특징적 성질로 묘사한 정동affect을 추가할 수 있다(Hardt and Negri 2001:292 [2001]). 포스트포드주의에서 자본은 그것이 통제하거나 에뮬레이션할 수 없는 이러한 노동의 능력에 의존한다. 따라서 "고정 자본 속에 결코 내장될 수 없고, 복수의 살아있는 주체가 수행하는 되풀이와 분리될 수 없는, 무한히 다양한 개념과 논리적 도식이 결정적인 역할을 한다"(Virno 2004:106 [2004]). 이는 일반 지성의 시대에 인간 노동은 자본이 기계로 대체할 수 없는, 새로운 일련의 힘을 다시금 획득하게 된다는 개념이다.

이 장에서 우리는 AI의 인지 및 지각 능력을 일반적으로 이용할 수 있게 만드는 프로젝트가 진행 중임을 보여주었다. 그런데 비르노가 말하는 자동화 불가능한 인간의 능력이 실제로 존재할까? 우리는 그렇게 생각하지 않는다. 이 장에서 우리는 이미 AI 체계에 이러한 능력을 의탁하는 몇 가지 사례를 조사했지만, 이제는 직접적으로 다루겠다.

비르노는 인간의 소통 능력을 강조한다. (기계들 사이, 인간과 기계 사이) 소통은 AI 연구의 가장 성공적인 응용 사례 중 하나다. 자연 언어 처리, 음성 합성, 챗봇은 AI를 통해 소통 능력을 구현하는 방식 중의 일부에 불과하다. 2012년부터 내러티브 사이언스[미국의 온라인 콘텐츠 회사]는 신문과 뉴스 웹사이트에 공식적인 스포츠 및 금융 기사를 작성하는 데 AI를 사용했다. 내러티브 사이언스는 2019년부터 자연 언어 생성Natural Language Generation, NLG으로 빅데이터를 처리하여 기업을 위한 서사-구조의 보고서를 작성하는 제품 퀼Quill을 판매하고 있다.

소통과 연관된 것이 협력인데, 비르노는 이 역시 인간에게 고유한 것으로 언급한다. AI는 이제 막 협력을 구현하기 시작했을 따름이지만, 그 예시는 이미 강렬하다. 적대적 생성 신경망generative adversarial networks, GANs은 두 개의 기계학습 체계가 서로 적대적 관계를 맺으며 작동하는 최근의 AI 개발로, 이 관계는 위조 화폐를 생산하는 위조범과 이를 탐지하려는 경찰의 관계에 비견될 수 있다(Goodfellow et al. 2014). 한 체계는 훈련 데이터 집합의 데이터와 매우 유사하지만 훈련 데이터 집합에 포함되지는 않은 데이터를 생성하려고 시도한다. 다른 체계는 가짜를 가려내려고 시도한다. 두 체계는 이러한 교환의 많은 사례를 통해 학습하고 결국에는 "두 팀 모두… 위조품이 진품과 구별되지 않을 때까지 방법을 개선한다"(Goodfellow et al. 2014:1). 이는 새로운 결과물을 만들어내는 일종의 기초적 협력이다.

좀 더 생생한 예시는, 오픈에이아이가 인기 멀티플레이어 컴퓨터게임 〈도타 2〉(디펜스 오브 더 에인션트 2)를 플레이하기 위해 협력하는 5개의 신경망으로 구성된 오픈에이아이 파이브라는 팀을 구성한 것이다. 2018년에 5개의 신경망은 프로 선수들로 구성된 팀을 상대로 승리를 거두었다(Park

2018). 개발자들은 팀원들이 명시적인 소통을 통해 협력하는 것이 아니라고 설명한다. 대신, "팀워크는 우리가 '팀 정신'team spirit이라고 부르는 초매개변수에 의해 제어된다. 팀 정신은 0에서 1까지의 범위를 가지며, 오픈에이아이 파이브의 각 영웅이 자신의 개별 보상 함수에 얼마나 신경을 써야 하는지 팀 보상 함수의 평균과 비교하여 가중치를 부여한다. 우리는 훈련을 통해 그 값을 0에서 1까지 단련한다"(OpenAI 2018). 여기서 협력은 수치의 최적화를 통해 이루어진다.

추상화 능력 혹은 "무한히 다양한 개념과 논리적 도식"을 생성하고 파악하는 능력은 어떨까(Virno 2004 : 106 [2004])? 딥러닝의 선구자들은 딥러닝 체계의 고유한 역량이 "여러 수준의 추상화를 통해 데이터의 표상을 학습〔하는 것〕"이라고 기술할 때 이 문제를 직접적으로 다룬다(LeCun, Bengio and Hinton 2015 : 436). 혹은, 아이비엠의 지침서에 따르면, "딥러닝 기술은 여러 층의 추상화를 구축함으로써 복잡한 의미론적 문제를 해결할 수 있다"(Sedlak 2016). 이것은 단순한 과장 광고가 아니다. 이제 기계 언어 번역은 신경망을 통해 이루어지는데, 신경망은 패턴을 찾고 그와 관련된 언어 개념(규칙)을 개발하여 다른 어떤 자동화된 기술보다 더 나은 번역을 생성할 수 있기 때문이다. 게다가 딥러닝 체계는 확장성이 매우 뛰어나며, 이는 더 많은 데이터에 접근할 수 있게 되면 체계의 성능도 향상된다는 것을 의미한다(Ng 2015). 좀 더 오래된 알고리즘들은 데이터가 늘어난다고 해서 성능이 더 좋아지지는 않았지만, 딥러닝은 아직 그렇지 않다. 이러한 체계가 미래에 파악할 수 있을 인식론적·논리적·의미론적 복잡성은 예측하기 어렵다.

마지막으로, 우리는 역사적으로 기계와 어울리지 않았던 능력인 정동에 주목한다. 2019년 시점에서 기계가 정동을 표현한다는 증거는 없지만, 인간의 감정 상태에 관한 데이터를 수집하고 처리하는 AI의 능력은 계속 개선되고 있다. AI 기술은 텍스트 속의 감정과 의견을 비롯한 주관적 상태를 계산적으로 인식하는 감성 분석 분야(Pang and Lee 2004), 음성 속의 감정 인식 분야(Morrison, Wang and De Silva 2007), 얼굴 감정 인식 분야(Zhang et al. 2017)에서 활용되고 있다. 일본 기업들이 돌봄 로봇에 막대한 투자를 하는 가운데, 다양한 기업이 AI를 사용하여 고객의 감정을 모니터링하고 조작하는 데 관심을 보인다(Faggella 2018a). AI는 당장은 기쁨이나 슬픔을 경험하지 못할 수도 있지만, 자본주의적 기업들은 생산·유통 등의 다양한 측면에 정동적 차원을 추가하기 위해 점점 더 많이 AI를 사용할 가능성이 크다.

이러한 예시들이 보여주듯이, 비르노가 인간 일반 지성을 위해 비축한 능력들은 AI에 기반하여 구현되는 과정에 있다. 그렇다면 AI 자본 안에서 인간 노동은, 포스트오페라이스모가 예약한 자리가 아니라면 어떤 자리를 가질 수 있을 것인가? 맑스가 덧붙인 짧은 언급은 시사적이다. 맑스는 「기계에 관한 단상」에서 "인간 존재자가 생산 과정에 대해 점점 더 감시자이자 조절자로서 관계 맺게 되는”(Marx 1993 : 705 [2007]) 고도로 자동화된 직장 환경을 상상했다. 여기서 인간 종업원은 불이 꺼진 공장을 지키며 문제가 발생하면 정지 버튼을 누르기만 하면 된다. 거의 인용되지 않는 다음의 문장은 (흥미롭게도 괄호로 묶여 있는데) 이를 해독한다. “기계에 관해 참인 것은 인간 활동들의 조합과 인간 교섭intercourse의 발전에 관해서도 마찬가지로 참이다”(Marx 1993 : 705 [2007]). “교섭”이라는 용어는 마틴 니콜라우스가 독일어 “페어케어”verkehr를 번역한 것이지만, “교통”traffic으로 다르게 번역될 수 있다. 매슈 W. 보스트가 보여주듯, 맑스는 생물학적 번식·언어적 및 의미론적 교환·상업적 교환은 물론 “전쟁 중 무기 사격의 교환”을 포함한 모든 종류의 교섭을 지칭하는 데 페어케어verkehr를 사용했다(Bost 2016 : 338). 그러므로 여기서 맑스는 인간이 자신들의 사회 발전과 그것을 떠받치는 (넓은 의미에서의) 하부구조에 대해서도 단지 감시자로서 관계 맺게 될 수 있음을 시사하는 듯하다. 인지 수단의 확립에 수반되는 인지 능력의 외부 의탁은 자본이 그러한 심층적 통제를 달성할 수 있는 수단을 제공할 수도 있을 것이다.

일반 지성에 대한 포스트오페라이스모의 기계론적이기보다는 인간론적인 개념화는 맑스 자신의 정식화를 뒤집을 뿐만 아니라 현존 AI의 응용을 설명할 수 없다. 게다가, 인간 일반 지성을 강조하는 것은, 하트와 네그리(Hardt and Negri 2001 [2001])의 “다중”과 같은 혁명적 주체성들이 AI 자본에 맞서 얼마나 쉽게 결집할 수 있는지에 대한 과대평가로 이어진다. 오늘날 계급 권력의 문제는 노동을 위한 것이든 노동에 대항하는 것이든 AI가 실제로 무엇을 할 수 있는지에 대한 상세한 분석을 요구한다. 다음 장에서 우리는 이에 비추어서, 노동 계급의 재구성 가능성을 조사하며, 이는 결론에서 자본주의적인 기술 발전에 대한 — 포스트오페라이스모의 "재전유"reappropriation가 아니라 — 원래의 오페라이스모 전략인 "거부"refusal를 재고하는 논의로 이어질 것이다.

요컨대, 자본은 여전히 필연적으로 인간의 인지와 지각에 기반하고 있지만, 이러한 기본 역량을 AI 하부구조로 대체하는 프로젝트가 현재 진행 중이다. 인지 수단의 확립은 말 그대로 자본의 논리를 세계에 주입하여 그 안에 있는 인간이 아니라 자본이 스스로 사고하고 지각하게 만드는 프로젝트라고 해석할 수 있다.

2장 사회적 공장을 자동화하기

—— 로봇이 아직 우리를 이길 수 없는가?
—— 계급 구성과 사회적 공장
—— AI 노동
—— 인간의 방식을 학습하다
—— 현재 종말이 진행 중인가,
아니면 어제와 같은 오늘이 계속될 것인가?
—— 감시, 불안정성, 양극화, 프롤레타리아 교육
—— 네트워크들을 문법화하기
—— 투쟁의 칠각형
—— 결론 : 사건의 지평선을 향해

로봇이 아직 우리를 이길 수 없는가?

2018년 여름, 케이블 텔레비전 회사 에이치비오HBO는 텔레비전 SF 히트작 〈웨스트월드〉의 시즌 2를 방영했다. 서부 개척 시대 테마파크 방문객들의 섹스-그리고-폭력 판타지를 구현하도록 프로그래밍된 안드로이드는 반란을 일으킨다. 안드로이드들은 미국 남서부의 멋진 언덕·메사·거대한 선인장 속에서 기계적 자기-인식의 실존적 딜레마를 해결해 나가며 피와 불의 복수를 펼친다. 이 드라마가 화면에서 펼쳐지는 동안, 미국 자본주의의, 실제 사막에 위치한 오락 중심지에서는 더 평범한 분쟁이 진행 중이었다. 2018년 6월 1일, 엠지엠MGM, 시저스Caesars를 비롯한 라스베이거스의 대형 숙박업체에서 일하는 약 3만 8천 명의 바텐더·칵테일 웨이터·메이드·요리사 그리고 그 외 종업원을 대표하는 〈요리사와 바텐더 노조〉가 협상한 계약이 만료되었다. 임금 인상·업무량 한도·성희롱 등이 논의되었지만 가장 큰 화두는 자동화였다. 기계는 오랫동안 카지노 일자리를 잠식해 왔다. "체인지 걸"change-girl은 도박장의 현금 인출기로 대체되었고, 대량 음식 조달로 요리사는 줄었다. 로봇 룸서비스·디지털 체크인 데스크·터치스크린 칵테일 주문이 지평선 너머에서 다가오고 있다. 자동화와 오프쇼어링[1]으로 인해 미국의 제조

---

1. * offshoring. 기업이 비용 절감·효율성 향상·시장 접근성을 위해 특정한

업 일자리가 줄어들었을 때, 탈산업화deindustrialization의 지표로 널리 인용된 것은 카지노에서 일하는 사람 — 전형적인 "서비스 부문" 일자리 — 이 자동차 공장에서 일하는 사람보다 더 많다는 것이었다. 이제 자동 기계가 카지노 노동자들을 찾아왔다. 노조 대표들은 분리 합의 또는 로봇 관리 재교육을 위한 교섭을 이야기했다. 일부 노동자들은 좀 더 자신감을 보였는데, 한 바텐더는 다음과 같이 단호하게 선언했다. "빠르든 늦든 일어날 일이지만, 로봇은 아직 우리를 이길 수 없습니다"(Hernandez 2018). 그러나 이 갈등의 결말은 〈웨스트월드〉만큼 극적이지는 않았다. 미국의 파업률을 사상 최저치로 끌어내렸던 패턴을 반복하면서, 노조는 피켓을 준비하는 화려한 모습을 보였지만 대결에서 뒷걸음쳤다.

"로봇이 내 일자리를 빼앗을까?"라는 물음은 기계 지능과 가장 일반적으로 연합되는 두려움과 희망을 압축한다. 이 장에서는 AI와 일자리 문제를 다루지만, 통상적으로 이러한 논의를 구성하는 노동 시장 관계의 정당성이나 필연성에 관한 가정을 당연한 것으로 수용하지 않는다. 오히려 이 장은 AI, 일자리, 실업 문제를 자본과 노동자의 고질적인 갈등과 분리할 수 없는 계급 권력의 문제로 여긴다. 우리는 이러한 갈등을 생각하는 데 유용한 두 가지 개념으로 "계급 구성"과 "사회적 공장"을 제시하고, 이를 적용해 2008년 금융 위기

생산 활동을 해외로 이전하는 경영 전략.

와 뒤따르는 전 지구화의 위기 속에서 AI를 향한 자본의 현재 열광이 가진 기원을 분석한다. 그런 다음 우리는 AI 산업의 계급 관계를 살펴보고, 거기서 발견할 수 있는 노동력 내부의 분할과 심화하는 자동화는 AI가 가져올 더 넓은 노동-세계에 관해 많은 것을 시사한다고 제시한다. 그런 다음 우리는, 비록 〈웨스트월드〉 안드로이드에 필요한 "인공 일반 지능"은 현재로서는 SF의 산물로 남아 있음에도, "좁은 AI"가 많은 유형의 직업을 변화시키거나 없애고 있는 방식을 보여준다. 이러한 변형의 방향에 관한 주류 논쟁은 임박한 고용 위기를 예견하는 "현재는 AI 종말 진행 중"AI Apocalypse Now 미래학 예측가들과 자본주의가 아주 사소한 흔들림만 겪으며 "어제와 같은 오늘"Business as Usual로 지속될 수 있다고 주장하는 경제학자들을 대립시킨다. 비록 이 논쟁은 사변적이고 결론에 이르지 못했지만, AI는 계급 권력의 균형과 급진적 정치 조직화의 가능성에 관해 중대한 함축을 지닌 — 노동자 감시·불안정 노동·소득과 노동 조건의 양극화·교육과 훈련 접근성·사회적 상호작용의 조건들 등을 둘러싼 — 다른 많은 문제를 제기한다. 현존 AI 자본에 대한 저항이 여러 방면에서 출현하고 있지만, 이 저항이 직면한 어려움을 과소평가해서는 안 된다.

계급 구성과 사회적 공장

"계급 구성"(Zerowork 1975 ; Kolinko 2002 ; Notes from Below

2018a, 2018b)이라는 개념은 "자율주의 맑스주의"(Cleaver 1979 ; Dyer-Witheford 1999 [2003] ; Eden 2012)로 알려진 학파에서 비롯된 것으로, 이 학파는 노동자의 잠재적 힘과 자율성을 강조하고("자율주의" 맑스주의라고 명명되는 이유다) 심화하는 자본의 기계적 힘에 관한 논의에 대항하는 대안을 제시한다. 맑스는 자본이 노동자(가변 자본)를 기계(고정 자본)로 대체하려는 장기적 경향이 있다고 생각하고, 노동의 조직화를 변화시키는 "기술적" 관점과 자본의 이윤율에 영향을 미치는 "가치적" 관점 양쪽에서 이 경향을 논했다. 자율주의 사상가들에게 맑스의 정식화는 일방적이었다. 맑스의 정식화에는 노동자들이 기계적 착취에 저항하는 방식에 관한 이론이 부족했다. 그래서 자율주의 사상가들은 "자본의 구성"이라는 맑스(Marx 1990 : 762 [2015])의 개념을 뒤집어 대신 노동 계급의 구성, 즉 자본의 지배에 도전할 수 있는 그들의 변화하는 능력에 주목했다.

맑스와 마찬가지로 자율주의자들은 노동 분업, 관리 관행, 직장의 공간적 배치와 시간적 리듬, 특히 기계의 사용과 같은 생산의 "기술적 구성"에 주목했다. 그러나 그들은 "정치적 구성"의 문제들과 가능성들, 즉 임금·노동 시간·노동 조건을 개선하기 위해 싸우고 궁극적으로는 자본에 대항하는 혁명을 일으키기 위한 노동자 계급의 조직화를 강조하기 위해 그렇게 했다. 정치적 구성은 노동조합과 사회주의 정당 또는 공산당의 형태를 취할 수 있지만, 그보다 더 중요한 것은 살쾡이 파업wildcat strike·사보타주·결근 투쟁의 물결이다. 이러한 저항은 종종 경제의 어떤 특수하게 전략적인 부문의 노동자들에 의해 주도된다. 반면에 자본은 파업하는 노동자를 기계로 대체하고 전반적인 실업률을 높이거나, 조직화를 탄압하기 위해 직장을 감시하는 등 이러한 움직임을 "분해"하거나 무너뜨리려고 시도한다. 자율주의자들은 자본이 인간 없이는 작동할 수 없으며, 이러한 점을 고려할 때 노동자들, 종종 새로운 산업 부문의 노동자들이 자본의 최신 통제 방법에서 균열과 약점을 지각함에 따라 분해에는 언제나 재구성이 따를 것이라고 생각한다.

따라서 구성/분해/재구성이라는 시퀀스는 "투쟁의 순환"을 초래하며, 자본이 노동자 문제에 언제나 더욱 극단적인 해결책을 모색하며 미래를 향해 끊임없이 도주하게 만든다. 역사적으로, 초기 산업 자본에 대한 숙련된 기술 노동자들의 저항은 처음에는 테일러리즘의 시간 및 동작 연구에 의해 서서히 분해되었고, 이후에는 포드주의 공장의 반자동 조립 라인에 의해 분해되었다. 하지만 이러한 변화는 역설적으로 노동 계급 재구성의 기반이 되었다. 노동을 조립 라인의 획일성과 단조로움으로 환원함으로써, 포드주의는 "대중 노동자"를 만들어 낸다. 이 노동자의 힘은 자신이 편입되어 있는 거대한 기술 장치를 멈춰 세울 수 있는 능력에 있었다. 대중 노동자 정당·노조·파업 세력은 혁명의 위협으로 20세기 자본을 공포에 질리게 했고, 그 위협은 실현되지는 않았지만 정기적인 임금 인상과 사회 복지 조항을 얻어냈다.

이는 우리를 자율주의 어휘의 두 번째 용어 "사회적 공장"으로 이끈다. 맑스(Marx 1990 [2015] ; 1991 [2015] ; 1992 [2015] ; 1993 [2007])는 자본을, 어느 쪽도 우위를 가지지 않는 생산의 영역과 유통의 영역으로 구성된 총체적 체계, 즉 회로로 기술했다. 생산이 노동을 통해 사용 가치를 창출하고 잉여 가치를 추출하는 이중적인 과정이라면, 유통은 상품을 시장에 출시하고 판매함으로써 이러한 가치를 실현하는 과정으로, 운송과 로지스틱스, 광고와 소매 판매 같은 활동이 포함된다. 맑스는 또한 유통과 묶여 있는 점점 더 강력해지는 세 번째 부문, 즉 은행·신용·투기 활동과 같은 금융 부문을 식별했다. 마지막으로, 맑스는 자본의 바깥에 있으면서도 기능적으로 필요한 영역, 즉 인간의 노동 능력이 갱신되는 소비와 사회적 재생산의 영역을 적어도 간소하게 설명했다. 맑스는 이것을 상품 소비의 관점에서 생각했다. 그러나 페미니스트 맑스주의자들이 강력하게 지적했듯이, 그 영역은 또한 막대한 양의 노동을 포함하며, 대부분은 무임금이고, 노동을 하게 될 사람들을 낳고, 기르고, 교육하고, 유지하는 여성들에 의해 수행된다(Federici 2012 [2013] ; Bhattacharya 2018). "사회적 공장"은 자율주의자들이 이 통합된 기능의 복합체 전체를 일컫는 용어다. 처음에 그들은 산업 공장이라는 중추를 둘러싸고 자본의 다른 모든 활동이 돌아가는 방식을 지시하기 위해 이 용어를 사용했다(Tronti 1977). 나중에 그들은 이 개념을 발전시켜 산업 현장뿐 아니라 자본의 회로 전체를 둘러싼 학교·가정·상점·창고에서 자본에 대한 저항이 일어날 수 있는 방식을 제시함으로써, 산업적 기반 너머로 프롤레타리아의 개념을 확장했다.

아이러니하게도, 자율주의는 자본의 사이버네틱 기술 도입이 자율주의의 근본 전제에 전례 없는 도전을 제기하기 시작한 바로 그 순간에 사회적 공장에서 노동자가 지닌 힘에 관한 이론을 기술했다. 컴퓨터와 디지털 네트워크는 2차 세계대전과 냉전 동안 미국의 군사-산업-학계의 복합체 내에서 발전했다. 1970년대부터, 30년간의 호황 이후 이윤율이 급격히 하락한 경기 침체기가 한창일 때, 이러한 기술은 북아메리카와 유럽 자본주의의 본고장에서 점점 더 많이 활용되었다. 포드주의에서 포스트포드주의로의 전환은 산업 노동자 계급의 힘을 분해했다. 자율주의자는 아니지만 대체로 유사한 분석을 수행한 노동 역사학자 비버리 실버(Silver 2003)는 자본이 노동 문제에 직면했을 때 "기술적", "공간적", "금융적"이라는 세 가지 "해결"에 의존하는 방식을 기술한다. 1970년대부터 "기술적 해결"은 공장과 사무실을 자동화하여 노동의 기계적 제거를 추구했지만, 로봇의 자동차 공장 도입을 통해 예증되었듯 디지털 기술로 인해 그 수준은 더욱 높아졌다. "공간적 해결"은 공급망을 통해 산업 생산을 세계 시장의 값싼 노동력/저규제 지역으로 이전하는 것을 포함한다. 이 해결은 자본의 노동력을 기계로 대체하는 대신, 노동력을 최저임금과 최대한의 일회성을 가진 상태로 전 지구적으로 확장하는 것이다. 세 번째 "금융적 해결"은, 처음에는 해외 투자를 방어적으로 헤지hedge하기 위해서이지만 이후에는 고위험 도박 기계로 변모하는 파생상품과 선물과 같은 기구를 개발하여 투기의 영역으로 이동함으로써, 생산에서 완전히 벗어나려고 시도했다.

자동화·공급망·금융화는 공장을 몰아내고 임금 상승을 지연시켰으며, 북반구 선진국의 산업적 활력을 소멸시켰다. 그것들은 레이건 정권이나 대처 정권과 같은 정부들의 노조 약화를 위한 정치적 조치들과 결합하여 대중 노동자의 힘을 약화했다. 한때 번영했던 도시들이 산업 러스트벨트rust belt로 변하면서 선진 자본의 지역 내 고용은 금융에서 트럭 운송, 가사에 이르기까지 다양하고 세분화된 형태의 노동을 포괄하는 서비스 부문으로 점점 옮겨갔고, 일부는 높은 임금을 지불받지만 다른 일부는 저임금을 지불받거나 가장 좋을 때조차 실질 임금이 정체된 수준에 그쳤다. 유임금 노동과 무임금 노동을 모두 수행하는 여성에 대한 가구의 의존도가 높아짐에 따라 노동의 성별 구성에도 변화가 있었는데, 많은 좌파 조직은 지금까지도 이러한 전환을 제대로 받아들이지 못하고 있다. 산업 노동의 힘과 노조, 사회주의 정당에 기반한 정치 문화 전체가 바다 밑으로 가라앉는 아틀란티스 섬처럼 침몰했다.

전 지구화와 함께, 사회적 공장은 고속도로·컨테이너 운송·항공 운송·창고와 유통 센터·광섬유 케이블과 데이터 센터를 포함하는 방대하게 확장된 순환 기구를 통해 세계로 상품·사람·정보를 이동시키는 "행성적 공장"이 되었다. 전 지구화 지지자들, 그리고 심지어는 일부 자율주의자들(Hardt and Negri 2001 [2007])조차 "평탄한" 또는 "매끄러운" 행성 경제 질서를 말한다. 그러나 사실 자본주의적 행성은 날카로운 계층적 구역 설정으로 나뉘어 있다. 북아메리카, 유럽, 일본과 같은 선진 지역에는 기업의 본사·금융 활동·첨단 기술 연구 및 설계·소매 판매 및 소비 복합체가 있다. 새롭게 산업화되고 있는 지역들, 특히 중국은 제조업이 이전하며 제조업 중심지가 되었다. 러시아에서 사우디아라비아에 이르는 석유 국가들은 탄소 경제를 촉진했다. 다른 여러 지역은 궁핍화에 빠져 비공식 또는 범죄 활동에 의존해 생존했다. 계급 구성은 점점 더 통합되는 세계 시장에서 막대하게 복잡해졌지만, 그럼에도 불구하고 노동자들의 생활 수준과 사회적 재생산의 조건의 우주적 격차를 그대로 남기며 노동자들을 분열시켰다(Woland, Blaumachen and Friends 2014). 따라서 우리는 계속해서 "사회적 공장"을, 그것의 전 지구적 분절을 인식하면서도, 지역적 배치들을 통해 내적으로 구성된 것으로 여긴다.

전 지구화와 디지털화는 자본에 유리하게 계급 권력 균형을 변화시켰다. 전 세계적으로 자본 대비 국내총생산GDP에서 노동의 점유율은 꾸준히 감소했으며, 이는 부유한 국가와 가난한 국가 모두에서 일어났다(Economist 2013). 그러던 2008년, 행성적 공장은 불길에 휩싸였다. 금융 투기에 대한 자본의 집중은 점점 증가하여 월스트리트 서브프라임 모기지 사태에서 절정에 달했다. 금융 체계의 광범위한 전염, 은행 구제 금융, 긴축, 북반구 선진국 경기 침체와 전 세계에 파급되는 도미노 효과가 뒤따랐다. 사회적 혼란도 마찬가지였다. 2011년에는 튀니스와 카이로에서 마드리드와 뉴욕, 이스탄불과 리우데자네이루, 텔아비브와 키이우에 이르기까지 불평등과 불안정에 반대하는 일련의 반란이 — 종종 공공 광장 점거의 형태로 — 일어났다.

이러한 반란들은 처음에는 노동자 계급의 재구성이 성장하고 있음을 보여주는 징후였으며, 종종 포스트포드주의 문화 노동자, 기술 노동자 및 학생으로 이루어진 새로운 지층으로 형성되었다. 그러나 대부분은 실패로 끝났다. 그것들은 흐지부지되거나 탄압되어 보수 정권을 다른 보수 정권으로 교체하거나 내전과 외국의 개입으로 내파했다. 그 후 영국의 브렉시트 국민투표, 트럼프의 2016년 미국 대선 승리, 유럽 전역을 걸친 네오파시즘의 부상 등 자본주의적 전 지구화에 대한 분개, 이민자와 소수자에 대한 인종주의적 혐오, 일자리 감소와 임금 삭감에 대한 노동자 계급의 불안으로 인해 우파가 주도하는 또 다른 혼란의 물결이 이어졌다.

2011년 점거하라 운동의 실패로 끝난 재구성적 순간과 2016년의 너무도 성공적인 분해적 네오파시즘은 모두 취약해진 노동자 계급의 증상이었지만, 동시에 자본주의 내부의 놀라운 불안정성을 암시하는 것이기도 했다. AI에 대한 기업의 관심이라는 물결은, 비록 오랫동안 형성되어 왔지만, 이 불안의 롤러코스터가 끝날 무렵에 수면 위로 떠 올랐다. 기계 지능은 위기에 대한 "대답"으로 제시되었다. 따라서 사업 자문 회사 액센추어는 2016년 AI 투자에 관한 발표에서 "경제 발전을 촉진"하고 "지난 수십 년 동안 누려온 꾸준한 번영의 전진을 지속"할 수 있는 자본의 능력이 "현저히 감소"하고 있음을 인정한 후, "AI는 2025년까지 연간 경제 성장률을 … 두 배로 늘릴 잠재력을 가지고 있다"라고 선언했다 (Purdy and Daugherty 2016).

역설적으로, 전 지구화를 가능하게 했던 디지털 산업은 2008년 죽음에 가까운 경험을 겪은 후로 더욱 강력해졌다. 월스트리트가 휘청거리고 미국 3대 자동차 회사와 같은 주요 산업이 침체에 빠진 상황에서 "빅테크"는 한 줄기 희망이었다. 웹 2.0으로 환생하며 2000년 닷컴 붕괴로부터 살아남은 디지털 자본은 월스트리트 붕괴 이전부터 이미 상승세를 타고 있었다. 구글은 2004년에, 페이스북은 2006년에 처음으로 주식 시장에 주식을 제공했다. 애플은 2007년에 아이폰을 출시했다. 그러나 이러한 디지털 기업들이 아마존과 같은 다른 기업들과 나란히 세계에서 가장 가치가 높은 기업 목록에서 정상을 차지하며 이전에 거대 에너지 및 금융 서비스 기업들이 점유했던 자리를 차지한 것은 경기 침체 이후였다(Mosco 2017 : 65). "페이스북 혁명들"이라는 단어로 절망적으로 단순화된, 전 지구적 자본에 대한 반란들조차도 새로운 디지털 질서의 현현으로 해석될 수 있다. 2008년 이후 미국이 경기 침체에서 벗어난 것은 "기술-주도형" 회복이었고, 이 과정에서 빅데이터를 생성하는 소셜 미디어·웹·스마트폰 사용 등 기계학습의 전제 조건이 마련되었다.

전 지구화의 위기가 지닌 매우 특정한 양상이 AI에 관한 관심에 추진력을 부여했다. 전 세계에서 벌어지는 시위의 잡음 속에서 한 가지 분명한 메시지가 수신되었다. 즉, 값싼 전 지구적 노동의 시대가 저물고 있다. 북서의 선진국에서 반란이 실패하는 동안, 남쪽에서는 무언가 다른 일이 벌어지고 있었다. 산업 노동의 신세대는 자신들만의 정치적 구성을 찾아가고 있었다. 중국에서는 주강삼각주 공장의 연이은 파업으로 임금이 꾸준히 상승했다. 2010년, 노동자들이 애플의 아이폰을 유사-군대 같은 규율 아래서 조립하는 폭스콘의 거대 전자 공장에서 일어난 항의의 자살들이 전 세계로 빠르게 알려졌다. 격분한 폭스콘의 소유주 테리 궈는 조립 노동자들을 1백만 대의 로봇으로 대체하겠다고 위협했다. 농촌에서 도시로 유입된 첫 이주민들이 고갈되면서, 중국 공장들은 조립 라인의 고된 노동에 젊은이들을 끌어들이기가 점점 더 어려워지고 있다. 중국 제조업 노동자의 평균 시간당 임금은 2005년과 2016년 사이에 3배로 증가하여 그리스와 포르투갈 같은 국가에서 지급되는 시간당 임금에 근접하고 있다

(Gao 2017). 이는 전 지구화된 자본의 더 큰 문제를 보여주는 하나의 징후일 뿐이다. 인도에서는 파업 중인 자동차 노동자들이 공장을 불태웠고, 캄보디아에서는 의류 노동자들이 거리에서 경찰과 대치했다. 금융적 해결이 갑자기 붕괴하고 전 세계 저임금 지역을 통한 공간적 해결책이 서서히 약화하면서 자본은 새롭고 더 강력한 기술적 해결을 모색하기 시작했으며, 그것이 바로 AI 자동화다.

그 밖에도 더 폭력적인 위기-사건이 AI의 발전에 추진력을 제공했다. 2001년 뉴욕 세계무역센터의 "9·11" 테러와 이에 뒤따르는 "테러와의 전쟁"은 방대한 감시 체계를 관리하기 위해 기계학습 기술 개발을 촉진했다. 아프가니스탄과 이라크 전쟁은 이러한 기세를 이어갔고, 기초적인 기계 지능을 사용하는 드론과 기타 자율주행 차량이 미국의 대테러 무기고에 추가되었다. 우크라이나, 시리아, 리비아 등의 민중 봉기가 내전과 외국의 개입으로 번지면서 군사적 관심은 고조되었다. 미국, 러시아, 중국, 이스라엘, 사우디아라비아, 이란이 그림자 전쟁을 벌이면서 감시·해킹·사이버-보안을 위한 기계학습의 연구와 응용도 가속화되었다(Sanger 2018 [2019]; Scharre 2018; Dyer-Witheford and Matviyenko 2019). 냉전 시대가 디지털 기술을 배양한 후에 디지털 기술이 민간 생산에 도입되었던 것처럼, 드론과 개량형 로봇이 작업장 내에 발을 들이면서 신냉전 무기가 자본과 노동의 대결 최전선에 다시 등장했다.

미국과 유럽의 자본주의적 자유민주주의가 곤경에 빠져 있다는 지각이 널리 퍼진 것도 AI 산업에 중대한 영향을 미쳤다. 월스트리트를 점거한 불안정 노동자들과 트럼프 또는 브렉시트에 투표한 러스트벨트 노동자들은 선진 자본주의 경제가 기업에 큰 이윤을 안겨주고 동시에 노동자 계급의 생활 수준을 높일 만큼 충분한 성장을 가져오지 못한다는 점을 통감했다. 컴퓨터와 네트워크에 관한 유토피아적인 약속에도 불구하고, 디지털 기술은 포드주의의 놀라운 배가 효과를 반복하지 못했다. 실리콘밸리의 대응은 사이버네틱스에 대한 투자를 두 배로 늘리는 것이었다. 기계학습과 첨단 로봇공학은 새로운 경제 성장을 위한 마법의 해결책이 될 것이었다(Purdy and Daugherty 2017 ; Swanson and Mandel 2017). 이러한 약속은 매력적이다. 그런데 이러한 약속이 은폐하는 점이 있는데, 자본이 AI에 투자하기 위해서 AI가 보장해야 하는 것은 단순한 경제 성장이 아니라 노동에 비해 훨씬 더 많은 잉여가 발생하는 수익성 있는 성장이라는 것이다. 그리고 이를 위해서는 노동을 일회성으로 만드는 것을 더 어렵게가 아니라 오히려 더 쉽게 만들고 더 나은 임금과 노동 조건, 그리고 자본에 대한 어떤 유형의 자율성을 행사하기 더 쉽게 만드는 것이 아니라 더 어렵게 만들어야 한다 요컨대 이는 노동자 계급의 추가적인 분해, 1970년대 이후로 결코 재구성된 적이 없다고 말할 수 있는 노동자 계급의 추가적인 분해를 수반할 수 있다.

AI 노동

인간의 노동을 제거한다고 알려진 기술인 AI의 노동을 이야기하는 것은 역설적으로 보인다. 그러나 AI는 다른 산업에 적용되기 전에 그 자체가 생산되어야 한다. 이는 다른 유형의 노동이 AI를 바탕으로 변형되기 위한 전제 조건이면서 동시에 노동의 좀 더 일반적인 재구성이 나아갈 방향에 대한 몇 가지 단서를 제공한다. 현재 다양한 종류의 AI 연구가 진행 중이며, (예를 들어 고도로 숙련된 소프트웨어 공학자와 프로그래머에게 의존하는) 그 생산 과정들에는 광범위한 유사성이 있지만, 동시에 각각의 특수성을 지니고 있다. 여기서 우리의 초점은 기계학습, 21세기의 두 번째 10년을 선도하는 AI의 한 형태다.

캐서린 동(Dong 2017)은 "기계학습 공학은 모델 구축·배포·모니터링이라는 세 단계 데이터 처리로 이루어진다"라고 설명한다. 그녀가 말하기를, 이 "샌드위치"의 "고기"는 모델의 구축이다. 이곳은 소프트웨어 공학자가 고양이, 그리고 길을 건너는 보행자의 디지털 이미지·검색어 구성·구매 이력·소셜 미디어 주제 등 주어진 입력 데이터를 인식하는 알고리즘을 개발하는 곳이다. 이 학습 과정은 수천 또는 수백만 개의 훈련 예제를 통해 시험·수정·개선된다. 그다음에는 패턴 신호와 소음이 혼합된 원시 데이터raw data(개·영양·코끼리와 섞인 고양이 이미지, 수레·편지 상자·외발자전거 등이 섞인 보행자 이미지)를 통해 추가로 시험된다. 이 과정의 막바지에 이르면 AI는 허용 가능한 수준의 신뢰도로 목표 객체를 식별하고 다양한 패턴 사이의 통계적 상관관계(예를 들어 밤보다 낮에 길을 건너는 보행자가 더 많고, 남성보다 여성이 더 자주 고양이 이미지를 게시하는 등)를 확립할 수 있어야 한다. 연관성과 결과를 예측하는 기이하고도 인간적이지 않은 능력을 기계학습에 부여하는 것은 바로 이 기능이다.

컴퓨터 과학자들에게 익숙해진 알고리즘 모델 — 선형/로지스틱 회귀·랜덤 포레스트random forest·향상된 의사결정 나무boosted decision tree — 을 구축하는 많은 기법이 있다(Dong 2017). 이는 일상적인 인터넷 사용의 일부인 친구 추천·광고-타게팅ad-targeting·추천 및 검색 순위를 생성하는 데 사용된다. 그런데 가장 정교한 기계학습 모델 제작[모델링]modeling은 "훈련하기 어렵고 … 더 많은 시간과 계산 능력", 그리고 "직관과 시행착오의 조합"을 요구하는 "심층 신경망"을 포함한다(Dong 2017). 기계학습에 관한 강좌와 자가 학습 지침이 확산하고 오픈소스 도구 라이브러리가 널리 보급되고 있지만, 신경망에 관한 심층적인 전문가는 드물며, 유능한 컴퓨터 과학자는 전 세계적으로 수천 명에 불과할 수 있다(Economist 2017b). 이는 이러한 인재를 확보하기 위한 기업의 치열한 입찰 전쟁과 기업이 제시하는 높은 연봉 및 혜택을 설명한다. 따라서 기계학습은 고도로 숙련된 소규모 기술-과학 노동자 그룹이 핵심적인 활동을 수행하는 기본 소프트웨어 개발 노동 과정을 강화한다.

기계학습의 "고기"는 알고리즘 모델을 만드는 것이지만, "모든 것을 함께 묶어주는 것"은 알고리즘 훈련 전후에 일어나는, "샌드위치 과정을 감싸는 빵"이다(Dong 2017). 기계학습 과정의 이 두 가지 층에는 한편으로 "모델에 입력할 방대한 양의 데이터 정리 및 형식 지정"과 다른 한편으로 "모델의 신중한 배포 및 모니터링"이 포함된다. 동은 다음과 같이 말한다. "데이터 처리부터 훈련, 배포, 제작 하부구조에 이르기까지 기계학습 개발 과정의 어떤 한 단계가 비호환적이라면 오류가 발생할 수 있다"(Dong 2017). 실제로 기계학습 소프트웨어 공학은 종종 실제 모델 제작보다 "준비 및 모니터링"에 더 많은 시간을 할애한다. 이 장의 뒷부분에서 우리는 익명의 휴대전화 사용자부터 면밀히 모니터링되는 유통 센터 직원, 무인 차량의 잠 못 이루는 "안전 운전자"safety driver에 이르기까지 이러한 데이터 집합의 출처를 설명한다. 그러나 데이터 수집 방식과 관계없이 데이터는 형식 표준화·오류 제거·이상치 탐지·추가 정보 보완·처리에 사용될 특징 추가, 그리고 무엇보다도 기계학습 모델이 인식하도록 학습할 객체 레이블링 등 AI 훈련에 사용하기 위해 거의 언제나 정제되어야 한다. 데이터 과학자들 사이에서는 "업무의 80퍼센트는 데이터 정제이고 나머지 20퍼센트는 지금까지의 데이터 정리 방식에 관해 불평하는 것이다"(Lohr 2014) 같은 농담이 넘쳐난다.

이러한 "데이터 먼징"data munging 또는 "데이터 랭글링"data wrangling(Johnston 2015)의 대부분은 베네수엘라와 인도, 인도네시아에 이르는 저임금 지역에서 시간당 몇 달러에서 몇 센트 사이의 요금으로 종종 오프쇼어링 미세노동offshored micro-work 형태로 위탁된다(Nakashima 2018a). 이는 처음에는 프리랜서, 미케니컬 터크Mechanical Turk, 업워크Upwork와 같은 크라우드소싱 플랫폼을 통해 처리되었다. 그 후로 데이터 정제는 전문화된 사업이 되었다. 마이티 에이아이Mighty AI, 피겨 에이트Figure Eight(이전의 클라우드플라워CrowdFlower)와 같은 스타트업은 "스마트폰에서도 사진 및 기타 데이터를 쉽게 레이블링할 수 있는" 소프트웨어를 개발한다(Nakashima 2018a). 벵갈루루의 기업 플레이먼트Playment는 이러한 업무를 "게임화"하여 3만 명의 대기 중인 직원을 "플레이어"라고 부른다. 중국에서는 "정제된 데이터 처리"를 전문으로 하는 기업들이 테일러리즘적 분업 체제로 일하고 있다. 어떤 "프로젝트 그룹"은 "복잡한 요가 같은 자세를 취하고 있는 인체의 마디들"을 레이블링하거나 자율주행차 소프트웨어를 위해 "오토바이·자전거·보행자"의 이동 방향을 보여주는 주석을 달기도 하고, 어떤 그룹은 "건물이나 가려진 물체의 윤곽을 스캔하여 레이더가 실제 객체를 탐지하도록 훈련하는 데 사용"한다(Yu 2017). 그 업무는 힘들고 고되다.

기계학습 "샌드위치"의 다른 층을 구성하는 배포와 모니터링도 전 지구적 클릭노동clickwork에 의존한다. 기계학습 알고리즘에는 예상대로 작동하지 않거나 개입이 필요한 문제가 발생할 수 있다. 2017년에는 영수증 사진을 자동으로 스캔해 경비expense 보고서 데이터를 추출하는 서비스를 제공하던 익스펜시파이Expensify가 개인 식별이 가능한 고객 영수증을 아마존의 크라우드소싱 플랫폼 미케니컬 터크의 직원에게 전송해 텍스트 분석 소프트웨어의 오류를 보완한다는 점이 밝혀지면서 자동화된 체계가 얼마나 인간에 의존하는지가 주목받은 바 있다. AI에 기반한 서비스의 뒤에 있는 이런 종류의 "인적 안전망"은 매우 일반적이다(Gent 2017). 사라 로버츠(Roberts 2016, 2017)는 소셜 미디어 피드를 필터링하여 폭력적이고 음란한 콘텐츠를 제거하는, 대체로 저임금을 받고 고용이 불안정한 인간 콘텐츠 모데레이터의 역할을 밝혀냈다. 구글은 유튜브 동영상을 시청하는 1만 명의 "평가사"rater 군단을 보유하고 있는 것으로 알려졌다. 마이크로소프트는 한 달에 수백만 개의 미시작업microtask으로 검색 알고리즘의 결과를 확인하는 보편적 인간 관련성 체계Universal Human Relevance System를 운영한다. 최근에는 "사이버 전쟁" 추문들로 인해 기계학습 결과에 대한 페이스북과 구글의 개선 노력이 강화되었다(Alba 2017; Dyer-Witheford and Matviyenko 2019). 데이터 정제와 모니터링이라는 미세노동은 서로 밀접한 관련이 있으며, 두 노동 모두 동일한 저임금 계약직 재택 노동자들에 의해 교대 근무로 수행될 수 있다(Nakashima 2018c).

이러한 활동은 "**자동화의 마지막 단계[라스트 마일] 역설**"을 설명한다. "AI가 발전함에 따라, 새로운 유형의 인간-개입[휴먼-인-더-루프]human-in-the-loop 작업을 위한 일시적 노동 시장이 빠르게 생성되고 그만큼 빠르게 소멸하는 결과를 초래한다"(Gray and Suri 2017). 이 역설에는 추가적인 전환이 있다. 즉, 데이터 정제와 모니터링 자체가 기계학습 자동화를 위한 표적이 된다. 아마존 미케니컬 터크의 인간 미시작업은 기업에 의해 "인공 인공지능"artificial artificial intelligence이라고 불리는데(Reese and Heath 2016), 여기서 아이러니는 "터크 노동자"turker가 언젠가 자신들을 대체할 실제 인공지능을 훈련한다는 점이다(Hook 2016). 페이스북과 구글 경영진은 궁극적으로 콘텐츠 모더레이션을 자동화하는 것이 자신들의 목표라고 명시적으로 밝히고 있다(Alba 2017; Nieva 2018). 데이터 과학자들은 데이터 정제를 "기계학습의 도움이 필요한 기계학습의 문제"라고 선언했다(Ilyas 2018). 클릭노동자는 미래 AI를 위한 훈련 소재로서 디지털로 기록된 자신의 노동 데이터 집합을 제공하고 있다.

따라서 기계학습은 팀 조던(Jordan 2015 : 32~8)이 "재귀"recursion라고 명명한 것, 정보 자본이 그 자체에 피드백하는 과정을 예시한다. 자동화에 대한 두려움은 소프트웨어 개발자의 엘리트층에까지 반향을 미쳤다. AI 산업 종사자들은 그들의 노동이 자동화와 맺는 역설적인 관계를 예증한다. 그들은 자신들의 업무가 자동화되는 것을 경계하면서도 자동화가 필요하고 심지어 바람직하다고 기술한다(Steinhoff 2019b). 이는 이러한 기술이 소프트웨어 공학자의 업무를 강화할 것인지 아니면 없애버릴 것인지에 관한 의견 차이를 더욱 벌리는 데 추진력을 제공한다(Shanin 2018 ; Vorhies 2016a, 2017). 2016년, 550명의 개발자에게 여러 가능한 우려 중 "자기 경력에서 가장 걱정되는 것"이 무엇인지 질문했을 때, "나와 내 개발 노력이 인공지능으로 대체되는 것"이라는 답변이 가장 많이 나왔다(Thibodeau 2016). 일부 개발자들은 AI 산업 성장이 인간의 코딩과 설계에 대한 수요만 증가시킬 것이라고 여기며 이러한 우려를 일축한다. 다른 사람들은 소프트웨어 개발자가 코드 확인·배포·복구를 자동화하는 AI "봇"의 도움을 점점 더 많이 받고, 이 봇은 개발자가 "심지어 키보드를 만지지 않아도" 자연 언어 명령에 반응해 애플리케이션을 "스핀업"spin up하여 "소프트웨어 개발 생활 주기 전체가 고수준의 기술description에 불과할" 지점까지 확대될 것이라고 예상한다(Despoudis 2017). 이러한 논의는 최근 미국 국방부를 위해 라이스 대학에서 개발한 바이유BAYOU 기계학습 애플리케이션에 의해 더욱 촉진되었다. 이 애플리케이션은 깃허브GitHub에서 인간이 작성한 수백만 줄의 코드를 "스스로 훈련"한 신경망으로, 매우 간단한 키워드 명령어를 바탕으로 개발자에게 코드 블록을 추천할 수 있어 기계학습 자체가 설계하는 기계학습 체계를 향한 초기 단계를 보여주는 것으로 알려졌다(Rayome 2018).

기계학습 생산 과정은 계급 구성 분석에 두 가지 의미가 있다. 첫째로, 그것은 디지털 자본에 핵심적인 소프트웨어 개발이라는, 확장하는 직업군의 중요한 부분이다. 이 부문에 관한 논의는 관습적으로 소프트웨어 공학자와 프로그래머의 고임금, 높은 지위의 노동에 초점을 맞추는데, 그중 기계학습 설계자는 가장 최신의 사례다. 이는 UN 조사가 "저임금·열악한 전망·심리적 부담"(Berg et al. 2018 ; Geuss 2018a)으로 특징짓는 전 지구 클릭노동력의 일부인 데이터 정제 담당자와 모니터링 담당자가 "AI 장막 뒤"에서 수행하는 작업을 모호하게 만든다(Gray and Suri 2017). 세분화된 기계학습 노동력의 모든 부분은, 그 노동력이 만드는 바로 그 생산물이 그것의 노동을 자동화하여 데이터 과학자와 데이터 정제 담당자 모두가 스스로 일자리를 잃기 위해 일하고 있는 지평에 직면해 있다. 둘째로, 비록 기계학습은 전 지구적 노동의 일부를 설명할 뿐이지만, 그것이 드러내는 — 강력한 양극화에 속박되고 자동화로 인해 불안정해진 — 디지털 매개 노동의 패턴은 새로운 AI가 적용되는 더 넓은 사회적 공장의 곳곳에서도 나타난다.

인간의 방식을 학습하다

노동을 자동화하는 다른 기술과 마찬가지로, 생산에서 고정 자본으로서 AI가 수행하는 사회적 기능은 필요 노동의 감소와 그에 수반되는 잉여 가치 추출의 증가다. 유통 과정에서 AI는 가치 실현을 가속화하는데, 즉 공장, 유통 센터, 소매점 간의 긴밀한 통합(조정과 일정 관리)과 잠재적 구매자에 대한 판매자와 광고주의 좀 더 정확한 타게팅을 가능하게 하여 유통 시간을 단축한다. 또한 그것은 이러한 모든 활동의 인건비를 줄이거나 없애준다. 금융 부문에서 자동화는 돈이 더 많은 돈으로 변하는 투기적 변모를 가속화한다. 또한 AI가 소비와 사회적 재생산에 영향을 미치면서 의료·교육·오락과 같은 산업에서 임금 노동자를 없애고, (소셜 미디어와 같은) 기계가 매개하는 대인 관계 또는 (노인 돌봄 로봇과 같은) 인간-기계 관계의 새로운 패턴을 확립한다.

자본의 공간적 조직화에 따라 세계 곳곳에 AI가 도입되는 방식은 다양하다. 서비스·소매·금융화의 지배력이 점점 증가하는 북아메리카와 유럽 경제에서 AI의 방향성은, 비록 산업 생산을 다시 국내로 되돌리려는 시도도 있기는 하지만, 유통을 지향하는 경향이 강하다. 중국·동남아시아, 그리고 수출 시장과 연결된 그 외 제조 지역에서는 AI가 산업을 자동화하려는 경향이 강하지만, 눈에 띄게 빠른 경제 발전 속도는 중국의 바이두·텐센트·알리바바 등의 기업이 유통을 가속화하는 AI를 배포하는 것도 장려하고 있다. 지구상의 희생 지역sacrifice zone에서 가장 즉각적으로 활용되는 AI는 궁핍화된 인구를 통제하기 위해 국내외 보안군이 배치하는 드론과 감시 체계다. 여기서 우리는 주로 북아메리카와 유럽에서

AI 자동화가 노동의 기술적 구성을 변화시키는 방식에 초점을 맞추지만, 다른 곳의 발전도 고려한다. 자본의 AI 도입은 초창기, 실험적 도입 단계에 있으며 여러 거대한 약속을 수반한다. 킴 무디가 지적했듯이, 2008년 금융 위기 이후 낮은 이윤율과 임금 상승 억제로 인해 신기술에 대한 기업의 투자는 위축되었으며, 이러한 상태가 지속되는 동안 AI 자동화의 발전은 "순탄치 않고 느릴" 가능성이 크다(Moody 2018a : 26). 그러나 같은 시기에 기업들은 다양한 분야에서 AI 응용 사례를 시험하고 활용해 왔다. 자본의 이전 기술 혁신 물결이 시사하듯, 자본가의 자신감이나 노동자의 임금 요구가 증가하면 이 과정은 더욱 확대될 가능성이 크다. 일부 전망은 다른 전망보다 구현되기 훨씬 어렵다는 점이 밝혀지거나 심지어 예상하지 못한 기술 혹은 규제 문제, 또는 어쩌면 노동자 계급의 저항으로 인해 완전히 차단될 수도 있다. 그러나 설령 일부만 성공하더라도 AI는 프롤레타리아와 자본 사이의 힘 균형을 중대하게 변화시킬 것이다.

생산의 영역에서, 북서 선진국의 AI는 재산업화의 수단으로 환영받고 있다. 해외로 오프쇼어링되거나 이탈이 우려되는 제조 능력은 로봇·센서·과정 제어 계산을 도입하여 회복될 수 있으며, 이것들은 모두 기계학습으로 강화된다. "〔많은〕 산업적 AI 응용 사례는 여전히 다소 새롭고 맞춤 제작된 것"이지만, 제너럴일렉트릭GE · 지멘스Siemens · 마이크로소프트·인텔과 같은 강력한 기업들은 인건비 절감·제품 결함 감소·예기치 않은 다운타임downtime 단축·전환 시간 개선·생산 속도 증가·예측 유지보수 수행을 위해 제조에 기계학습을 적용하는 데 "모두 상당한 투자를 하고 있다"(Faggella 2018b). 지멘스는 "수십 년 동안 철강 공장을 모니터링하고 효율성을 개선하기 위해" 인공 신경망을 사용해 온 것으로 알려졌다(Walker 2018). 유럽에서 이 프로젝트는 "인더스트리 4.0"Industry 4.0이라는 이름으로 진행되고, 북아메리카에서는 종종 "사물인터넷"이라는 더 광범위한 이름으로 진행된다.

이러한 산업 자동화는 캘리포니아 프리몬트에서 테슬라 차량을 생산하는 일론 머스크의 공장에서 가장 화려하면서 동시에 문제적으로 나타난다(Bhattacarii 2017). 이 공장은 자율주행 자동차와 트럭을 생산할 뿐만 아니라, 머스크의 말을 빌리자면 "에일리언 전함"alien dreadnought과 유사할 정도로 공장 그 자체가 고도로 자동화된 시설로 계획되었다(DeBord 2017). 그러나 이 전함의 운영은 전함이 완전히 처분하고자 했던 노동자들의 부상에 관한 추문들로 어려움을 겪었다(Wong 2017a ; 2017b). 머스크가 인정한 생산 병목 현상의 원인은 "과도한 자동화", 불만에 찬 직원들의 디지털 사보타주, 자동-조종보다 자동-연소에 더 능한 것으로 판명된 자동-조종 차량의 충돌과 실패였다. 테슬라는 극단적인 자동화가 지닌 여러 어려움을 내비친다(Wilson and Daugherty 2018). 그럼에도 불구하고, 보호 무역주의의 증가는 설령 공장이 국내 노동자보다 애국적인 로봇을 더 많이 고용하는 한이 있더라도 공장을 본국에 묶어두는 계획을 촉진하고 있다. 그러나 노동력 부족과 임금 압박에 직면한 중국 기업들이 같은 방향으로, 아마도 더 빠르게 움직이고 있다는 것은 자본의 경쟁 논리가 만들어낸 아이러니다. 대만 기업이지만 중국에 본사를 둔 폭스콘을 로봇화하겠다는 테리 궈의 약속은 어떤 의미에서도 완전히 이행되지는 않았지만, 그렇다고 총체적으로 공허한 것도 아니었다. 2018년에 폭스콘의 생산 라인에는 소위 "폭스봇"Foxbot이 등장했고, 폭스콘은 인력을 줄이면서 매출을 높였다(Chan 2017 ; Wang 2018). 2013년 이후로 중국은 산업용 로봇 분야의 세계 최대 시장이었다. 로봇 대부분은 해외에서 구매되지만 국내 생산이 성장하면서 서양의 공장만큼, 혹은 그 이상으로 자동화되고 있다(Bland 2016 ; Ying 2018).

그러나 북아메리카와 유럽에서 자본의 AI 방향성이 가장 빠르게 전개된 것은 유통 분야로, 운송·창고업·통신·소매판매를 점점 더 복잡해지고 매끄러워진 체계로 연결한 "로지스틱스 혁명"을 가속화했다(Cowen 2014 [2017] ; Rossiter 2016). 앞서 살펴본 바와 같이, 자율주행 차량은 잠재적으로 가장 수익성이 높은 AI 자본의 형태 중 하나다. 이러한 전망은 통상적으로 자율주행 개인용 자동차(소비자 상품이자 노동력 상품 이 일하러 이동하는 수단)의 관점에서 논의된다. 그러나 당장의 핵심 목표는 자동화된 상업용 트럭 운송이다. 로보트럭은 이미 광업과 같은 산업 현장에서 사용되고 있다. 볼보·다임러·테슬라와 같은 기업들은 장거리 운송을 끝내기 위해 노력하고 있다. 2016년 우버는 자율주행 트럭을 이용한 맥주 배달을 (가장 유리한 조건하에서) 신중하게 연출된 시연 형태로 선보였다(Peterson 2016). 그 이후로 이러한 차량은 (감독 운전사를 동반하여) 텍사스 엘패소의 창고에서 I-10 고속도로를 따라 캘리포니아 팜스프링스의 유통 센터로 냉장고를 배송하는 데 사용되기 시작했다.

보행자·자전거 운전자·신호등이 없는 긴 직선 고속도로 혹은 아마도 특별 차선에서 연중무휴로 쉬지 않고, 감독 또는 원격 운전자를 동반하는 자율주행 트럭은 수익성이 높은 유망한 AI 분야다. 자율주행 트럭은 노동자 계급 고용의 중요한 부문을 자동화할 것이다. 미국에서 트럭 운송은 6,760억 달러 규모의 산업으로, 약 350만 명의 운전자를 고용하고 있다. 이윤이 적은 이 사업에서 인건비는 "총운송 비용의 최대 45퍼센트를 차지한다"(Campbell 2018). 2017년 〈국제교통포럼〉의 보고서는 미국과 유럽의 640만 트럭 운전자 중 최대 440만 명이 자율주행 기술로 인해 일자리를 잃을 수 있다고 예측했다(ITF 2017). 약 60만 명의 트럭 운전사를 대표하는 〈트럭 운전사 노조〉는 자율주행 트럭을 국가의 차량 규제 대상에 포함하는 것을 반대하며 자율주행의 도입을 "재앙적"이라고 기술했다(Marshall 2017). 이러한 반대는 AI 자율주행 트럭 운송이 직면한 여러 장벽 중 하나에 불과하다. 다른 장벽으로는 (2018년 일련의 사고에서 볼 수 있듯이) 자율주행 기술 개선의 계속된 문제뿐만 아니라 고속도로 체계의 조정과 법적 책임 명확화의 필요성을 포함한다(Moody 2018b). 따라서 로보트럭은 잠재적으로 가장 수익성이 높은 AI 벤처 중 하나지만, 가장 어려운 분야 중 하나기도 하다. 그런데 더 즉각적으로 활용할 수 있는 다른 기회가 있다.

고속도로를 굴러다니는 사이버-트럭보다 덜 극적인 것은 자본의 유통 과정을 변형시키는 보이지 않는 소프트웨어 행위자다. 전 세계의 콜센터는 밤낮을 가리지 않고 전화 요금제부터 박물관 멤버십까지 모든 것에 대한 구매를 권유하는 발신 메시지를 보내고, 수신 전화에 대응하며 고객 관계를 유지·복구·강화한다(Brophy 2017 ; Woodcock 2017). 유럽과 북아메리카에서 콜센터는 탈산업화로 인해 사라진 일자리를 대체하는 것으로 홍보되었지만, 이러한 일은 상당 부분 인도와 필리핀으로 위탁되었다. 그러나 해외에서 반복적인 전화 노동의 임금이 상승함에 따라 콜센터는 AI로 자동화되고 있다. 고객(그리고 직원)은 "훈련 및 품질 목적으로 통화가 녹음될 수 있습니다"라는 녹음 메시지에 오랫동안 익숙해져 왔지만, 이 "훈련"은 기계학습 체계의 훈련을 포함하게 되었다(Marr 2016). 자연 언어 처리를 응용할 수 있는 AI는 자주 묻는 질문의 디지털 저장고와 고객의 장비·능력·과거 통화에 관한 지식을 활용하여 일반적인 문의에 대한 답변을 자동화하고, 더 난해한 문의는 나머지 인간 상담원에게 넘기며 때로는 문의자의 "어조·어휘·정서, 심지어는 침묵까지" 동시에 분석하여 "감정과 만족도를 측정"하기도 한다(Agrawal,

Gans and Goldfarb 2018 : 90~1 [2019]).

시장 자문 기업 가트너는 2017년에 "고객 서비스 분야"가 "AI 적용 사례 중 가장 높은 비중을 차지하는 분야"로, "전체 AI 활용 사례의 약 70퍼센트"를 차지한다고 발표했다(Baraniuk 2018). 2018년 영국의 소매 대기업 '막스 앤 스펜서'는 고객의 구두 요청을 해석하고 전송하기 위해 트윌리오Twilio의 음성 인식 소프트웨어와 구글의 다이얼로그플로우Dialogflow AI 도구를 사용하여 1백 명의 교환원 직원을 챗봇으로 대체했다. 미국의 대형 보험사 올스테이트는 "가장 인간적인 AI"로 홍보되는 디지털 비서 아멜리아Amelia를 도입하여 안내 직원을 보완함으로써 통화 시간의 평균을 4.6분에서 4.2분으로 줄였으며, 수백만 건의 통화에서 이 사소해 보이는 절약은 인건비를 크게 절감했다. 고객 서비스 업계에서는 이러한 변화를 인간 직원의 "자동화"가 아닌 "증강"augmentation이라고 부른다. 현재로서는 인간 운영자의 작업을 강화하는 것이 그 주된 효과일 수 있지만, 많은 관찰자가 장기적으로는 자동화가 팽배할 것으로 생각한다(Wood 2018). 다른 기업 통신에도 유사한 기능이 확장되고 있다. 2018년, 구글은 캘린더 검색calendar search과 자연스러운 음성 패턴을 결합해 전화로 약속을 예약하는 듀플렉스Duplex 체계를 사람과 구별하기 어려운 음성 시뮬레이션과 함께 시연하며 "아직 온라인 예약 체계를 가지고 있지 않은 미국 내 60퍼센트의 소규모 사업에 유용하다"라고 홍보했다(Solon 2018).

자동화된 운송은 그 자체로 이미 AI를 통해 자동화되어 있는 창고로 상품을 운반한다. 아마존의 "주문 이행 센터"는 전형적인 사례다. 아마존은 기계학습을 "플라이휠"[2](S. Levy 2018)로 만들어 자사의 알고리즘 추천 체계·온라인 구매·스마트 홈 기기·클라우드 계산 제국에 배포한 기업이다. 또한 주문이 접수되고, 선반에서 상품이 꺼내져 포장된 뒤 트럭에 적재되는 거대한 주문 이행 센터에서도 이러한 일이 이루어진다. 이곳에서는 악명 높을 정도로 저임금에 시달리며, 속도에 내몰리고, 극심한 스트레스를 받으며, 전자적으로 감시되는 노동자들이 이러한 작업을 수행한다. [암웨이의 다단계 마케팅 조직에 참여하는] 인간 "앰봇"ambot에게 가해지는 압박의 강화가 실제 로봇을 배치하는 것과 함께 진행된다는 것은 자본의 기계가 착취를 감소시키기보다는 강화한다는 맑스의 논리를 입증한다(Greenmeier 2008 ; Abdelrahman 2017). 아마존은 "주문 이행 센터 직원들이 창고에서 물건을 찾아 바구니에 넣는 데 근무 시간의 절반 이상을 할애하고 있다"라는 점을 발견하고 2012년에 로봇 회사 키바 시스템스Kiva Systems(이후 아마존 로보틱스로 개명되었다)를 7억 7,500만 달러에 인수했다(Agrawal, Gans, Goldfarb 2018 : 145 [2019]). 약속된 배송일을 지키지 못한 크리스마스 위기 이후, 아마존은

2. * flywheel. 한 번 돌기 시작하면 스스로 가속되는 선순환 성장 구조를 뜻한다.

저수준의 둥근 자동 기계를 대규모로 배포했다. 2017년까지 아마존은 전 세계 일부 주문 이행 센터에 10만 개 이상의 키바 봇[자동 물류 로봇]을 배치했다(Wingfield 2017). 이러한 봇들은 지속해서 갱신되는 컴퓨터 재고 체계의 지시를 받고 동작 센서의 안내를 받아 작업 플랫폼에 고정되어 일하는 피커[상품을 집어 담는 작업자]picker에게로 상품을 가져간다. 로봇은 주문 이행을 완료하는 데 걸리는 시간을 5분의 1로 줄였다. 키바는 아마존의 공간 — 키바의 쪼그려 앉은 외형은 주어진 공간에 50퍼센트 더 많은 재고를 넣을 수 있게 해준다 — 과 전력 요금을 절약하고 어두운 곳에서 일하며, 구급차가 정기적으로 주문 이행 센터로 출동하게 만드는 열사병을 예방하기 위해 에어컨이 필요하지 않다(Tam 2014).

아마존의 주문 이행 센터 자동화는 여전히 상당한 한계를 지니고 있다. 하나는 로봇 추진식 이동 선반에서 상품을 "피킹"하는[꺼내 집는] 것이다. 이는 기계화하기 쉬운 일상적 작업으로 보일 수 있지만, 아마존 물류창고는 자동차 조립 라인과 달리 "거의 무한히 다양한 모양·크기·무게·견고성을 가진 여러 물품"(Agrawal, Gans, Goldfarb 2018 : 144 [2019])을 취급한다. 이에 따라 피킹은 다루기 어려운 자동화 문제가 되었다. 몇 년 동안 아마존은 주요 로봇 공학 기업들을 초청하여 해결책을 찾기 위해 기술 경진 대회 아마존 피킹 챌린지Amazon Picking Challenge를 개최했지만, 성공을 거두지 못했다. 최근의 한 연구 흐름은 "자동화된 소프트웨어와 인간 조종자의 혼합"을 활용하여, 로봇은 자동으로 선반으로 이동하고 — 아마도 원격 위치에서 가상 현실 헬멧을 장착한 — 인간은 로봇이 팔로 물건을 잡고 이동하도록 안내하게 했다. 그 장기적 목표는, "로봇이 물건을 꺼내 집는 동작을 스스로 수행하도록, 이러한 원격 조작을 통해 축적된 수많은 인간의 꺼내 집는 동작을 관찰 데이터로 삼아 훈련된" 기계학습 인공지능을 사용하는 것이다(Agrawal, Gans and Goldfarb 2018 : 145 [2019]).

다른 회사가 아마존을 추월할 수도 있다. 영국의 온라인 슈퍼마켓 오카도Ocado는 다른 식료품 가맹점에 판매할 고도로 자동화된 체계를 설계하는 선도적 기업이다. 그 창고 체계는 "벌집-모양의 격자 기계"에서 "들어 올리기", "이동하기", "분류하기" 같은 작업을 수행하는 "로봇으로만 채워진 거대한 체스판"처럼 보이며, 각 로봇은 "슈퍼마켓의 통로에서 납치하는 외계인처럼" 상자를 잡고 안으로 당길 수 있는 중앙 구멍과 발톱을 가지고 있다(Vincent 2018). 로봇들은 서로 교체가 가능하므로 한 작업에서 다른 작업으로 전환할 수 있으며, 생산력은 로봇을 더하거나 빼는 방식으로 높이거나 낮출 수 있고, 로봇의 알고리즘 프로그래밍은 창고 조직화에 대한 새로운 솔루션을 제공한다. 중국의 물류창고 업체 징둥닷컴JD.com은 구글과 합작하여 더 높은 수준의 자동화를 달성했다고 주장한다(Paquette 2018). 오카도와 아마존 시설에는 여전히 많은 노동자가 있지만, 로봇 체계가 심화하고 확산함에 따라, 작업 속도는 빨라지는 반면에 노동의 안정성은 감소한다.

유통은 매출로 이어진다. 소매업 일자리도 AI 도입의 파급력에 따른 변화를 겪고 있다. 또다시, 기계학습은 온라인 판매로 소매업이 변화하고 무인 계산대가 일반화하여 매장 내 고용을 많이 감소시킨 이전의 디지털 변화에 기반한다. AI는 이 논리를 확장하여 다운로드한 애플리케이션과 스캔한 제품만으로 운영되는 직원 없는 자동화된 소매점을 만드는 데 이른다. 이러한 기술은 스웨덴에서 개척되었는데, 처음에는 스웨덴 외딴 지역의 식료품점에서 사용되었다(Prindle 2016). 이러한 기술은 스웨덴 기업을 통해 중국에 진출했는데(Sun 2017), 중국에서는 위챗과 같은 서비스를 통해 일상적인 쇼핑을 위한 휴대전화 결제가 대중화되고, 비교적 낮은 기술 기반의 무인 계산대로 운영되는 무직원 매장이 일반화되었다. 이 기술의 북아메리카 버전은 우리가 앞서 논한 것처럼 휴대전화 애플리케이션, 자동 스캔, "인공지능과 컴퓨터 시각을 결합하여 구매자의 얼굴과 가방 속 물품을 일치시켜 계산대를 완전히 없애는" 아마존의 고 매장에서 처음으로 선보여졌다(Horwitz 2018). 이러한 체계에는 쇼핑객에게 "맞춤형 제안"을 제공하는 챗봇, 자동으로 재고를 파악하는 냉장고 및 기타 스마트 홈 기기의 사물인터넷 배송 주문이 포함될 수 있다(Sun 2017 ; Pirrone 2018). 이미 대규모 컴퓨터 재고 관리 체계로 유명한 월마트는 마이크로소프트와 협력하여 유사한 체계를 연구하고 있으며, 이는 미국 최대 단일 기업 고용주로서의 월마트의 지위를 고려할 때 노동 시장과 관련하여 함축하는 바가 큰 개발이다.

쇼핑에는 돈이 필요하며, 부채와 투기의 확장으로 특징지어지는 시대에 금융 기관은 AI를 가장 먼저 도입한 영역 중 하나였다. 기계학습 방식은 현재 "신용 상태 평가, 보험 계약의 가격 책정 및 마케팅에 대한 부정 적발, 고객 상호작용의 자동화를 위해" 널리 사용되고 있다(FSB 2017). 그런데 AI 자동화의 가장 눈에 띄는 사례를 제공하는 것은 금융 부문의 최상위 영역이다. 월스트리트 붕괴 당시, 주식 투자자들은 이미 고빈도 거래 알고리즘 행위자에 의해 극심한 손해를 입고 있었다. 그 이후로 도쿄·싱가포르·런던·홍콩의 증권 거래소는 거래장trading floor을 없앴다. 2018년에 이르면 주식 시장 거래의 약 10퍼센트만이 인간에 의해 능동적으로 수행되고, 40퍼센트는 뮤추얼 펀드[3]에 의해 계획된 "수동적" 거래이며, 나머지 50퍼센트는 기계학습을 통해 점점 더 많은 정보를 얻는 알고리즘에 의해 시행된다(Pearlstein 2018 ; Coles 2018). 2000년에 골드만삭스 주식 거래 부서에는 약 600명이 근무하고 있었는데 2016년에는 두 명을 제외하고 모두 "복잡한 거래 알고리즘, 일부는 기계학습 기능을 갖춘 알고

3. * mutual fund. 여러 투자자의 돈을 모아 전문가가 대신 주식·채권 등에 투자하는 펀드.

리즘"(Byrnes 2017)으로 대체되었다. J.P. 모건은 AI에 집중할 계획을 밝혔고(Terekhova 2017), 이 재조직화를 감독하기 위해 마이크로소프트에서 기계학습 전문가를 영입했다(Kolanovic and Krishnamachari 2017). 한때 "우주의 주인"이었던 이들은 자신들이 만드는 데 일조한 도구에 의해 잡아먹히고 있었다(Byrnes 2017).

금융 조작의 고지에서 일상적인 하루살이의 심연으로 내려오면 우리는 AI가 사회적 재생산과 관련해 수행하는 역할에 도달하게 된다. 알고리즘 프로파일링은 대출·보험·의료 청구·구직 신청에 대한 기업 및 정부의 의사결정 어디에서나 볼 수 있다. 이는 임금 노동의 주변부 또는 바깥에 놓인 사람들, 즉 실업자 예비군과 AI 자동화로 인해 확대될 가능성이 큰 과잉인구에 특히 가혹하게 적용된다. 캐시 오닐(O'Neill 2016 [2017])이 입증한 것처럼, 의도적이든 의도적이지 않든 이러한 기계적 결정은 우편번호를 통해서든, 민족성을 통해서든, 젠더를 통해서든, 신용 기록을 통해서든, 빈곤과 불안정의 조짐을 보이는 모든 것을 지속해서 차별한다. 버지니아 유뱅크스(Eubanks 2017 [2018])는 복지 혜택·공공 지원 주택·가족 돌봄 개입을 관리하기 위해 자동화된 의사결정 도구를 사용하는 것이 신청을 거부하거나 저지하고, 수혜자를 경찰 조사 대상에 올리며, 행동 패턴과 과거 연관성을 바탕으로 낙인을 찍는 AI 관리 "디지털 빈민촌"을 구축하는 방식을 문서화한다. 이러한 통제의 필연적 결과들은 잘 문서화되어 있는데(Larson et al. 2016 ; Lum and Isaac 2016 ; Ensign et al. 2017), 이에 따르면 예측적 치안 활동과 판결에 AI를 도입하는 것은 인간의 편향성을 줄이는 것으로 홍보되지만, 실제로는 이전의 사법 및 경찰 인종차별 패턴을 알고리즘적으로 지속하고 증폭시키며 "종잡을 수 없는 피드백 고리"를 형성한다(Reynolds 2018). 이것은 기계학습, 특히 딥러닝이 자본의 손아귀에 넘어가 다양한 등급의 영구적이고 불안정한 잉여 노동력을 선별·분리·규제하는 전례 없이 엄격하고, 포괄적이며, 재귀적으로 자기-긍정적인 수단, 즉 프롤레타리아 분해의 기구가 되는 좀 더 일반적인 과정의 첨예한 말단이다(Impett 2018).

현재 종말이 진행 중인가, 아니면 어제와 같은 오늘이 계속될 것인가?

앞서 살펴본 바와 같이, 맑스는 기술적 실업을 자본과 노동의 갈등 속에 동원되는 하나의 무기로 파악했다. AI 자동화가 고용에 미치는 영향에 관한 문제는 계급 구성 분석에서 핵심적이다. 지난 10년간 부르주아 경제학자와 기술자들 사이에서 이 주제에 관한 논쟁이 격렬하게 벌어졌다. 하지만 맑스와 달리 이 주류 논쟁의 참가자들 중 누구도 자본주의의 파괴를 원하지 않는다. 반대로 모두가 자본주의를 보존하기를 열망한다. 우리가 "현재는 AI 종말이 진행 중"이라고 부르는 입장을 지지하는 사람들은 임박한 일자리 위기로 인해 체계를 구하기 위한 긴급 조치가 필요하다고 생각하는 반면, "어제와 같은 오늘"의 주창자들은 역사적 선례를 들어 노동시장이 상대적으로 사소한 고용 충격만을 받으며 AI에 적응할 것이라고 주장한다.

AI 종말 버전은 종종 마틴 포드(Ford 2009 ; 2016) 같은 컴퓨터 과학 배경을 가진 미래학자들에 의해 제시된다. 그는 자본주의가 증기 기관에서 전력, 초기 컴퓨터화에 이르기까지 연쇄적인 기술 변화의 물결을 통해 고용을 유지해 왔음을 인지한다. 그럼에도 불구하고, 포드는 AI 및 다른 4차 산업혁명 기술들이 무어의 법칙에 기반한 기하급수적인 개선 속도와 여러 분야에 걸친 적용 가능성이라는 점에서 다르다고 주장한다. 이전의 기술적 변형은 한 산업에서 다른 산업으로 천천히 이동했다. 포드는 AI 자동화가 여러 산업에 거의 동시적으로 도입될 것이며 "인더스트리 4.0" 제조업에서 일자리를 잃은 노동자들은 콜센터에서도 AI 자동화로 인해 일자리를 찾을 수 없게 될 것이라고 말한다. MIT 컴퓨터 과학자 에릭 브린욜프슨과 앤드루 맥아피(Brynjolfsson and McAfee 2014 [2014])는 디지털 자동화가 현재 일상적인 육체노동의 "블루칼라" 업무를 넘어 저널리즘·광고·법률·의료·기타 중산층 전문직과 같은 "화이트칼라" 직종으로 확장되고 있는 방식을 강조하면서 유사한 논증을 세웠다. 자본이 살아남기 위해서는 보편적 기본소득 또는 시민 임금 도입을 비롯한 근본적으로 새로운 사회 정책이 필요하다(이는 이 책의 결론에서 논의하는 발상이다)는 것이다. 이러한 예언은 2013년 옥스퍼드 경제학자 칼 프레이와 마이클 오스본의 연구로 입증된 것처럼 보였는데, 이 연구는 관례적으로 미국의 일자리를 분류하는 702개의 직종 중 47퍼센트가 20년 이내에 "컴퓨터 자본으로 대체될 가능성이 크다"라고 제시했다. AI인 왓슨의 〈제퍼디〉[퀴즈쇼] 우승과 구글의 알파고에 의한 이세돌 9단의 패배와 같은 AI의 위업에서 나온 이 연구는 미래의 로봇 군주에 대한 친사를 전염성 강한 문화적 밈으로 만드는 데 일조했다.

이에 반대하여, '어제와 같은 오늘' 입장은 전문 경제학자들에 의해 옹호되었다(Autor 2015). 대개 이 입장은 좁은 AI의 주된 성과가, 형식화된 그리고/혹은 예측 가능한 상황에서 드러난다고 제시한다. '어제와 같은 오늘' 이론가들은 이러한 한계가 자율주행 자동차와 같은 기술이 직면한 규제 문제와 함께 AI 도입을 지연시키며, 따라서 갑작스러운 전반적 위기를 초래할 개연성은 거의 없다고 주장한다. 더 중요한 것은, 자동화가 일부 일자리를 파괴하면서도 다른 일자리를 창출한다는 점이다. 이러한 새로운 일자리 일부는 AI를 만드는 데이터 과학자나 미세노동자와 같이 자동화 기술을 구축하는 산업에서 창출된다. 그런데 심지어는 AI가 자동화하는 산업에서도 새로운 고용 기회가 생겨난다. 따라서 자율주행차는 트럭 운전사와 택시 운전사를 쓸모없게 만들 수도 있지만, 하드웨어와 소프트웨어를 설계하는 기술자와 "고객의 전화를 받고, 차를 청소 및 수리하며, 고화질 지도를 … 업데이트하는"(T. Lee 2018) 노동자의 일자리를 창출할 것으로 예상된다. 기업은 경쟁력을 유지하기 위해 가격 인하라는 형태로 소비자에게 일부 이득을 돌려야 하며, 이는 실질 소득 수준을 높이고 소비를 촉진하며 고용을 늘릴 것이다. 자동화의 "전치 효과"displacement effect — AI로 인해 일자리를 잃은 노동자 — 는 노동 수요의 증가에 따른 "소득 효과"로 상쇄될 것이다(Hawkesworth, Berriman, Goel 2018). '어제와 같은 오늘'의 옹호자들은 "어려운 전환"difficult transition이 될 가능성을 인정하고 "승자와 패자가 있을 것"이라는 말을 되풀이하지만, 그 전반적인 메시지는 AI로 인한 일자리 감소는 제한적이며 기술 업그레이드로 해결할 수 있으므로 자본주의는 침착하게 계속 나아가야 한다는 것이다.

몇 년 동안의 격렬했던 논쟁은 잘 짜인 공연이 되었다. 2018년, BBC는 시티오브런던[영국 런던의 금융 중심지]을 대상으로 실시한 연구에 따르면 향후 20년 이내에 영국 수도 일자리의 3분의 1이 기계에 의해 수행될 것이며, 100만 명을 고용하는 도소매 판매·운송·보관·식품 산업이 큰 타격을 받을 것이라고 보도했다(Kulka and Brown 2018). 영국 은행의 수석 경제학자 앤디 홀데인은 이 주제에 관해 인터뷰하며 "4차 산업혁명"은 증기 기관·전기·초기 컴퓨터화가 가져온 변화보다 "훨씬 더 큰 규모"일 것이라고 선언했다. 이러한 산업

혁명들은 "많은 사람이 오랫동안 일자리를 잃고 생계를 위해 고군분투하는 … 비통하고 장황한 영향"을 가져왔지만, 그 영향은 "기계가 인간의 인지 능력과 전문적 능력을 모두 대체하여 사고하고 행동할 때" 더욱 심각해질 것이다(Morrison 2018). 『가디언』의 기자 사이먼 젠킨스(Jenkins 2017)가 곧바로 「로봇이 우리의 일자리를 빼앗을지도 모른다? 어리석음의 극치」라는 기사로 이에 응답했다. 젠킨스는 의료와 교육 같은 영국 사회 서비스가 지닌 고질적인 노동력 부족을 지적하며 AI 대량 실업에 대한 두려움은 터무니없다고 선언했다. 신기술은 일부 활동을 기계화하지만, "역사를 통틀어" 노동 시장은 변화하고 "사람들 — 혹은 그 자손들 — 은 재훈련을 하게 될 것이다." "단기적 혼란"은 "경제사의 현실"이었지만, "새로운 필요와 일자리가 생겨나면서 우리는 생존하고 번영했다." 또 다른 산업혁명은 "본질적으로 인간관계를 포함하고", "로봇이나 기계가 할 수 없는 서비스" 노동 시간을 확보할 것이다. 젠킨스는 경제학자들이 "AI가 노동자들을 경험경제로 끌어들이는 것을 환영하는" 편이 더 나을 것이라고 결론짓는다.

두 가지 경합적 입장이 처음 윤곽을 드러낸 이후로 예측 연구가 잇따랐다. 일부는 〈경제협력개발기구〉(OECD 2016 ; Arntz, Gregory, Zierahn 2016 ; Nedelkoska, Quintini 2018) 또는 〈세계경제포럼〉(WEF 2016, 2017)과 같은 자본의 엘리트 자문 기관에서 생산·의뢰·발행되었고, 다른 일부는 맥킨지 연구소(Manyika et al. 2017)·프라이스워터하우스쿠퍼스(PwC 2017 ; Rao and Verweij 2018 ; Hawksworth, Berriman and Goel 2018)·가트너(Gartner 2017) 같은 AI 관련 기회에 흥미가 있는 민간사업 자문회사에서 발행되었다. 다른 일부는 노동법을 다루는 법률 협회들(Wisskirchen et al. 2017)·〈국제노동기구〉(Chang and Huynh 2016)·빈곤 퇴치 단체들(Boston Consulting Group-Sutton Trust 2017)에서 나왔다. 또한 독립적인 학술 연구도 많이 진행되었다.[4] 이러한 연구의 범람은 어떤 측면에서는 정교한 분석이 되기도 하고 어떤 측면에서는 사태를 더 혼란스럽게 만들기도 했다.

일반적으로, 프레이와 오스본(Frey and Osborne 2013)의 연구처럼 일자리 전체를 대체하는 것으로서의 AI에 초점을 맞춘 연구는 하나의 직종 내부에서 자동화에 취약한 개별 업무들을 좀 더 세밀하게 분석하는 접근으로 대체되어 왔다. 이는 AI가 인간의 노동을 완전히 대체하기보다는 보완하거나 강화할 가능성을 허용한다. 사람들이 선호하는 사업 전문용어로 표현하자면, 이 가능성은 "자동화"가 아닌 "증강"이다. 이어서 OECD의 연구는 자동화로 인해 위험이 임박한 고용 비율을 종말론적인 수치에서 단순히 경고 수준에 해당하

---

4. 그 예시로는 Agrawal, Gans and Goldfarb 2019에 수록된 'The Economics of Artificial Intelligence : An Agenda', 13~14 September 2017, National Bureau of Economic Research 참조 (https://www.nber.org/books/agra-1에서 이용 가능).

는 수치로 줄였다. 이는 전체 회원국의 14퍼센트로 6,600만 개 이상의 일자리에 해당하며, 다른 33퍼센트는 자동화로 인해 "심각한 구조조정"을 겪는다. "1950년대 디트로이트의 자동차 산업 쇠퇴로 인한 지역 경제 혼란의 몇 배에 달할 것"이라고 저자들은 말하지만, 미국에서는 불과 9퍼센트 혹은 약 1,300만 개의 일자리가 AI에 취약한 것으로 분류된다(Nedelkoska and Quintini 2018). AI가 창출하는 고용 기회에 대한 다양한 추정치를 고려한다면 이러한 그림에 대한 추가 수정이 필요해진다. 일부는 4차 산업혁명 기술의 귀결로 전반적인 고용 증가가 초래될 것이라고 전망하기까지 했다. 그러나 그들은 여전히 순 일자리 감소의 가능성을 인정하는 경우가 많다(Arntz, Gregory and Zierahn 2016 ; Economist 2016a ; Nedelkoska and Quintini 2018 ; Acemoglu and Resteropo 2018).

대체 가능성이 가장 큰 직업 유형에 대해서도 반전이 있었다. AI 종말론의 주요 주장 중 하나는 (그리고 냉소적으로 말하자면, 이 주제가 유명한 하나의 이유이기도 할 것인데) 육체노동 일자리뿐만 아니라 정신적인 "중산층" 일자리도 위협을 받고 있다는 것이다. 그럼에도 불구하고, 최근의 연구들은 정형화된 일이 가장 즉각적인 위험에 처해 있다고 강조한다. 일반적으로 운송 기사·행정 보조원·계산원·카운터 및 대여 점원·텔레마케터·회계사가 가장 큰 위험에 처해 있으며, 중산층 일자리 중에서 자동화가 가장 많이 진행될 것으로 예상되는 직업은 "준법률가·급여 관리자·경리" 같은

"준전문직"과 고급 교육 자격이 없는 사람들에게 전문 산업으로 진입하는 길을 제공한 "준행정직"이라는 점이 합의된다(Vincent 2017).

AI로 인한 자동화의 지리적 분포도 마찬가지로 논쟁의 대상이 되고 있다. 많은 연구가 "평균 임금 상승이 자동화를 장려하기 때문에" 선진국 경제가 가장 큰 타격을 받을 것으로 예상한다(Manyika et al. 2017). 다른 연구들은 행성적 공장이 덜 발전된 지역에서 AI가 가장 극적인 영향을 미칠 수 있다고 주장하는데, 왜냐하면 그곳에는 정형화된 산업 일자리가 더 많기 때문이다(Kinder 2018). 〈국제노동기구〉의 연구(Chang and Huynh 2016)는 캄보디아·인도네시아·필리핀·태국·베트남의 1억 3,700만 명 이상의 노동자가 자동 재봉과 컴퓨터 비전[5]을 결합한 "재봉봇"sewbot과 같은 기계로 대체될 위험이 큰 것으로 추정한다(Larson 2018). 이러한 "조기 탈산업화"(Rodrik 2015)는 자본주의 발전 모델을 위태롭게 하며, 기계에 드는 비용과 인간에 드는 비용 사이의 "바닥치기 경쟁"을 통해 "수백만 개의 일자리를 말살하고 동남아시아 전역에 불법 거래와 노예제를 현저히 증가시킬" 위협이 된다(Kelly 2018). 선진 자본주의의 중심지에서 일어나는 일자리 손실의 지리적 분포도 고르지 않을 것이다. 미국에 초점을

---

5. * computer vision. 이미지나 동영상에서 의미 있는 정보를 인식, 분류, 처리하는 AI의 한 분야.

맞춘 프랭크와 그의 동료들(Frank et al. 2018)의 연구에 따르면, 대도시는 자동화의 위험이 적은 인지적 또는 분석적 특징을 가진 직업이 불균형적으로 많은 반면, 소도시의 일자리는 소매업이나 요식 서비스업의 점원직과 같이 정형화된 직업이 많으므로, AI 자동화로 인한 일자리 손실은 소도시에 가장 안 좋은 영향을 미친다.

AI와 일자리에 대한 매우 사변적인 논쟁은 경제적 조건의 변화에 따라 색깔이 변한다. AI 종말론은 2008년 금융위기의 여파로 인한 높은 실업률 속에서 주된 영향력을 가졌다. 10년 후, 경기 회복이 공표되고 고용 수준이 회복되자 (적어도 미국에서는) '어제와 같은 오늘' 전문가들이 자신감을 되찾았다. 4차 산업혁명의 충격적 효과에 관한 가장 최근의 경영 보고서와 정책 자문의 어조는 "부정"도 "멸망"도 아닌 "벽"daunting으로, 노동자 재훈련을 위한 마셜 플랜 규모의 주요 프로젝트에 관한 논의가 이루어지고 있다. 따라서 거대한 불확실성이 AI와 일자리 논쟁을 계속 따라다니고 있다. 그러나 완곡한 표현과 약속 뒤에는 대규모 부문별 일자리 손실과 고질적 불안정으로 감싸인 프롤레타리아적 비통의 세계가 펼쳐질 가능성이 아른거린다. 그리고 AI와 관련된 새로운 일자리 창출에 관한 가장 낙관적인 추정에서조차도, AI가 계급 관계에 가져올 영향이라는 다른 중요한 물음을 남겨 놓으며, 우리는 이제 이 주제에 주목할 것이다.

감시, 불안정성, 양극화, 프롤레타리아 교육

발레리오 데 스테파노(De Stefano 2018)가 지적한 것처럼, AI 관련 일자리 감소 및 창출에 관한 논의는 질적 고용 문제보다는 양적 고용 문제에 초점을 맞춘다. 취업 예비군 규모는 계급 분해와 재구성에 영향을 미치지만, 관리 기술, 노동의 공간과 시간성, 노동력 내 분업, 노동력이 스스로 재생산하기 위해 거치는 훈련과 교육의 형태에도 영향을 미친다. 한 논평가의 지적처럼, "로봇이 더 많은 일자리를 창출한다는 점은 참일 수 있지만 … 그 일자리가 자동화로 인해 사라지는 일자리보다 덜 좋고 급여도 낮다면 어떻게 될까?"(Elliott 2017). 우리는 감시panoptics, 불안정성, 양극화, 프롤레타리아 학교 교육이라는 네 가지 사항을 고려한다.

"직장에서의 인공지능"을 다룬 『이코노미스트』(Economist 2018) 보고서의 표지에는 "AI 첩자"라는 표제 아래 미세노동자들을 비추는 거대한 사무실 램프가 그려져 있다. 디지털 기술은 직장에 "새로운 테일러리즘"(Salame 2018)을 가져왔으며, 업무의 탈숙련화가 알고리즘적 관리와 융합되고 그것은 서류판을 들고 다니는 감독관보다 훨씬 더 성능 좋은 직장 감시 기능을 수반한다. 피비 무어와 그녀의 동료들(Moore et al. 2018)은, 사회성 측정 배지sociometric badge·키보드 카운터·이메일 스캔·위치 추적·동작 센서·음성 및 얼굴 인식 기술을 통해 시시각각 변화하는 효율성과 기분을 탐지하는 것이 이제 직장에서 어떻게 정상적인 것이 되었는지를 상세히 설명한다. 기계학습 기반 "인재 분석"People Analytics은 소셜 미디어 기록을 바탕으로 직원을 검사하고 선별하기 위해 AI 도구를 활용하고 챗봇에 인터뷰를 위임하는 기업 인사 부서의 새로운 집착이다(Buranyi 2018). 이러한 데이터를 바탕으로 AI는 노동자의 "생산성 및 특정 작업 실행 적합성"을 평가하는 방식이 된다(De Stefano 2018 : 7). 이러한 디지털로 "정량화된 노동자"의 탄생은, 노동자들의 성과·건강·정신 상태에 관한 유익한 정보를 제공해 자발적 자기계발과 "웰니스"wellness를 증진시킨다는 명분으로 진행되었다. 업무용 착용 기기를 제공하는 기업들은 이를 "인간화" 기술로 마케팅하고 있다. 그러나 이는 "무한한 노동자 감시" 기술을 통해 관리 권력이 명백히 강화되었다는 점을 그다지 은폐하지 못한다(Ajunwa, Crawford and Schultz 2017).

주로 이러한 감시가 직원들에게 가하는 스트레스·모욕·침해에 관해 우려하는 무어와 동료들(Moore et al. 2018)은 "심층 자동화"에 회의적이며, 심층 자동화의 돌발적 도래에 대비한 경제적·기술적·사회적 장벽을 강조한다. 하지만 이러한 모니터링은 AI 개발의 한 찰나에 불과하다. 알파고가 바둑이라는 고대로부터 이어져 온 게임에서 이세돌 9단을 상대로 이길 수 있었던 것은 수천 시간 동안의 과거 인간 대국을 디지털로 소화한 덕분이었던 것처럼, 노동자의 실적을 기록하는 것은 설령 규율적 목적으로 시작되었더라도 노동을 기계 형태로 새롭게 변형시킬 수 있는 길을 연다. 자율주행 차량은 수십만 시간에 달하는 인간 운전의 디지털 기록에 의존한다. 콜센터 직원의 기록은 음성 분석 소프트웨어의 기초가 되며, 처음에는 직원의 업무를 보완하고 이후에는 대체한다. 아마존 주문 이행 센터의 로봇화는 인간 "앰봇"에 대한 전자 감시에서 시작되었다. 2018년에 기업은 피커의 손과 재고의 위치를 모니터링하기 위해 초음파 소리 파동과 무선 신호를 방출하는 손목 밴드 추적 장치와 관련된 두 개의 특허를 승인받았다. 이 장치는 올바른 물품 쪽으로 작업자를 "유도"하기 위해 "촉각 피드백"을 제공한다(Yeginsu 2018). 이러한 특허에 대한 보도는 작업자의 사생활과 능률 촉진에 대한 대중의 항의를 불러일으켰지만, 손목 밴드, 혹은 좀 더 광범위한 모니터링 기기가 피커를 로봇으로 대체할 수 있는 길을 열 수 있다는 점 또한 분명하다. 『이코노미스트』(Economist 2018)는 직장 모니터링과 작업자 대체 사이의 유기적 연결고리, 그리고 그에 수반되는 AI 개발과 감시 사이의 유기적 연결고리를 통해 AI 직장이 당장 직원 수를 줄이지는 않겠지만 "점점 더 음흉해질 것"이라고 결론을 내렸다.

불안정 고용은 21세기 자본주의에서 가장 많이 논의되는 노동의 특징 중 하나다. "불안정성"에 대한 정의는 다양하지만, 아르바이트·임시직·자영업이 포함되는 경우가 많으며, 2008년 금융 위기 이후에 부상한 것으로 여겨진다(Standing 2011 [2014]). 이는 독립 계약자로 지정된 노동자들이 연금·혜택·기타 규제 보호 없이 종종 저임금으로 일하는, 우버·리프트·태스크래빗·업워크·클릭워크·미케니컬 터크와 같은 온라인 플랫폼을 통해 조직된 "긱 경제"gig economy의 성장에 특히 주목한다(Hill 2015, Kessler 2018 [2019]). 노동 정치의 일부 분석가들은 "긱"의 규모가 과장되었다고 주장한다(Henwood 2018b ; Moody 2018b). 이러한 관점에 따르면 오늘날 노동자가 시달리는 진정한 문제는 불안정성이 아니라 여전히 고용의 가장 큰 부분을 차지하는 정규직 일자리에서 임금이 낮은 수준에 정체되어 있고, 생활비는 상승하며, 노동 조건 또한 열악하다는 데 있다. 노동자가 불안정한 직업으로 저임금 정규직 일자리를 보완할 수 있다는 점에서 이 두 가지 관점은 아주 모순되는 것은 아니다.

AI와 불안정 노동 사이에는 연관성이 있다. 앞서 살펴본 바와 같이, AI는 온라인 미세노동에 의존한다. 게다가, AI는 플랫폼 자본주의가 비정규직 노동자들을 조직하고 그들의 수적 규모·수입·일정을 수요에 맞게 조정하여 "노동 패턴의 비정규직화와 일자리 및 소득 불안정성에 기여"하는 데 사용하는 알고리즘 관리에도 중요하다(De Stefano 2018). 우버는 "우버의 DNA에는 기계학습"이 있다고 묘사하는 기업이다(Reese 2016a). 2014년과 2015년에 우버가 빠르게 확장하던 당시, 우버에는 매달 최대 5만 명의 드라이버가 추가되었는데, 이는 관리자가 일정을 세우고 감독할 수 없는 숫자였기 때문에 "가상 관리 체계가 구축되어야만 했다"(Caddell

2017). 이 기업은 "점수 체계·성과 목표 및 정책·알고리즘적 가격 상승 현상 〔그리고〕 지속적인 메시지 및 행동 유도"를 제공하는 다양한 자동화된 관리 도구로 그 격차를 메웠는데, 이는 "운전자가 특정 장소와 특정 시간에 일하도록 유도하며", 알렉스 로젠블랏(Rosenblat 2016)이 지적한 바처럼, "운전자가 중립적인 중개 소프트웨어 플랫폼을 통해 직업 기회가 마련된 독립적 노동자라는 주장을 복잡하게 만드는" 체계다. 2016년부터 우버는 이러한 알고리즘 관리 도구들을, "데이터 관리에서 훈련·평가·모델 배포·예측·예측 모니터링에 이르기까지 기계학습 작업 흐름의 모든 단계를 다루도록 설계된" 자체 제작 "미켈란젤로" 기계학습 체계 내에 통합했다(Hermann and Del Baso 2017). 미켈란젤로 프로젝트의 발전 경로가 논리적으로 도달하게 될 종착점은, 자율주행차용 소프트웨어를 공급하겠다는 우버의 야심이 실현되는 순간일지도 모른다. 이 경우 수십만 명의 불안정한 자영업 운전자로부터 수집된 데이터는 AI 운행 자율주행차에 흡수될 것이다.

AI가 증폭시킬 세 번째 현재 경향은 "고급" 일자리와 "저급" 일자리 사이의 양극화이다. 1950년대 이후로 미국에서 현저했던 이러한 궤적은 디지털 자동화와 외부 의탁으로 인해 "중간 수준의 일상적" 일자리가 사라지고 고임금 인지노동이나 저임금 육체노동이 선호되면서 더욱 심화하였지만, 두 영역 모두 임금과 조건에 대한 하방 압력을 받고 있다(Autor and Dor 2013 ; Beaudry, Green, Sand 2013 ; OECD 2016 ; Elliott

2017). 미국 노동부(US Department of Labor 2015)의 2024년 직업 전망은 "컴퓨터 및 수학 직종"을 가장 빠르게 성장하고 급여가 가장 높은 직업 분야 중 하나로 꼽았다. AI 자본은 (적어도 자체 자동화 기능이 나타날 때까지는) 이러한 성장에 기여할 것인데, 이러한 성장에는 기계학습을 직접 프로그래밍하는 것뿐만 아니라 그것이 의존하는 빅데이터를 제공하는 소셜 미디어·애플리케이션·센서의 코딩도 필요하기 때문이다. IT 직종의 미국 전국 평균 연봉은 약 8만 1천 달러(전체 직업 평균의 2배 이상)며, 이 분야는 "2014년부터 2024년까지 대부분의 다른 직종보다 빠르게 12퍼센트 성장할 것이다"(US Department of Labour 2015). 그러나 코딩 노동은 개인 간병 업무·간호 및 의료 지원·소매 판매·음식 서비스 등 임금이 연 2만 달러대인 직종에 비해 성장률이 낮으며 그 수도 절대적으로 작다(US Department of Labour 2015; Henwood 2015). 이는 미래의 노동력이, 다른 중간 수준 일자리를 코딩으로 사라지게 만드는 프로그래머들과, 자동화하기에는 비용이 지나치게 낮으면서 동시에 인간적으로 지나치게 복잡한, 예컨대 고령 인구 돌봄과 같은 업무를 떠맡는 노동자들로 분할될 것임을 시사한다. 그러나 이는 섹스봇과 로봇 교사의 가능성이 임박했다는 걷잡을 수 없는 판타지를 막지는 못한다. 이러한 꿈과 악몽은 고령화 인구 문제가 특히 심각하고 자동기계의 문화적 수용이 상대적으로 쉬운 일본의 노인 요양 시설에서 실현될 수 있다. 간병인을 보조할 잠재적 도구로서의

"소셜 로봇"의 개발은 정부 지원 산업 연구의 초점이었으며(Kyung-Hoon 2018), 일본 대중은 "성장하는 국가의 요양원 네트워크에서 끝없이 밝은 미소를 지으며 일하는 사회생활을 지향하는 … 외골격·사물인터넷 기계·휴머노이드 또는 동물형 로봇"(Lewis 2017)에 대한 지속적 홍보에 노출되었다. 다른 지역에서는, 적어도 개인 간병인의 임금이 낮은 수준을 유지하는 동안에는 이러한 궤적이 느리게 진행될 것이다.

이러한 양극화에는 젠더화되고 인종화된 차원이 있다. 디지털 자동화의 초기 물결은 그것이 제조업 직종에 미치는 영향으로 인해 특히 남성에게 큰 타격을 입혔다. "정보 혁명"은 종종 여러 노동 분야에 여성이 점진적으로 진출하는 데 기여한 원인으로 인용된다. 그러나 AI로 자동화될 가능성이 큰 많은 직업은 행정·비서·영업·고객 서비스 업무 등 전형적으로 여성이 담당하고 있으며, 소프트웨어 공학은 남성화되어 있다(Howcroft and Rubery 2018). 북아메리카에서는 컴퓨터 과학을 공부하는 여성의 수가 정체되거나 감소하고 있으며, 영국에서는 컴퓨터 과학 학생 5명 중 1명만이 여성이다. "남성은 STEM(과학·기술·공학·수학) 능력에 대한 막대한 수요 증가로 인해 불균형적으로 혜택을 받을 것"으로 보인다(Boston Consulting Group-Sutton Trust 2017 : 21~2). 실리콘밸리 기업들은 "브로그래밍"brogramming 문화[남성화된 프로그래밍 문화]를 넘어서지 못했을 뿐만 아니라 인종적 격차도 드러냈다. 미국 고용기회평등위원회의 보고서에 따르면, 기술 부문 일자리 중 히스패닉계는 8퍼센트, 아프리카계 미국인은 7.4퍼센트, 여성은 36퍼센트에 불과했다(USEEOC 2016). 이러한 패턴은 알고리즘 채용 도구에 의해 강화될 수 있다. 2018년에는 주로 남성의 이력서로 훈련된 아마존 AI 채용 기술이 "남성 후보가 더 낫다고 스스로 효과적으로 학습"한 결과, 놀랍지 않게도 여성에 대한 내적 편향을 발전시키게 되었다는 보고가 있었다(BBC 2018b). 이 체계가 폐기된 것은 첨단 기술 성차별에 대한 인식과 저항이 커지고 있음을 반영하지만, 아마존 AI는 고립된 예시가 아니다. 링크드인(Reese 2016b)과 구글(Gibbs 2015)의 자동화된 채용 과정에 대한 분석도 유사한 성차별적 편향을 제시한다. 스펙트럼의 다른 극단에서, 가장 빠르게 성장하는 저임금 서비스 직종 중 상당수는 여성과 소수자들로 강하게 대표되는 직종이다. 따라서 AI 자본은 젠더화되고 인종화된 새로운 노동 차별의 시발점이 될 수 있다.

AI 자동화에 맞서 살아남을 수 있는 길은 교육이라는 보편적 합의가 존재한다. 새로운 AI 관련 직종을 위한 "재숙련"은 전체 노동력의 거시적 수준에서는 쉽게, 그리고 가볍게 제시될 수 있겠지만, 개별 노동자의 미시적 운명에 대해서는 그렇게 쉽게 말할 수 없을 것이다. 기술 실업자들은 프로그래밍 기술과 컴퓨터 소양을 업그레이드해야 한다는 것이 자본주의의 엉터리 처방이다. 저임금 노동이 넘쳐났던 2008년 금융 위기 이후의 경기 침체라는 맥락에서, 기업들은 관련 기술을 가진 신규 인력을 고용하는 편이 더 저렴하다는 이유로 교육을 포기하는 경우가 많았다. 이러한 노동 시장에서, 노동자와 실업자는 신자유주의 정책으로 인해 교육에 대한 접근성이 급격히 계층화된 바로 그 시점에 비용이 많이 드는 업그레이드 노력을 수행해야 한다. 미국에 관해 댄 셰완(Shewan 2017)은 다음과 같이 말한다.

> 카네기 멜런 대학교와 같은 사립 학교는 … 학생들에게 최첨단 로봇 공학 실험실을 제공할 수 있지만, 로봇으로 인해 일자리를 잃은 노동자들이 강제로 의존할 수밖에 없는 교육 프로그램을 제공하는 커뮤니티 칼리지와 직업 학교는 그렇지 못하다. 충격적인 학자금 부채와 점점 더 불안정해지는 취업 시장으로 인해 많은 젊은이가 자신의 선택을 재고하고 있다. 대부분의 40대와 50대 노동자에게 수만 달러의 빚을 지고 사립 대학의 전통적인 4년제 학위 프로그램에 진학한다는 것은 상상도 할 수 없는 일이다.

이 문제에 대한 개념적 해결책으로는 "대규모 공개 온라인 강좌, 업계에서 인정하는 자격증을 제공하는 … 경력 중심의 나노학위[6], 몇 달 동안 취업에 필요한 IT 기술을 가르치는 코딩 부트 캠프"가 있다(Kinder 2018). 그러나 현재 "이러한 프

---

6. * nanodegree. 수개월 내 특정 직무 기술만 집중적으로 가르치는 초단기 직무형 자격 과정.

로그램은 이미 고학력자이거나 디지털에 정통하고 첨단 기술을 습득하여 자신의 고용 가능성을 더욱더 높이고자 하는 사람들이 주로 이용한다. 노동 시장 하층에 있는 노동자들은 이러한 프로그램을 거의 이용하지 않는다"(Kinder 2018). 이러한 문제는, AI가 지배적인 상황이라는 맥락에서 "기술 변화의 속도는 이러한 기술을 빠르게 습득할 것을 요구하지만 동시에 해당 기술의 '전성기'half-life가 짧아져 더 빨리 쓸모없어지고", "지속적인 재숙련과 기술 향상이 필요해짐에 따라 교육과 개인 발전에 필요한 비용과 시간이 증가할 것"이기 때문에 더욱 심화할 것이다(Boston Consulting Group-Sutton Trust 2017). AI로 인한 일자리 순손실과 관계없이 AI가 가져올 불안정성·노동 시장 양극화·일자리 구조조정 문제들의 결합은 직장 조직화·첨단 기술 노동의 새로운 엘리트와 저임금 또는 실업자 간의 격차 심화·대부분의 사람이 겪을 교육 및 훈련에 대한 스트레스와 비용 증가라는 더 큰 어려움을 가져오게 될 것이다. 그것은 또한 사람들이 정치적 문제들에 관해 생각하고, 소통하고, 상호작용하는 방식에 더 광범위하게 영향을 미칠 것이며, 우리는 이어지는 절에서 이 점에 관해 다룬다.

네트워크들을 문법화하기

비록 노동 계급의 구성과 분해는 직장에서 시작될 수 있지만, 그 구성과 분해가 직장을 넘어 확장된다는 것은 사회적 공장의 개념에 내재하여 있다(Notes from Below 2018a). 공장의 문 안에서 노동 계급은 테일러리즘과 점점 더 발전하는 자동화 기술에 의해 분해되었다. 이러한 탈숙련화 과정은 AI를 통해 계속되지만, 점점 더 유통·소비·사회적 재생산 영역으로 확장되고 있다. AI로 자동화된 사회적 공장의 효과를 설명하기 위해 우리는 베르나르 스티글러(Stiegler 2010 ; 2015 ; 2016 [2019])에게서 "문법화"grammatization 개념을 빌려왔다. 스티글러가 일하는 방식뿐만 아니라 생활과 사고방식에 관한 노동자의 지식에 영향을 미치는 탈숙련화, 즉 AI와 직접 관련되는 과정을 가리키기 위해 "문법화"라는 용어를 사용했기 때문이다.

스티글러에게 문법화는 "우리 현존을 엮어내는 흐름들과 연속성들이 이산화discretize하는 과정"이다(Stiegler 2010 : 31). 이 개념은 인간 활동의 여러 양상을 기록·분리·코드화하는 기술의 개발을 가리킨다. 음성을 문법 규칙에 따라 문자로 된 글로 번역하는 것은 이 과정 초기의 탁월한 예시다(따라서 "문법화"다). 그러나 스티글러의 용법에서 문법화는 (시각 및 청각) 감각 기관, (직장이나 집에서, 혹은 소비 중) 신체의 운동과 몸짓, 사회적 상호작용의 전체 패턴도 포함한다(Stiegler 2010 : 10 ; 2016 : 8 [2019]). 노동자를 자본에 종속시키는 방식으로 노동자의 지식을 기계에 이전함으로써 노동자를 탈숙련화하는 것은 (이전 장에서 언급했던) 프로레타리아의 문법화가 확대되는 과정의 초기 단계에 불과하다. 이 과정은 이후 소비의 자동화 — 문화 및 광고 산업의 시청각 기술에 의해 사람들은 소비자로 훈련되었다 — 로, 그리고 예를 들어 소셜 미디어와 빅데이터 분석을 통해 자동화된 지식인 인간의 자기-이해로 확산한다.

우리는 문법화를, 노동의 실제적 포섭이 맑스가 『경제학-철학 수고』에서 "삶-활동"life-activity이라고 불렀던 영역으로까지 확장된 것으로 이해해야 한다고 주장한다(Marx 2007 : 75). 기계학습이 포섭하는 것은 노동뿐만이 아니라 우리가 살아가는 방식과 관련된 좀 더 일반적인 인간 행동·소통·지식·기술이다. 이는 구매와 소비를 포함하며, 더 나아가서는 자본의 관점에서 볼 때 유통을 가속화하는 데 활용되는 우정·유쾌함·사랑 등의 사회적 관계를 포함한다. 스티글러(Stiegler 2010 : 45)가 말했듯이, 세 가지 유용한 프랑스어 문구, 즉 사부와르-페르savoir-faire(만드는 법과 하는 법을 아는 것), 사부와르-비브르savoir-vivre(삶을 영위하는 법을 아는 것), 사부와르-에트흐savoir-etre(존재하는 법을 아는 것)가 사회적 또는 행성적 공장 전체를 걸쳐 인간에게서 박탈된다. 최근 연구에서 스티글러는 이를 AI 및 빅데이터와 명시적으로 연관시키며, 그것들의 현재 형태로는 불만과 혼란에 찬 무능력한 주체성, 깊은 의미에서 "몽롱한"stupefied(Stiegler 2015) 주체성을 만들어 낸다고 제시한다. 스티글러에게 기계학습은 "개인 및 집단행동을 자동으로 예측하기 위해 … 상관관계를 계산하며, 또한 모든 숙고를 단축하고 건너뛰게 함으로써 그것을 유발하고 '자동-실현'한다"(Stiegler 2016 : 231 [2019]). 우리의 용어로 표현하자면, 기계학습은 분해 상태를 심화시킨다.

자본이 일거에 일상적인 사회적 관계를 재구조화하고 계급 구성에 중대한 영향을 미치는 가장 강력한 AI 개입을 행사하는 것은 소셜 미디어를 통해서다. 구글의 검색 순위 알고리즘과 네트워크화된 개인 관계에 대한 페이스북의 소셜 그래프는 지난 10년 동안 이러한 플랫폼 사용자의 활동을 디지털 프로필로 변환하여 광고주에게 콘텐츠를 타게팅하고 판매해 왔다. 이 기술이 어느 지점에서 AI의 영역으로 넘어가는지에 대해서는 논쟁의 여지가 있다. 알고리즘 처리 자체가 AI 효과의 대상이 되기 때문이다. 그러나 두 기업은 모두 두 가지 중요한 영역 — 자신의 성능을 개선할 수 있는 역량과 그로 인한 예측 신뢰도의 상승도 — 에서 자신들이 큰 진전을 이루고 있다고 주장한다.

페이스북은 2016년에 "FB러너 플로"FBLearner Flow, FBL라고 불리는 "스스로 개선하는 인공지능 기반 예측 엔진"을 공개했다(Biddle 2018). 이는 "위치·기기 정보·와이파이 네트워크 세부 사항·동영상 사용량·관련성·사용자와 친구의 유사성을 비롯한 친구 관계 세부 사항"에 기반한 "기계학습 전문 지식"을 활용하여 기업의 "핵심 사업 과제"를 해결한다. 'FB러너 플로'는 광고주에게 인구 통계와 소비자 선호를 기반으로 사람들을 타게팅할 수 있는 기능을 제공할 뿐만 아니라, 20억 명 이상의 사용자 기반[해당 서비스를 이용하는 전체 사용자 집단]을 검색함으로써 한 브랜드에서 경쟁사 브랜드로 이탈할 "위험이 있는" 수백만 명의 사용자를 탐지하고, 해당 사용자들을 "선점하여 그들의 결정을 완전히 바꿀 수 있는 광고로 공격적으로 타게팅"하도록 식별하는 "충성도 예측" 서비스를 제공한다.

자본이 AI에 기반하여 개인 소통을 문법화하는 또 다른 예시는 구글의 연합 학습Federated Learning 프로젝트다. 이는 2017년에 "탈중앙화된" 엣지 AI로 발표되었으며, "기계학습 모델이 사용자의 스마트폰에서 직접 훈련된다." 이제 구글은 애플리케이션을 통해 안드로이드 핸드폰에 AI 훈련을 위임할 수 있게 되었다. 이 AI는 사용자의 파일을 읽고, 디지털 프로필의 개인화를 개선하며, 이 정보를 광고 클라이언트에 전달하는 동시에 원본 데이터를 구글 서버에 저장하지 않고 핸드폰에 "그대로"intact 남겨둔다. 구글은 이 접근법의 사용자 개인정보 보호 이점을 제공하기로 선택했지만, 연합 학습은 기업에 더 많은 다른, 자기 본위적인 이점을 가져다주었다. 네트워크 연결에 의존하지 않고 사용자 기기에서 "로컬"로 기능하는 "탈중앙화된" AI는 "전력 소비가 적고 … 지연 시간을 최소화하며 기계학습 처리 속도를 높이고", 실제로 클라우드의 원격 서버로 실질적으로 수집할 수 있는 것보다 "**더 많은 사용자 데이터**"에 접근할 수 있다(Kulian 2017, 강조는 저자).

2008년 금융 위기의 여파로, 기업 소유 소셜 미디어의 영향력 증가는 사회적 반대 여론의 가능성을 확장하는 것처럼 보였다. 2011년에 터져 나온 점거·집회·폭동의 물결은 "페이스북(혹은 트위터, 혹은 유튜브) 혁명들"로 널리 불렸다. 이 명칭은 부조리한 기술 결정론으로 널리 그리고 적절하게 비판받았지만(예를 들어 Tawil-Souri 2012), 이 항쟁의 특징으로 시위자들이 (비록 전통적인 현장 조직화 및 대면 소통과 함께했지만) 소셜 미디어 플랫폼과 휴대전화 네트워크를 광범위하게 사용했다는 점은 사실로 남는다. 이는 시위의 빠른 동원과 전염적 확산에 기여했지만, 아마도 시위의 정치적 정합성과 짧은 지속성이라는 나중의 문제에도 기여했을 것이다(Dyer-Witheford 2015).

그러나 이러한 불안의 여파로, 두 가지 AI 관련 개발이 네트워크화된 반자본주의 운동에 큰 문제를 상정했다. 첫 번째는 국가가 국민을 디지털로 감시하는 범위, 특히 미국 국가안보국에 관한 에드워드 스노든의 폭로로 밝혀진 것이다. 9·11 테러의 여파로 설치된 감시 프로그램이 미국 소셜 미디어 및 검색 엔진 기업의 알고리즘 데이터 수집을 등에 업고 있으며, 이들 기업은 모두 미국 국가안보국의 프리즘PRISM 프로그램과 협력한 것으로 밝혀졌다. 스노든은 또한 미국 국가안보국이 자체 고급 AI 프로그램을 통해 프리즘 및 기타 프로젝트에서 수집한 정보를 처리했다는 점을 보여주었는데, 이 AI 프로그램은 데이터와 메타데이터를 수집하여 미국 국가안보국 클라우드 서버에 저장하고, 의심스러운 활동과 연관성을 식별하기 위해 기계학습을 적용한다(Gallagher 2013a, 2013b ; Grothoth and Porup 2016). 이러한 AI 기반 감시의 표면적 목표는 테러리즘이었지만, 그 기술은 의심할 여지 없이 다른 목적에도 적용될 수 있다. 이미 CCTV·휴대전화·소셜 미디어 감시를 통해 "사이버-단속"의 대상이 된 시위대는, 이제 미국 국가안보국 자체는 아니더라도, 영국 정부통신본부GCHQ·경찰·사설 보안업체·기업의 노동 감시 인력 등 엘리트 정보기관의 AI 기반 감시의 하향식 확산으로 인해 새로운 극단적 조사의 대상이 될 수 있다(Dyer-Witheford and Matviyenko 2019).

인터넷 정치를 향하는 AI 기반 분해의 두 번째 흐름은 "케임브리지 애널리티카"Cambridge Analytica라는 이름으로 요약할 수 있는데, 이를 도널드 트럼프의 선거 캠페인을 둘러싼 극우 네트워크·선거 디지털 전략·러시아 사이버 전쟁 개입의 수렴으로 받아들인다면 그렇다. 여전히 파장을 일으키고 있는 이 추문들에 AI가 기여하는 바에는 여러 수준이 있다. 첫째, 억만장자 로버트 머서의 회사가 트럼프를 지원하기 위해 사용한 유권자 프로파일링 및 타게팅 프로그램의 세부사항은 불투명한 것으로 남아 있지만, AI 선구자로서의 그의 배경을 고려하면 기계학습과 관련된 것이 거의 확실하다고 볼 수 있다. 둘째, 케임브리지 애널리티카가 확보한 데이터와 저커버그의 회사가 디지털 광고를 맞춤화하며 트럼프 캠페인에 제공한 공공연한 지원이라는 의미 모두에서 트럼프 캠페인은 기계학습의 선구자인 페이스북에 의존했다. 셋째, 트럼프의 선거 전략가들, 그의 극우 지지자들, 우호적인 러시아 요원들은 모두 그들의 메시지 유포 수단으로, 도발적이고 이목을 끌며, 따라서 광고 수익이 높은 콘텐츠를 홍보하는 소셜 미디어 알고리즘에 의존했다. 2016년까지 이러한 알고리즘은 기계학습의 도움을 받아 설계되었다. 로버트 머서의 딸 레베카가 트럼프의 캠페인을 바탕으로 〈기계학습 대통령〉이라는 오프라인 실내 게임[실내에서 가볍게 즐기는 사교용 게임]을 고안한 것에도 충분한 이유가 있다(Mayer 2018).

트럼프의 당선은 분해적 계급 정치의 모범적인 사례다. 그것은 전 지구화로 인해 피해를 본 러스트벨트 인구에 특별히 주목해 사람들을 인종과 젠더에 따라 분열시켜 그들이 자본주의 금권 정치가에게 투표하게 만드는 것을 목표로 삼았다. 트럼프는 기계학습 기술을 전개한 유일한 정치적 인물이 아니며, 앞으로도 그럴 것이다. 오바마는 결국 "빅데이터 대통령"이었다(Scola 2013). 트럼프의 캠페인과 그의 지지자들, 그리고 영국 브렉시트 캠페인과 같은 유사한 벤처는 AI에 기반한 간섭이 네트워크 통신을 얼마나 심하게 부패시킬 수 있는지 보여주었다. 그들은 또한 우파 포퓰리즘, 더 정확히는 네오파시즘과 수십 년간의 신자유주의 계급 투쟁으로 이미 파편화된 노동 계급 내부의 균열을 디지털 기술이 증폭시키는 것 사이의 친화성을 보여주었다. 그리고 이러한 노동 계급은 AI로 인해 새로운 분열의 문턱에 서 있다. 사회적 공장을 둘러싼 재구성적 주도성이 반자본주의 정치에 가장 중요해 보이는 바로 그 순간, 주의를 분산시키는 알고리즘 광고의 영향력·기계학습 정보에 기반한 대중 감시의 억제 효과·선동적인 가짜 뉴스·독성 챗봇·사이버 전쟁, 그리고 기타 형태의 "무기화된 AI 선전"(Anderson and Horvath 2017)으로 인해 그 주도성은 훨씬 더 어려워지고 있다. 따라서 AI는 인터넷이, "투쟁의 유통"(Dyer-Witheford 1999 [2003])을 위한 잠재적 상에서 상품 유통, 저항에 대한 감시, 계급 연대성의 파괴가 지배하는 장으로 변모하는 데 기여한다.

투쟁의 칠각형

그럼에도 불구하고, 자본주의의 AI 야망이 지닌 규모와 방향성에 관한 대중의 우려는 커지고 있다. 최근 몇 년 동안 사회적 공장을 둘러싸고 AI와 관련된 저항과 시위가 일어났다. 우리가 강조하는 것은 이것이 더 많은 AI를 촉구("지금 바로 완전 자동화")하는 것이 아니라 그것을 거부하는 대중적 정서의 분출이라는 것이다. 그중 어떤 것도 노골적인 반AI 투쟁이 아니지만, 각각 AI의 특정 양상을 거부하거나 그에 이의를 제기한다. 이들의 빈번한 단절과 모순에도 불구하고, 이들의 결합과 중첩은 AI 자본의 현재 궤도에 도전한다. 우리는 이러한 적대antagonism 중 일곱 가지를 나열하여 투쟁의 칠각형을 만든다.

1) **AI가 초래하는 임금 억제, 노동 강도 강화, 모니터링, 불안정성, 알고리즘 관리에 맞선 파업 및 기타 작업장 행동.** 독일·이탈리아·스페인·폴란드·영국의 아마존 주문 이행 센터에서 임금 인상·고용 안정·노동자 안전 개선을 요구하는 파업과 작업 중단이 잇따른 것이 그 대표적인 예다(Boewe and Schulten 2017, Cillo and Pradella 2017, Amazon Workers and Supporters 2018). 2018년 10월 제프 베이조스가 아마존 노동자들의 최저임금을 인상하겠다고 약속한 것은 (비록 다른 수당을 환수함으로써 그 효과가 약화하기는 했지만) 이 운동의 부분적 승리였으며, 투쟁이 유럽에서 미국으로 대서양을 횡단하는 것을 막기 위한 양보였다(Reese and Struana 2018). 다른 파업들은 불안정 노동에 대한 알고리즘 관리를 교란했다. 음식 배달 업체 딜리버루Deliveroo는 "프랭크"라고 불리는 기계학습 기반 배차 엔진을 통해 운영되며, 이 업체에 따르면 프랭크가 "배달 기사의 이동 시간, 음식 준비 시간 등 … 주문과 배달 기사의 최선의 조합을 끊임없이 계산하고 재계산한다"(Pudwell 2017). 2016년부터 "프랭크"로 인한 낮은 임금과 높은 불안정성에 반대하는 딜리버루 배달 기사들의 파업은 영국에서 유럽 전역으로 확산하여 홍콩으로까지 퍼졌다(Cant 2017, Zamponi 2018). 우버 운전자들이 알고리즘에 의해 관리되는 비노동자 지위에 맞서 런던에서 캘리포니아에 이

르기까지 제기해 온, 연속적이고 복잡한 일련의 법적 소송들을 이와 관련된 투쟁의 흐름으로 볼 수 있다(Rosenblat 2018 [2019]). 이는 자신들의 생계를 잠식하는 움직임에 맞선 "정규" 택시 기사들의 법적 이의 제기·거리 봉쇄·분신 항거와 나란히, 그리고 모순적으로 전개되었다. 이러한 소동들은 강렬한 것들이지만, 중국의 우버에 해당하는 디디추싱의 방대한 사업장에서 벌어지는 운전자 파업·시위·알고리즘 사보타주·체계-교란적 폭풍의 규모에 비하면 얌전한 수준이다. 디디추싱 운전자들의 투쟁은 AI 자본 아래에서 벌어지는 노동 행동주의의 혼란스러운 미래를 예고할 수 있는 반란이다(Chen 2018). 노동자 행위의 목록에는 또한 북아메리카 지역에서 새롭게 등장한 디지털 저널리즘 기업들에서의 예상치 못한 노조 조직화 물결도 추가되어야 한다. 『고커』·『살롱』·『허핑턴 포스트』·『바이스 캐나다』·『알 자지라』와 같은 매체들에서 "연중무휴로 온라인 및 소셜 미디어 콘텐츠를 생성해야 한다는 엄청난 압박"을 받는 젊은 노동자들이 노조 조직화에 나섰기 때문이다. 이 노동자들의 수입과 노동 조건은 AI 기반 광고와 AI 지시 뉴스 피드에 의해 직접 형성된다(Cohen and de Peuter 2018 : 115). 우리가 앞서 살펴본, AI 생산 과정의 일부인 미세노동 플랫폼에서 더 다양한 형태의 노동자 조직을 발견할 수 있다. 아마존의 미케니컬 터크에서 일하는 노동자들의 온라인 포럼인 터커 네이션Turker Nation은, 수년 동안 미세노동자들의 상호 지원과 지식 공유를 촉진하고 플랫폼의 기업 고객들이 행하는 지독한 착취에 도전하며 아마존 자체의 정책에 항의해 왔다(Harris 2014 ; Katz 2017). 기계학습과 다른 형태의 AI가 자본에 더 많이 확산될수록 기업 권력에 대한 모든 노동자의 저항은 사실상, 그 권력이 사례화하는 알고리즘 형태에 대한 저항을 수반하게 될 것이다.

2) **군사 및 준군사적 AI 응용에 대한 시위**. 2018년 여름, 군사 프로젝트와 군사화된 경찰 프로젝트에 대해 기술 노동자들이 보여준 가공할 저항의 물결이 실리콘밸리를 휩쓸었다(Dyer-Witheford and Matviyenko 2019). 구글에서는 드론 공격의 표적 기능을 개선하기 위해 기계학습을 사용하는 국방부 프로젝트, 즉 '프로젝트 메이븐Maven'을 중단시키기 위해 노동자들이 조직했고, 이들의 저항은 성공했다. 그 후 구글의 CEO 순다르 피차이는 기업이 다른 군사 프로젝트를 추진할 권리는 있지만, AI 무기나 감시 계약은 하지 않을 것이라고 AI 개발 원칙에 관한 성명을 발표했다. 구글은 또한 100억 달러 규모의 국방부 계약인 '합동 기업 방위 하부구조' 클라우드 계산 프로젝트에 대한 입찰을 철회했다(BBC 2018a). 한편, 아마존의 노동자들은 "무관용" 집행 정책으로 악명 높은 미국 경찰과 이민세관집행국Immigration and Customs Enforcement(이하 ICE)에 회사의 안면 인식 소프트웨어를 판매하는 것을 중단하라고 베조스에게 청원했다. 이와 유사하게 마이크로소프트에서도 노동자들은 ICE와의 1,940만 달러 규모의 클라

우드 계산 계약 해지를 요구했고(Frenkel 2018), 세일즈포스에서는 노동자들이 회사가 세관국경보호국와 협력하는 것을 막으려 했다. 이러한 사건과 나란히, 그리고 이후 5번에서 논할 성차별과 그 외 차별 문제에 속하는 것으로서, 우리는 회사의 성희롱 문제 처리에 반대하는 전 세계 구글 직원들의 파업을 포함할 수 있다. 안보 국가에 대한 반대는 새로운 것이 아니지만, 실리콘밸리의 반란은 예외적인 것이었다. 그것은 수십 년 동안 부와 지위, 자유주의적 경향으로 인해 진지한 정치와는 무관한 집단으로 여겨졌던, 디지털 무기 생산에 집중적으로 연관된 엘리트 첨단 기술 노동력을 결집시켰다. 이러한 사건들은 갑자기 발생하는 것이 아니다. 부분적으로 이는 임금 수준이 결코 낮지 않음에도 불구하고 그들의 상사들이 축적하는 터무니없이 팽창한 부의 속도를 따라가지 못하는 현실에 대해 첨단 기술 노동자들 사이에서 점점 커져 가는 불안을 간접적으로 반영한다. 그러나 이러한 분출의 이면에는 수년간 노동 단체와 협력하여 계약직 프로그래밍 노동자들의 노조 조직화를 추진하고 실리콘밸리와 시애틀에서 기업 권력에 관한 비판, 인종차별과 성차별 반대, 프로그래머와 저임금 업무 보조 노동자 간의 연대를 위해 꾸준히 캠페인을 전개해온 〈기술 노동자 연합〉과 같은 집단의 조직적 노력이 있었다(Tech Workers Coalition 2018).

3) **반감시 움직임**. 에드워드 스노든의 폭로 이후 자본주의적

자유민주주의 국가에서의 감시의 범위에 대한 인식이 확대되었다(Gallagher 2018)(물론 이러한 감시는 중국과 같은 다른 곳의 사람들에게는 뉴스거리가 아니다). 이는 AI의 문제인데, 미국 국가안보국이 스캔에 기계학습을 사용하기 때문만이 아니라 AI 개발에서 감시가 중요하기 때문이다. 앞에서 우리가 논했듯이, 기계학습 체계를 훈련하려면 대규모 데이터 집합이 필요하다. 이러한 데이터 집합 모두가 반드시 인간의 행동을 조사하는 것은 아니며, 이러한 관찰의 침습성을 완화하려는 기술적 시도도 있지만(Knight 2016b ; Marr 2018), AI 개발은 사람에 대한 대규모 관찰에 크게 의존한 채로 남을 가능성이 크다. 북아메리카에서는 사회 운동 전반에 걸쳐 반감시 자기방어 매뉴얼과 정보지가 확산하고 있다. "사생활과 시위를 위한 사용자 가이드들"은 "난독화obfuscation, 즉 감시 및 데이터 수집을 방해하기 위해 애매하고 혼란스러우며 오해의 소지가 있는 정보를 의도적으로 추가하는 행위"의 실천을 요약한다(Brunton and Nissenbaum 2015). 안면 인식 AI, 그리고 "적대적 이미지"로 그것을 방해할 가능성은 최근 주목받는 쟁점이다. 그러나 개인화된 반감시 기술-조치에는 시간·비용·전문 지식이라는 측면에서 심각한 한계가 있다. 감시에 대한 정치적·법적 제한이 더 폭넓은 대중적 효과를 낼 가능성이 크다. 북아메리카에서는 가장 중요한 주도성 중 일부가, 프로파일링 체계가 '수상한' 사회 집단을 구성하는 동시에 통제하는 방식을 누구보다 잘 알고 있는 소수자 집단으로부터 나오고 있다(Dyer-Witheford and Matviyenko 2019). 즉, 아프리카계 미국인들은 지역 사회 전체와 '블랙 라이브스 매터' 운동 지도자에 대한 디지털 추적에 반대하고 있으며, 캐나다 원주민들은 토지와 송유관 건설 반대 시위에 대한 디지털 감시에 맞서 싸우고 있고, 무슬림 아랍인들은 자신들의 현존 전반을 데이터베이스로 전면적으로 수집·목록화하는 조치에 저항하고 있다. 그러나 감시에 대한 규제의 주요한 정치적 조치들은 나치즘과 스탈린주의에 관한 기억이 여전히 살아 있는 유럽에서 이루어졌다. 막스 슈렘의 "당신이 알 바 아니다"None of Your Business와 같은 기업 감시 반대 운동과 국가 주권 침해에 대한 통치 엘리트들의 반대는 이 문제에 실질적인 정치적 무게를 부여한다. 2018년에 공표된 유럽연합의 〈일반 개인정보 보호 규정〉은 거대 AI 개발사를 비롯한 디지털 자본의 데이터 수집을 제한한다. 디지털 추적에 대한 사용자의 (표준적인 동의가 아닌) 적극적인 옵트인opt-in[사용자가 명시적으로 동의해야만 참여·수집·추적이 이루어지는 방식], 개인정보 이용에 관한 기업의 투명성, 저장된 데이터를 유실하지 않고 플랫폼을 떠날 수 있는 사용자의 권리, 자동화된 결정들에 대한 설명들, "잊힐 권리"에 대한 요구는 모두 기계지능의 구성을 위한 추출적 원재료로서 인구 데이터를 사용하는 것을 억제한다(Meyer 2018 ; Kaput 2018 ; Srnicek 2018). 기계학습 개발자들과 컴퓨터 과학자들의 부정적인 반응, 그리고 유럽의 규제를 미국에서 기업들이 누리는 자유 및 중국에서 일어나는 감시 국가 권력과 비판적으로 비교하는 태도(K-F. Lee 2018 [2019])는, 반감시 움직임이 AI 자본에 얼마나 큰 위협이 되는지를 보여준다. 동시에 이러한 움직임이 AI를 두고 경쟁하는 세계 시장에서 직면하는 어려움 또한 드러낸다.

4) **소셜 미디어 이탈**. 반감시 행동주의보다 더 확산하고 눈에 보이지 않는 것은 후퇴를 통한 반대다. 케임브리지 애널리티카 추문의 여파로 디지털 감시와 조작, 기술 중독의 심리적 효과에 관한 우려, 온라인 환경의 극단적 상품화에 대한 반발이 복합적으로 작용하여 역설적으로 소셜 미디어 탈퇴가 소셜 미디어에서 밈이 되었다. "페이스북 삭제" 캠페인이 갑자기 나타났다가 가라앉았다. 그러나 18세에서 24세 사이 연령대의 사람들이 그들의 부모가 점점 더 소셜 미디어에 몰입하는 와중에도 소셜 미디어 사용을 줄이거나 때때로 그만두고 있다는 증거가 있다(Kale 2018). 기계학습이 빅데이터 사업인 한, 일부 AI 자본은 소셜 미디어에서 "로그오프"log off하는 데이터 주체의 느린 이탈로 인해 방해받을 수 있다.

5) **알고리즘 편향성 단속**. 우리는 기존의 성차별과 인종차별을 증폭시키는 AI의 경향을 보았다. 백인 남성이 소유하고 지배하는 기업과 이들이 관리하는 지배 체계는, 역사적으로 백인 남성이 누렸던 고용·부·범죄 이력의 부재·경력상의 성공 수준을 반영하는 데이터 집합을 훈련하기 때문에 여성과

소수자를 차별하는 AI 체계를 생산하고 있다(Noble 2018). 이러한 차별적 AI는 경찰·국경수비대·복지 서비스 화면에서 이를 접하는 사람들에게 특히 심각한 영향을 미친다. 그러나 알고리즘 편향이라는 개념이 명명되기까지 했다는 것 자체가, 이미 이에 맞선 투쟁이 존재함을 보여주는 증거이기도 하다. 이 문제를 다루는 집단은 "코드화된 시선"(Buolamwini 2018)과 싸우는 매사추세츠 공과대학의 〈알고리즘 정의 리그〉부터 미국 예측 치안 소프트웨어의 알고리즘 편향을 밝혀낸 샌프란시스코 기반의 비영리 〈인권 데이터 분석 그룹〉 같은 NGO, 산호세 지역의 이민자 및 수감자 인권과 경제 정의에 관여하는 〈실리콘밸리 디버그〉, 저임금 노동자와 빈곤층 공동체를 조직하는 필라델피아의 〈미디어 동원 프로젝트〉(Wykstra 2018)에 이르기까지 다양하다. 알고리즘 편향성을 교정하면 AI 예측의 정확도가 높아지기 때문에, 이론적으로 이는 자본에게도 도움이 될 수 있다. 즉, 상품을 더욱 정밀하게 틈새시장에 타게팅하고, 유능한 노동력을 선별·채용하는 데 기여할 수 있다는 것이다. 비록 이를 위해 성차별·인종차별·동성애 혐오 같은 부끄럽고 값비싼 차별을 인정해야 하더라도 말이다. 적어도 이것이 진보적 신자유주의가 이러한 계획에 부여하는 조건이다.[7] 그러나 알고리즘 편향이 빈

7. 그런데 레오 임펫(Impett 2018)은 딥러닝 AI에서 알고리즘 편향을 제거하는 것은 거의 불가능하다고 주장하는데, 이러한 체계는 모든 데이터를 자동으로 벡터화하기 때문이다. GOFAI와 일반 기계학습에서는 젠더·인

곤층이면서 동시에 여성·퀴어·차별받는 인종인 사람 — 따라서 약자 중의 약자 — 을 차별하는 한, 알고리즘 정의 운동은 AI 자본이 소위 과잉인구를 통제하고 폐기하는 것을 방해하고, 그 발전을 뒷받침해온 "지배의 매트릭스"matrix of domination에 도전한다(Costanza-Chock 2018).

6) **디지털 도시 교란.** 대기업 AI 개발사들이 본사·캠퍼스·실험 현장으로 도시 경관에 점점 더 강력한 흔적을 남기면서, AI의 도시 인큐베이터들에서 사회적 갈등이 폭발적으로 증가하고 있다. 호화 저택의 억만장자, 첨단 기술 캠퍼스에서 일하는 백만장자, 저임금 서비스 노동자, 대규모 노숙자 인구가 끊임없는 긴장 속에 공존하는 실리콘밸리 주변보다 이 점이 더 분명한 곳은 없다. 소프트웨어 생산이 샌프란시스코의 실리콘밸리와 베이 에리어Bay Area에서 북쪽으로 확장됨에 따라 사회적 균열도 확장되었다. 2013에서 2014년 사이에 마운틴 뷰[실리콘밸리의 도시 이름]의 "구글플렉스"로 첨단 기술 노동자들을 수송하는 전용 버스는 젠트리피케이션·퇴거·강제 이주·교통 혼잡에 반대하는 시위의 발화점이 되었다(Goode and Miller 2013). 시위대는 버스 노선을 봉쇄했다. 표지판에는 "첨단 기술이 아니라 젠트리피케이션과 퇴거 기술:

종·신용 점수 등과 같은 편향을 제거할 수 있지만 딥러닝 알고리즘은 모든 것을 고려한다. 그리고 그것이 딥러닝이 매우 강력한 이유이기도 하다.

조직적인 주민 축출과 문화 삭제", "구글 꺼져"가 적혀 있었다. 전단지는 구글이 "비양심적 감시·통제·자동화의 세계를 구축하고 있다"라고 비난했다(Streitfeld and Wollan 2014). 시위는 불이 붙고 꺼졌다가 2018년에 다시 나타났다. "기술-착취Techsploitation는 유독하다" 운동의 시위자들은 구글 버스 앞에 우버 같은 회사가 사용하는 전동 스쿠터를 쌓아놓고, 노숙자 캠프장 거리를 청소하려는 계획을 "텐트가 아닌 기술 기업을 쓸어버리자", "그들은 '혼란'이라고 부르지만 우리는 '강제 이주'라고 부른다" 등의 슬로건으로 규탄했다(Streitfeld 2018). 이러한 도시 교란에는 AI 기반 "스마트시티"에 관한 쟁점도 포함된다. 2017년, 구글의 지주회사인 알파벳의 자회사 사이드워크랩Sidewalks Labs은 해안가 지역 키사이드의 개발을 위해 토론토시와 "민관" 협력사업을 협상했다. 세부사항은 공개되지 않은 이 협정에 따라 키사이드는 자율주행차·로봇 쓰레기 수거·편재하는 센서와 보안 카메라·도서관 및 건강 카드에서 주민등록 번호를 읽는 중앙화된 정보 관리 체계 등 AI로 포화한 도시 혁신의 공개 행사가 될 것이다. 쥐스탱 트뤼도 캐나다 총리는 이 프로젝트가 깨끗하고 친환경적인 도시의 전조라며 예찬했다. 구글의 전 CEO 에릭 슈미트는 구글의 창립자들이 "누군가 우리에게 도시를 주고 전권을 맡긴다면 할 수 있는 모든 일"을 생각하며 흥분한 데서 이 발상이 유래했다고 설명했다(Kofman 2018). 초기의 조약에서 언급되지 않은 것으로 보이는 것은 키사이드에서 수집할 디지털 데이터의 소유권과 수집 조건이었다. 이 문제는 무분별한 디지털 상품화에 반대하는 단체 〈테크리셋 캐나다〉(Barth 2018)가 주도한 캠페인에 의해 대중의 눈에 띄기 전까지 애매하게 남아 있었는데, 이 단체는 계약의 불투명성을 비판하고 계약서 공개를 주장하며 "이 프로젝트의 데이터와 데이터 하부구조는 토론토시와 주민들의 재산"이라는 점을 보장하는 조항을 요구했다. 이는 주거권 활동가들에서부터 불만을 품은 도시 계획가들에 이르기까지 다양한 참여자로 이루어진 연합을 결집시켰고, 이들은 외국 기업에 지적 재산을 넘기는 것에 반대하며 심지어 캐나다의 선도적인 첨단 기술 기업가들로부터도 지지를 얻었다. 키사이드 조약을 감독하는 이사회의 저명한 위원들이 사임했다. 2019년 초의 시점에서 이 문제는 아직 해결되지 않았다. 사이드워크랩은 반대 의견을 받아들여 어느 정도 양보를 하면서 집계되고 익명화된 데이터만 수집하는 데 동의함으로써 시위를 피해 갈 가능성도 있다. 이는 사생활이라는 제한적인 문제를 다루면서도 인구-수준의 정보와 도시 설계에 대한 기업의 통제라는 더 큰 문제는 그대로 남겨두는 술책이다(Greenfield 2013).

7) **반기업 테크래시**. 이러한 우려 대부분은 대형 디지털 기업의 권력에 대한 흐릿한 "테크래시"techlash[기술 기업 반대 운동]로 수렴되었다. 2016년 미국 대선에서 페이스북·케임브리지 애널리티카·러시아 사이버 전쟁 추문들은 오랫동안 잠들

어 있던 디지털 과점 기업의 소유권 집중에 관한 논의의 부활을 촉발했다(Foer 2017 [2019] ; Mosco 2017). 국가 규제에 반대하기로 유명한 미국 첨단 기술 공동체 내에서조차도 구글과 페이스북의 자체 감시 능력에 대해 회의적인 시각이 제기되었고, 그 알고리즘 과정들의 부정적 외부 효과에 대한 투명성 강화와 심지어 재정적 책임을 요구하는 목소리가 나왔다. 다른 비판은 한층 더 근본적인 수준으로 나아갔다. 예를 들어 자본의 미디어 기업들이 광고라는 "가짜 뉴스"와 고도로 설계된 주의력 조작에 얼마나 깊고 근본적으로 의존하고 있는지 물었다. 유럽에서는 공공 규제·노동법 위반·탈세·독점적 권력의 반경쟁적 남용에 대해 디지털 자본주의의 대기업들을 상대로 소송이 시작되었다. 버니 샌더스와 제레미 코빈의 플랫폼에서 (그리고 이상하게도 트럼프와 같은 우파 권위주의 포퓰리스트의 숙고에서조차도) 일부 대형 AI 개발 기업의 해체와 규제에 대한 요구가 나타났다. 반독점 정치가 반자본주의와 결코 같은 것은 아니지만, 이러한 우려의 "주류화"의 한 가지 효과는 "데이터 은행의 사회화"를 위한 좀 더 급진적인 제안을 논의할 수 있는 공간을 열어준 것이다(Morozov 2015). 이는 과점의 규제나 해체를 넘어 국가와 시장으로부터 분리된 "공통장"commons 기관의 설립과 정부 및 기업 권력으로부터 거리를 둔 공공 계산 유틸리티의 형성으로 확장된다. 우리는 결론에서 이 문제를 다시 논한다. 2018년에는 심지어 사업 평론가들조차 디지털 자본에 대한 태도의 변화가, 기기 포화 상태에 이른 시장과 국제 무역 전쟁과 더불어, 인간 가치의 절대적 지표로 여겨지는 주식 시장에서 첨단 기술 산업에 큰 타격을 가하는 여러 요인 가운데 하나라고 말하기 시작했다(Rajan 2018).

결론 : 사건의 지평선을 향해

디지털 자본에서 노동 계급의 재구성이 일어나고 있으며, 다양한 반란과 반대를 끌어당기는 보이지 않는 끌개로서 AI의 강력한 존재감이 작용하고 있다. 우리는 이 과정을 과장하고 싶지 않다. 반기업 테크래시는 정치적으로 피상적일 수 있고, 스마트시티에 대한 반대자들은 여전히 소수이며, 알고리즘 정의는 자본을 방해하기도 하고 돕기도 한다. 소셜 미디어로부터의 이탈은 더디고 부분적이며, 반감시 정책은 경쟁 압력에 의해 철회될 수 있고, '프로젝트 메이븐'에 대한 반란의 성공에도 불구하고 군사화된 AI에 대한 다른 승리는 드물며, 무엇보다 AI 자본에 대한 파업의 증가는 저항이 더 많은 자동화를 촉진할 수 있다는 그림자를 드리우고 있다. 우리는 AI 자본이 일자리 감소 문제 외에도 인구의 웰빙 well-being에 많은 위협을 가하고 있다는 점을 제시했지만, 4차 산업혁명이 임금 노동의 기반을 얼마나 심하게 훼손하는지에 따라 미래 투쟁의 향방이 크게 달라질 수 있다는 것도 사실이다.

우리가 앞서 살펴본 바와 같이, AI로 인한 고용 붕괴가 임박했다는 초기의 예측들은 최근의 연구들에 의해 상당히 완화되었으며, 경기 침체 이후의 미국 경제가 공식적으로 완전 고용으로 간주되는 상황으로 복귀하면서 그 설득력 또한 약화되었다. 그럼에도 일부 관측자들은, 자동화로 인한 일자리 감소가 제한적이고 특정 부문에 국한되더라도, 2016년 해외 이전으로 사라진 일자리 문제가 그랬던 것처럼, 향후 미국 선거에서 중요한 쟁점으로 부상할 수 있다고 지적한다(F. Levy 2018). 장기적으로 보더라도 AI 고용 효과에 관한 추정치는 계속해서 크게 달라지고 있으며, 심지어 일부의 '어제와 같은 오늘' 이론가들조차 자본의 일자리 창출 및 일자리 파괴 기능이 심각하게 어긋날 가능성을 인정하며 자신들의 모델을 변경했다(Acemoglu and Resteropo 2018). 일부는 상당히 파국적인 입장을 견지하는데, 널리 읽힌 전 구글 차이나 대표 리카이푸(K-F. Lee 2018 [2019])의 AI 관련 논문은 2030년까지 미국 일자리의 최대 40퍼센트가 사라지고 중국도 비슷한 수치를 기록할 것이라고 주장했다. 즉, 세계사적 격변이 일어날 것이라는 입장을 견지하는 사람들도 있다. 실업자 예비군을 대규모로 늘리는 이러한 AI 폭주는 노조와 다른 노동자 조직들을 더욱 약화할 수 있지만, 극단적인 궁핍화는 새로운 형태의 (심지어는 아마도 〈웨스트월드〉의 안드로이드들이 일으킨 것만큼이나 강경하고 피비린내 나는) 프롤레타리아 반란을 초래할 수도 있다. 이러한 사변들로부터 우리는 「기계에 관한 단상」이 예견한 사건의 지평선에 도달하는데, 여기서 자본의 기계화 충동은 그 내부에서 자본을 폭발시킨다. 즉, 자본은 결국 자신의 노동자 계급을 분해하면서 스스로를 분해한다. 이 미래주의 명제의 논박할 수 없는 것처럼 보이는 논리는 아마도 좌파들이 AI 자본주의에 직면할 때 그들에게 어떤 최후의 자신감, 안도감, 혹은 심지어 열정을 주는 것일 수 있다. "아마 이 기술은 실제로는 작동하지 않을 것이다. 그리고 설령 작동한다고 더라도 체계의 자멸을 완성할 뿐일 것이다"라고 말하는 사람이 있을 것이다. 그렇지만 이러한 보장이 얼마나 확고한 것일까?

3장 완벽한 기계들, 비인간 노동

—— 인공 일반 지능

—— 인간 노동과 노동력

—— 오늘날의 인간, 동물, 기계

—— 무엇이 노동하는가?

—— 인공 일반 지능을 향해

—— 완벽한 기계들에 관한 단상

—— 인공 프롤레타리아

—— 비인간 자본주의

좁은 AI는 다양한 방향에서 맑스주의 사상에 도전하는 자본주의 기계의 특별한 사례다. 그러나 이 장에서 우리는 AGI, 혹은 일반적 지식을 추론하고 다양한 낯선 영역에서 다양한 작업을 수행할 수 있는 능력을 갖춘 AI에 관해 살펴본다(Gubrud 1997 ; Wang and Goertzel 2007 : 5 ; Goertzel 2014 : 2 ; Baum 2017 : 3). 따라서 AGI는, 비록 반드시 기능적 측면에서는 아니지만, 인간과 유사한 범위의 유연성 또는 일반성을 갖춘 지능이 구축된 기계다. 왕페이와 벤 괴르첼이 설명한 것처럼, AGI는 "환경의 역동적 본성이나 문제에 관한 지식의 불충분성으로 인해 기성 솔루션을 사용할 수 없는 상황에서 사용할 수 있으며 … 우리가 AGI 체계에서 기대하는 것은 최적의 솔루션이 아니라 … 유연성 〔그리고〕 창의성이다"(Wang and Goertzel 2007 : 5).

유연성과 창의성에 대한 이러한 참조는 맑스의 노동 개념과 놀랍도록 유사하다. 그러나 맑스는 "노동은 … 인간에게 독점된 특징"(Marx 1990 : 283~4 [2015])이며 노동 능력은 "인간의 신체적 형태, 살아있는 인격성"(Marx 1990 : 270 [2015]) 안에만 현존한다고 전제했다. 이러한 인간중심주의에 반대하여 우리는 AGI에 관한 이론적 개념과 맑스의 노동 및 노동력 개념 사이에는 동형성isomorphism이 있으며, 따라서 AGI는 맑스의 노동가치론, 특히 인간만이 노동할 수 있고 가치를 창출할 수 있으며 기계는 범주적으로 불가능하다는 공리에 근본적으로 도전한다고 주장한다. 다른 말로 하자면, AGI는 기계로서의 그것의 지위에 의문을 제기할 정도로 자본주의 기계의 특수한 경우다. 우리는 AGI가 잠재적으로 노동을 할 수 있을 뿐 아니라 특정한 사회적 조건 아래에서 가치를 창출할 수도 있다고 주장한다. 자본주의 생산 양식과 인류에 대한 AGI의 잠재적 파급 효과는 극단적이다. 만약 AGI가 만들어진다면, 많은 사람은 그것이 "기술적 특이점", 즉 "기하급수적 기술 진보"의 결과로 "오늘날 우리가 이해하는 인간이라는 사태의 끝을 고할 만큼 극적인 변화"를 가져올 것이라고 믿는다(Shanahan 2015 : xv).[1] 좁은 AI가 더 연구 및 개발되면 자본 축적에 불필요한 사람들의 풀이 넓어질 가능성이 크지만, AGI의 개발은 이미 암울한, 맑스가 논한 전망을 넘어 호모 사피엔스가 잉여종이 되는 더 안 좋은 전망으로 나아갈 것이다. 따라서 AGI는 인간 없는 자본주의의 가능성을 제시한다.[2]

이 주장을 세우기 위해, 우리는 맑스가 인간과 동물 사이를 날카롭게 구분한 것에 초점을 맞추어서 그가 노동과 가치 창출 모두를 본질적으로 인간적인 것으로 가정한 이유를 논

---

1. "특이점"에 관한 논의는 레이먼드 커즈와일(Kurzweil 2005a [2007])에 의해 대중화되었다. 여러 경합적 설명이 특이점의 도달에 관해 다른 노선을 채택한다. 특이점에 관한 맑스주의적 논의는 드물지만, Rikowski 2003, Dyer-Witheford 2010, Kjøsen 2013a ; 2018, Rectenwald 2013, Steinhoff 2014를 포함한다.
2. 이 장은 우리 중 한 사람이 쓴 「안드로이드는 잉여 가치를 꿈꾸는가?」(Kjøsen 2018)에서 제시된 논증을 확장하고 비판한 것이다.

한다. 우리는 맑스가 창의력, 상상력 같은 다양한 능력에 이러한 구분의 근거를 두는 이유와 2019년의 시점에 일부 AI 프로젝트가 이러한 능력을 자동화하려는 방식을 고려한다. 이전 장에서 몇 가지 필요한 사변을 했지만, 이 장에서는 과학적 사실보다는 SF에 가까운 먼 미래를 상상해 보겠다. 따라서 맑스의 가치 이론과 인간의 고유성에 관한 그의 논증을 구체적으로 살펴보기 전에, 우리는 아직 빛을 보지 못했고 앞으로도 그러할지도 모르는 어떤 기술에 대해 우리가 한 장을 할애하는 이유를 먼저 정당화할 것이다.

인공 일반 지능AGI

지능의 정의에 대한 과학적이거나 철학적인 합의는 존재하지 않지만, 대부분의 관점은 진정한 지능이 어느 정도 유연하거나 일반적이어야 한다는 데 동의한다(Kaplan 2016 ; Lake et al. 2017 : 9~19). 현존하는 기계학습과 GOFAI는 협소하고 유연하지 않다는 점에서 인간 지능과 구별된다. 그러나 일반적으로 적용될 수 있는 AI, 즉 AGI를 생산하기 위한 연구가 진행 중이다. AGI는 "복잡성과 속도 측면에서 인간의 뇌에 필적하거나 그것을 능가하고, 일반적 지식을 습득·조작·추론할 수 있으며, 인간 지능이 필요한 산업 또는 군사 작전의 모든 단계에서 사용할 수 있는 AI 체계"를 기술하기 위해 마크 아브룸 구브루드(Gubrud 1997)가 처음 도입한 용어이다. 그러나 AGI라는 발상은 사실 1956년 다트머스 워크숍의 원래 목표로 거슬러 올라간다(Wang and Goertzel 2007 : 6). 그렇지만 인간 지능을 에뮬레이션한다는 목표는 좁은 AI로 해결할 수 있는 좀 더 다루기 쉬운 실용적 문제를 위해 빠르게 폐기되었고, 2000년대 초반까지 AGI는 너무도 비현실적인 것으로 여겨져 이를 연구하는 사람들은 공상가로 취급되었다(Pennachin and Goertzel 2007 : 1 ; Wang and Goertzel 2007 : 4). 1983년 존 레어드, 앨런 뉴웰, 폴 로젠블룸이 시작한 소어soar 인지 구조(Laird 2012), 1984년 더글러스 레나트가 시작한 사이크cyc 프로젝트(Lenat and Brown 1984) 등 AGI 구축이라는 목표에 초점을 맞춘 연구 프로젝트가 있었지만, AGI가 다시 수용 가능해지고 현실적인 것으로 여겨지게 된 것은 다트머스 워크숍 50주년이자 AI의 원래 목표가 AGI로 환생한 2000년대 초반에 기계학습이 등장한 이후부터다(Goertzel 2007 : 1162).

AGI는 AI의 원래 목표를 공유하지만, AGI가 의미하는 바는 2010년대에 AI가 상업적으로 적용되면서 의미하게 된 것과는 크게 달랐다. 좁은 AI는 좁게 제약된 문제를 해결하는 데 중점을 두는 반면, AGI 연구 및 설계의 목표는 "충분히 넓은 (예를 들어 인간 수준) 범위와 강력한 일반화 능력을 갖춘" 체계를 만들어 "한 문제나 맥락에서 다른 문제나 맥락으로" 지식을 이전할 수 있게 하는 것이다(Goertzel 2014 : 2~3).

AGI와 거의 동의어처럼 보이는 용어는 "인간 수준의 기계 지능"human-level machine intelligence(이하 HLMI)이다.[3] 이 용어의 정의에서 흥미로운 점은 그것이 노동에 기반을 두고 있다는 점이다.[4] 한 정의는 HLMI로 "적어도 평균적인 인간만큼은 대부분의 인간 직업을 수행할 수 있는"(Muller and Bostrom 2016:558) AI를 가리키고, 다른 정의는 HLMI는 "무인 기계가 인간 노동자보다 모든 작업을 더 저렴하고 잘 수행할 때 달성된다"(Grace et al. 2017:1)고 본다. 다양한 유형의 직무를 수행할 수 있는 기계가 학습되지 않은 일에 숙달하려면, 그 기계는 사실상 그 정의에서 일반적으로 지능적이어야 한다. HLMI는 점점 더 지능적으로 되어 결국에는 노동을 할 수 있게 되는 기계의 가능성을 논의하는 데 완벽하게 적합해 보이지만, 기계가 인간과 같아야만 지능적이라고 정의할 수 있다는 인간중심주의적인 개념으로 인해 우리는 이 용어를 거부한다. 벤저민 브래튼(Bratton 2015)이 주장했듯이, "인간 지능은" 모든 형태의 지능의 "가능성을 소진할 수 없을 따름인데", 그 이유는 "우리 우주에서 '사고'는 우리 자신의 특수

3. HLMI는 "높은-수준의 기계 지능"(Nadin 2018:2)을 가리킬 수도 있고, 혹은 "인간-수준의 AI"(Nilsson 2005)로 이해될 수도 있다.

4. 각 생산 양식에는 인간에 관한 고유한 정의가 있다(Read 2017). HMLI의 정의가 인간 지능을 노동과 연결한다는 것은 자본주의 생산 양식에서 인류발생론(anthropogenesis)이 존재자의 노동 능력과 관련이 있음을 강력하게 시사한다. 실제로, 닐스 J. 닐슨은 튜링 시험을 AI가 "인간에 의해 통상적으로 수행되는 일을 할 수 있다면" 통과할 수 있는 "고용 시험"으로 대체할 것을 제시했다(Nilsson 2005:68).

성보다 훨씬 더 다양하고 심지어 외계적이라고 가정하는 것이 더 나을 것"이기 때문이다. 따라서 AGI는 HLMI보다 더 바람직한 용어인데, "체계에 바람직한 기능의 '일반적' 본성을 강조"하기 때문이다(Wang and Goertzel 2007 : 1). AGI는 인간 인지를 모방하지 않고도 인간과 동등하게 일반적인 지능을 가질 수 있다. 이러한 인지의 차이는 이미 손쉽게 알 수 있는데, 현존하는 AI가 인간과 비교하면 얼마나 좁은 범위에서 일하는지 살펴보면 된다. 예를 들어, "AI 체스 프로그램은 인간이 직관을 사용할 때 무차별 대입 검색brute force search을 사용하지만, AI는 여전히 인간 수준 또는 그 이상의 성능을 발휘할 수 있다"(Baum 2017 : 8). 더 나아가, 벤 괴르첼의 주장에 따르면 AGI라는 용어가 더욱 바람직한 용어다. (1) 인간이 반드시 그렇게 똑똑한 것은 아니며, 따라서 "인간 수준"은 실제로는 AGI의 능력 범위를 제한할 수 있고, (2) "인간과는 다른 강점과 약점을 가지고 있지만 다양한 영역에 걸쳐 복잡한 문제를 해결하고 이러한 영역 간에 유연하게 지식을 이전할 힘을 가진 AGI 체계"를 구상하고 개발할 수 있다면, 그 체계가 인간 수준인지 정의하기 어려워지기 때문이다(Goertzel 2007 : 1163). 브래튼과 괴르첼의 논증은, AI에서 진정으로 쟁점이 되는 것은 지능과 의식의 분리, 즉 기계가 인간이 경험하는 것과 유사한 자기-인식을 갖지 않고도 지능적으로 행동할 수 있다는 가능성이라고 주장하는 사람들에 의해 강화된다(Shanahan 2015 ; Harari 2016).

다시 한번 말하자면, 2019년의 시점에서 AGI는 현존하지 않는다. 이러한 기계 지능이 가능하기는 한지 의심하는 사람들도 있다(Dreyfus 1972 ; Braga and Logan 2017 ; Nadin 2018). 그러나 AI 공동체 내에서 많은 사람은 AGI가 적어도 이론적으로는 가능하다고 생각하며, 일부는 그것이 "단지 매우 어려운 설계 문제일 뿐"이라고 주장한다(Pennachin and Goertzel 2007 : 1). AGI는 적어도 연구 및 사업 벤처를 위한 투자를 유치할 만큼은 충분히 그럴듯한 것으로 간주된다.

대규모 AI 공동체 내에서 AGI 연구자는 극소수다. 좁은 AI 산업은 기업 및 연구 기관의 수와 규모, 프로젝트 및 자금 측면에서 AGI 산업이 왜소해 보이게 만든다. 활성화된 AGI 프로젝트에 관한 바움의 2017년 조사는 산업으로서의 AGI의 정치경제에 관한 개요를 제공한다. 이 조사에 따르면, 전 세계 30개국에서 총 45개의 AGI 프로젝트[5]가 활성화되었으며, 대부분은 "주류 기업 및 학술 기관에 기반을 두고 있고", 그보다 적은 몇몇은 공기업, 비영리 단체, 혹은 정부 기관에

5. 바움은 "자신을 AGI로 규정하거나 AGI·인간 수준의 지능·초지능으로 간주되는 것을 구축하기 위해 연구·개발을 수행하는 프로젝트"를 활성화된 AGI 프로젝트로 포함한다(Baum 2017:13). 바움은 "뇌 에뮬레이션"을 목표로 하는 프로젝트를 포함시키는데, 그것이 "일반 지능을 갖춘 계산적 존재자"로서 그 자체로 "AGI의 한 유형"이기 때문이다(Baum 2017:8). 그러나 뇌 에뮬레이션이 AGI의 범위에 포함되는지 여부에 관해서는 논쟁이 있다(Wang and Goertzel 2007:7). 바움의 조사는 공개된 정보에 기반한 것이며, 이는 아직 공개되지 않았거나 의도적으로 비밀에 부쳐진 AGI 프로젝트가 더 많을 가능성이 크다는 것을 의미한다.

기반을 두고 있다.[6] "일부는 … 대규모로 막대한 자금을 지원받고 있지만", 대부분은 중소 규모다(Baum 2017 : 2). AGI 연구는 오픈소스 프로젝트가 많은 것이 특징이며, 총 25개의 프로젝트가 소스 코드를 온라인에 공개했다. AGI 프로젝트 중 9개만이 군사적 연결성을 식별할 수 있는 반면, 그보다 적은 4개만이 명확히 군사적 연결성이 없는 것으로 식별되었고 나머지는 불분명했다. 대부분의 AGI 프로젝트는 미국 또는 미국의 영향권 내에 기반을 두며, 그렇지 않은 프로젝트는 러시아와 중국에 기반을 둔 프로젝트뿐이다(Baum 2017 : 2).

가장 큰 AGI 프로젝트는 알파벳-구글의 딥마인드, 일론 머스크가 지원한 오픈 AI, 휴먼 브레인 프로젝트Human Brain Project이며, 그 외 주목할 만한 프로젝트로는 비카리우스 에프피씨, 마이크로소프트가 인수한 말루바, 오픈 코그Open Cog, 우버 AI, 나이센스Nnaisense를 포함한다. 바움에 따르면, 영리 기업들 사이에는 "단기적인 이익이나 심지어는 이익을 전혀 고려하지 않고 유사학문적인 방식의 장기적인 AGI 연구개발"을 지원하는 것과, "장기적인 AGI 목표를 위해 노력하면서 동시에 기업에 단기적인 이익을 제공하는 AGI 프로젝트"에 착수하는 것 등 두 가지 유행이 있다(Baum 2017 : 19).

---

6. 바움(Baum 2017:18)의 집계에 따르면, 프로젝트는 학술 기관(20), 민간 기업(12), 공기업(6), 비영리 단체(5), 정부 기관, 비공식 기관(2)으로 나뉜다. 프로젝트 중 4개가 이 중 2개의 범주에 함께 속하기 때문에 모두 합하면 총 49개이다.

후자의 경향은 마이크로소프트·구글·우버와 같은 기업에서 두드러진다. 바움은 "단기적인 이익과 장기적인 AGI 연구개발 사이의 시너지가 강력하게 입증된다면, 이미 딥러닝에서 목격한 것과 유사한, AGI 연구개발의 폭발적인 증가를 촉진할 수 있다"라고 주장한다(Baum 2017 : 19). 바움의 조사에 따르면, 10년 전에 왕페이와 괴르첼이 앞서 주장한 바와 마찬가지로 현재 AGI 연구의 상태는 여전히 주로 "출판물과 예비적 결과를 생산"(Baum 2017 : 3)하고 있는 것으로 보인다.

AGI를 발명하기까지 얼마나 더 걸릴지는 알 수 없지만, AI 분야에서 일하는 많은 사람은 이를 필연적인 것으로 보고 있다. 에템 알페이딘은, 오늘날 기계학습 체계가 할 수 있는 일에 기반해서, "이번 세기가 끝나기 전 어느 시점에 이런 유형의 학습된 지능이 인간 지능 수준에 도달하는 것은 놀라운 일이 아닐 것"이라고 주장한다(Alpaydin 2016 : xii). 그러나 더 낙관적인 추정도 있다. AI 전문가들에게 HLMI가 언제 개발될 것으로 예상하는지 묻는 설문조사에서 중위값 기준 추정치는 2022년 10퍼센트, 2040년 50퍼센트, 2075년 90퍼센트 확률이었다(Muller and Bostrom 2016). 기계학습 전문가들에게 AI가 언제 인간의 능력을 능가할 것으로 예상하는지 묻는 또 다른 설문조사에서도 비슷한 결과가 나왔는데, 9년 이내가 10퍼센트, 45년 이내가 50퍼센트, 100년 이내가 75퍼센트였다(Grace et al. 2018). 이 설문조사에서는 특수한 기술에서 AI가 인간을 능가하는 시점에 관한 세분화된 질문도 제시했는데, 2024년 언어 번역, 2027년 트럭 운전, 2031년 소매업, 2049년 베스트셀러 책 집필 등 다양한 작업에 대한 추정치가 제공되었다. 기계학습 전문가들은 45년 안에 이 모든 작업에서 AI가 인간을 능가할 확률이 30퍼센트이며, 120년 안에 인간의 모든 직업이 자동화될 것으로 예상했다.[7]

AGI는 기업·정부·비정부 이해관계에 의해 적극적으로 추진되고 있다. 이러한 기계의 실제 발명은 인간에게는 자본주의의 가장 암울한 미래 중 하나일 수 있는데, 지금 우리가 비판석으로 논하는 것처럼 그러한 기계가 노동을 할 수 있고 따라서 잠재적으로 가치를 창출할 수도 있기 때문이다. 노동을 수행하는 것은 가치 창출을 위한 필요조건이지만, 충분조건은 아니다. 그러므로 우리는 분석적으로 접근하여, AGI가 노동을 수행할 가능성과 그것이 가치를 창출할 수 있는지 여부를 서로 분리해 검토할 것이다.

인간 노동과 노동력

『자본』에서 맑스는 노동을 "인간에게 독점된 특징"으로 전제하고 이 핵심 개념[노동]을 "인간적인 것", "살아있는

7. 뒤에서 논의하겠지만, 물론 기술적 성과는 경제적 도입과 결코 같지 않다. 한 저명한 주류 경제학자가 기술적 특이점의 시간적 지평을 추정하여 특이점이 일어난다면 적어도 한 세기가 걸릴 것으로 예상했던 시도에 관해서는 Nordhaus 2015 참조.

것", 혹은 심지어 "살아있는 인간"에 속하는 것으로 반복해서 규정했다(Marx 1990 : 283~4 [2015]). 맑스가 노동을 이렇게 규정하는 것은 노동 외에도 토지와 자본이 가치의 원천이라고 물신적으로 주장하는 부르주아 정치경제학자들에 맞선 수사로 설명될 수 있다.[8] 그러나 노동이 본질적으로 인간적이라는 맑스의 가정은 수사에 그치지 않는다. 맑스는 주로 노동을 발생시키는 사회적 관계라는 맥락 속에서 노동을 논했지만, 그의 노동 개념의 기준은 좋든 나쁘든 인간 존재자였다. 노동은 인간적이라는 것은 맑스의 공리 중 하나다.

맑스가 노동을 그 자체로, 즉 노동이 발생하는 사회에 대한 참조 없이 논했을 때, 그는 노동을 동물의 생산적 활동과 날카롭게 구분했다. 맑스의 이론적 틀에서, 동물이 자본주의 생산 과정에 투입될 때 동물은 원재료 투입물로서가 아니라면 기계와 기능적으로 등가이며, 고정 자본의 지위로 환원된다.[9] 이러한 기능적 등가성을 고려할 때, 맑스가 『경제학-철학 수고』와 『자본』에서 노동이 동물의 생산 활동과 질적으로 다른 이유에 관해 주장한 것은 기계가 노동할 수 없는 이유와 이론적으로 AGI가 노동을 할 수 있는 이유 모두를 이해하

8. 맑스는 이 물신을 "삼위일체 정식"이라고 불렀다(Marx 1991 : 953 [2015]).

9. 원료 투입물로서 동물은 여전히 불변 자본으로 나타나겠지만, 그것은 유동 자본적인 가변성을 가지고 있기에, 고정(불변) 자본과는 다른 사회적 기능을 수행한다.

는 데 중요하다. 동물이 노동할 수 없는 이유에 관한 맑스의 논증은 좁은 AI의 영역-특정적 행동과 매우 유사한 관점으로 동물을 기술한다는 점에서 특히 흥미롭다. 더 나아가, 이것은 AGI의 개념과 맑스의 노동 및 노동력 개념 사이에 동형성이 있음을 시사한다.

『자본』 7장에서 맑스는 노동이 "인간과 자연 사이의 과정, 즉 인간이 자신의 행위를 통해 자신과 자연 사이의 대사작용을 매개하고 조절하고 제어하는 과정"이며, 이 대사작용을 통해 인간 종은 "자연의 물질을 〔자신의〕 필요에 맞는 형태로 전유하고" "외부 자연에 작용하여 그것을 변화시킨다"(Marx 1990 : 283 [2015])라고 초역사적 관점에서 주장한다. 이 진술은 마치 맑스가 인간만이 자신의 생활 환경에 영향을 미치고, 그것을 사용하며, 변화시키는 유일한 존재자라고 주장하는 것처럼 보인다. 그러나 『경제학-철학 수고』에서 그는 모든 동물이 "감각적으로 행위하고 대상화하는 주체"로서, 종에 특정적인 방식이기는 하지만 자신만의 세계를 구축하고 서식지를 재생산한다는 점을 인식한다(Fracchia 2017). 『경제학-철학 수고』에서 맑스는 모든 생명체는 생존을 위해 "자연과 지속적인 교섭"을 해야 하므로 인간과 동물은 공통점이 많다는 것을 인식한다(Mulhall 1998 : 10). 인간은 종에 특정한 서식지를 생산하는 것 외에도 먹고 마시고 번식하는 등 "동물적 기능"을 동물과 공유한다(Marx 2007 : 75 [2006]). 하지만 이러한 유사성에도 불구하고, 인간이 외부 환경에 관여하는 특정한 방식은 동물과 크게 다르다.

맑스는 이 차이를 생명-활동의 개념으로 설명하며, "한 종의 전체 특징은 … 그 생명-활동의 특징에 포함되어 있다"라고 주장한다. 동물은 "그 생명-활동과 즉각적으로 동일하고 … 자신의 생명-활동과 자신을 구별하지 않으며, 〔그리고〕 그것은 곧 그 자체가 자신의 **생명-활동**인" 반면, 인간은 "의식적인 생명-활동"을 갖는 것으로 구별된다(Marx 2007 : 75 [2006]). 따라서 맑스가 인간과 동물 사이를 구분하는 경계선 중 하나는 전자는 자신이 하는 일을 의식하지만 후자는 그렇지 않다는 것이다. 그는 『자본』에서 인간이 하는 일 배후의 의식적 목적이 "〔인간〕 활동 양태를 결정한다"(Marx 1990 : 284 [2015])라고 말하며 이 논증을 되풀이한다. 그 결과 이러한 의식은 인간에게 "〔자신의〕 신체적·정신적 힘을 자유롭게 활용free play"(Marx 1990 : 284 [2015])할 수 있게 하며, 따라서 인간은 활동성이라는 측면에서 "자유롭다"(Marx 2007 : 75 [2006]).

의식은 왜 인간의 노동력에 자유를 부여할까? 맑스는 "자유"로 무엇을 의미할까? 물론 그 함축은 동물의 활동에서 동물은 자유롭지 않다는 것이다. 하지만 왜일까? 이러한 상대적 자유의 차이는 맑스가 인간과 동물 사이의 차이를 드러내는 두 구절을 살펴봄으로써 더 잘 설명될 수 있다. 중요한 것은 이 구절들이 맑스가 인간에 고유하다고 주장한 다른 정신적 능력도 식별한다는 점이다. 『경제학-철학 수고』에서 맑스는 다음과 같이 말한다.

> 인정컨대 동물들도 생산한다. 벌·비버·개미 등 동물도 스스로 둥지나 집을 짓는다. 하지만 동물은 자신과 새끼를 위해 즉각적으로 필요한 것만 생산한다. 인간이 보편적으로 생산하는 동안 동물은 일방적one-sidedly으로 생산한다. 동물은 즉각적인 신체적 필요의 지배 아래에서 생산하지만, 인간은 신체적 필요에서 자유로울 때도 생산하며 그로부터 자유로울 때만 진정으로 생산한다. 동물의 생산물은 곧바로 그 자신의 물리적 신체에 귀속되지만, 인간은 자신의 생산물을 자신으로부터 분리된 대상으로서 자유롭게 대면한다. 동물은 자신이 속한 종의 표준과 필요에 따라 사물을 형성하는 반면, 인간은 모든 종의 표준에 따라 생산하는 방법을 알고 있으며, 대상에 내재한 표준을 모든 곳에 적용하는 방법을 알고 있다. 따라서 인간은 아름다움의 법칙에 따라 사물을 형성한다. (Marx 2007:75~6 [2006])

이 구절은 꿀벌과 건축가의 연관성에 관한 『자본』의 유명한(혹은 악명 높은)(in)famous 구절과 함께 읽어야 한다.

> 거미는 직조공이 하는 작업과 유사한 작업을 수행하고, 꿀벌은 벌집 방을 만들어 많은 인간 건축가를 부끄럽게 만든다. 그러나 최악의 건축가와 최고의 꿀벌을 구분하는 것은

건축가는 밀랍으로 방을 만들기 전에 머릿속〔코프Kopf〕으로 방을 만든다는 점이다. 모든 노동 과정이 끝나면 노동자가 처음에 이미 구상한, 따라서 이미 관념적〔이데엘ideell〕으로 존재했던 결과가 나타난다. (Marx 1990 : 284 [2015])[10]

여기서 맑스는 의식과 인지(예를 들어 창의성·학습·상상력)를 인간 고유의 것으로 간주하고, 동물의 전체 생명-활동을 결정짓는 동물의 본능과 반대되는 것으로 여긴다. 인간과 동물의 생산은 모두 생존 본능에 내장되어 있지만, 본능은 동물이 무엇을 어떻게 언제 어디서 생산하고 소비하는지 결정하기도 한다. 따라서 동물 현존의 형식과 내용은 그 동물이 어떤 종인지에 따라 결정되는데, 모든 동물이 그것의 생명-활동과 동일하기 때문이다(Mulhall 1998 : 12 ; Fracchia 2017). 맑스에게 동물의 활동은 본능적이기 때문에 "자유롭지 않은" 것이다.

따라서 인간은 생명-활동, 즉 노동의 "본능적 형태"를 "버렸다"라는 점에서 동물과, 또 알고리즘과 다르다(Marx 1990 : 283 [2015]). 맑스의 노동 개념이 지닌 인간중심주의는 맑스가 인간과 다른 동물의 진화에 관해 세운 가정, 즉 전자는 의식과 일련의 다른 정신적 능력을 진화시켰지만 후자

10. 무어와 아벨링의 『자본』 번역본에서 코프와 이데엘은 모두 "상상력"으로 번역되었다(Marx 2011:198 [2015]). 벤 포크스(Marx 1990 [2015])는 이데엘을 올바르게 번역했지만, 코프의 정확한 번역은 "머리"다.

는 그렇지 않다는 가정에 근거한 것으로 이해할 수 있다. 따라서 인간은 자신의 생명-활동과 노동을 "의지와 의식의 대상"으로 삼을 수 있는데, 이는 인간이 무엇을·어떻게·언제·왜 생산하는지 추론할 수 있고, 무엇을 다르게 할 수 있을지 상상하고 숙고할 수 있다는 것을 의미한다(Marx 2007 : 75 [2006] ; Mulhall 1998 : 13). 맑스가 인간은 정신적·신체적 능력을 "자유롭게 활용"한다고 주장한 것은 생산에서 인간이 할 수 있는 선택에 기반한 것이다.

이러한 자유로운 활용으로 인해 인간은 또한 동물의 일방적인 영역-특정적 생산과 달리 "보편적으로", 즉 여러 영역에 걸쳐 생산할 수 있다. 다른 말로 하자면, 인간은 다른 동물보다 넓은 범위의 생산적 활동성을 가지고 있으며, 그 범위에는 "모든 종의 표준에 따라" 생산하는 것이 포함된다. 게다가 인간의 생산은 즉각적인 신체적 필요에 제한되지 않는데, 본능에 의해 부여되었던 자연적 제한이 극복되고 "인공적으로 확장"되기 때문이다(Fracchia 2017). 맑스에 따르면, 원리상 인간은 자연을 모방하고 벌의 벌집 세포, 비버의 댐, 거미의 거미줄과 같이 다른 동물이 하고 만드는 것에서 학습하는 것을 비롯해 거의 모든 것에 마음을 쏟고 손을 댈 수 있으며, "동물에게 '즉각적으로 그 신체에 귀속되는 것'을 인공물(예컨대 옷을 인공 피부처럼 만드는 것)로 생산할 수도 있으며, 다른 종이 '본능적으로' 수행하는 일을 대신할 수 있는 것을 학습하고 만들어낼 수도 있다(예컨대 날개 달린 탈것을 만들어 비행하는 것)."(Fracchia 2017).

하지만 인간은 왜 노동으로 이 모든 것을 할 수 있을까? 인간이 보편적으로 생산할 수 있다는 맑스의 논증은 첫째, 인간이 자연에서 관찰한 동물의 행동과 과거에 성공하거나 실패한 경험에서 학습하고, 둘째, 창의력이나 상상력을 통해 이 새로운 지식을 다른 생산 영역에 적용하거나 심지어 새로운 영역을 발명할 수 있다는 관점에서 이해해야 한다. 이 능력은 결국 맑스가 인간 고유의 것으로 이해한 다양한 정신적 능력 또는 현상에 의존한다. 위에서 인용한 두 구절에서 맑스는 인간의 노동을 미적 전유, (다른 동물이 생산하는 것에 대한) 학습과 이해, 의식적 정신, 관념 형성, 상상과 계획, 그리고 일반적으로 생산의 문제를 해결할 때의 창의성과 적응력에 명시적으로 또는 암묵적으로 근거짓고 있다. 이러한 정신적 능력을 종합하면 일반 지능으로 이해될 수 있으며, 이는 인간이 할 수 있는 일을 유연하게 만들고 새롭고 다양한 환경·노동의 대상·기타 생산 조건에 적응할 수 있게 해준다.

오늘날의 인간, 동물, 기계

인간과 동물 양쪽에 관한 맑스의 가정과 논증에는 건축가의 작업에 관한 가정 및 논증과 마찬가지로 많은 문제가 있다. 맑스의 가정과 논증은 기껏해야 초기 생물학에서 유래한 19세기 증거에 기반한 것이었고, 최악의 경우 그의 상상력과 인본주의적 신념에 기반한 것이었다. 그가 인간과 동물 사이를 날카롭게 구분한 것이 현대 동물 행동학의 관점에서 유지될 수 있을까? 동물은 왜 노동을 할 수 없을까? 노동은 생래적으로 인간에 속한다는 맑스의 주장은 유지될 수 있을까? 동물이 노동을 할 수 있는지 그리고/혹은 가치를 창출할 수 있는지에 관한 논쟁은 수십 년 전부터 이어져 왔으며(예를 들어 Benton 1988, 1993, 2003 ; Elster 1985 [2015] ; Wilde 2000 ; Perlo 2002 ; Drake 2015 ; Johnson 2017 ; Kallis and Swyngedouw 2018 ; Morton 2017 [2021] 참조), 인간 노동의 자유와 동물의 자유롭지 못한 본능적-알고리즘적 행동 사이에 맑스가 세운 날카로운 구분은 동물 행동학, 즉 동물 행동과 인지 연구의 증거를 근거로 비판받아 왔다. 예를 들어, 욘 엘스터(Elster 1985 [2015])와 테드 벤턴(Benton 1988 ; 1993)은 동물의 생산이 일방적인 것과는 거리가 멀며, 특히 (도시 환경 같은) 새로운 환경 조건에 직면했을 때 높은 정도의 가변성뿐만 아니라 상당한 적응력으로 특징지어진다고 주장한다. 유사하게 폴 콕숏과 카렌 르노는 늑대 무리가 사냥하면서 작업을 분담하는 방식, 다양한 포유류가 계획을 세우기 위해 일화 기억을 사용하는 방식, 거미가 거미줄을 짜면서 계획을 세운다는 점을 보여주는 실험에 주목하면서 맑스가 계획 또는 비전(즉, 상상)을 바탕으로 인간과 동물 사이에 세운 날카로운 구별에 이의를 제기한다(Cockshott and Renaud 2016 : 21~2).

동물의 행동은 맑스가 생각했던 것보다 더 일반적이며,

동물의 인지 역시 마찬가지다. 실제로, 인지 진화 연구자들은 동물의 행동을 더 이상 복잡성의 위계 구조에 맞출 수 있다고 상정하지 않고 대신 동물의 "정신 기관" 또는 모듈module을 식별 및 기술하는 데 초점을 맞춘다. 이러한 각각의 모듈은 영역-특정적 기능을 가지고 있고, 주어진 생태 문제와 관련하여 "특정 종류의 입력"(예를 들어 시각이나 청각, 후각)만 받아들이도록 진화했다(Vitti 2013 : 394). "모듈식 인지"는 처음에는 전문화되었지만, 대뇌화encephalization가 증가함에 따라 "유연하고 영역-일반적인" 인지(Vitti 2013 : 395)로 진화했다. 이러한 진화를 이끈 것은 "잡식성 식단·변화하는 서식지·긴 발달 기간·연장된 수명·만연한 사회적 상호작용"일 수 있다(Vitti 2013 : 396). 꿀벌을 포함한 대부분의 동물은 "그들의 생태적 틈새에 필요한 기술에 전문화되어" 있지만, 높은 대뇌화를 가진 일부 종(포유류, 조류, 두족류 등)은 "일반종"generalist으로 간주된다(Vitti 2013 : 395).

티머시 모턴(Morton 2017 : 56 [2021])은 인간 건축가의 노동이 꿀벌의 노동과 다르다는 맑스의 논증에 관해 좀 더 근본적인 문제를 제기한다. 인간이나 꿀벌이나 모두 상상력이 있다는 점을 증명하거나 인간이 계획할 때 알고리즘을 실행하지 않는다는 점을 증명하는 것은 불가능하다고 모턴은 주장한다. 모턴은 맑스가 인간의 생산 활동성이 동물의 생산 활동성과 고유하게 구별된다고 주장하기 위해 가정한 것은 "인간에 관한 형이상학적 주장에 기반한 것"이라고 주장한다(Morton 2017: 56 [2021]).

이러한 비판이 분명하게 보여주는 것은 인간과 동물 사이의 구분이 맑스가 상상했던 것보다 흐릿하다는 것이다. 우리는 인간과 지능적 기계 사이의 구분이 점점 더 흐릿해지고 있다고 주장한다. 실제로, 노동이 본유적으로 인간에 속한다는 맑스의 주장에 반하는, 포유류와 곤충의 복잡한 행동과 내적 삶에 대한 많은 예시는 기계학습 체계의 기능성과 유비적인 면이 있다. 만약 맑스가 노동을 인간적인 것으로 개념화한 것이 이전에 인간에 고유하다고 생각했던 일을 하는 동물의 예시를 통해 도전받을 수 있다면, 기계, 특히 생산적이고 창의적이며 상상적이고 심지어 적응적인 것처럼 보이는 행동을 보이는 기계의 경우에도 마찬가지다. 일부 기계학습 체계는 심지어 신경 구조에서 계획이나 개념을 구상한 다음, 체계가 이전에 마주한 적이 없는 새로운 대응 예시에 계획 및 개념을 적용하거나 인식하는 것처럼 보인다.

2015년 10월 유럽 바둑 챔피언 판후이를 상대로 먼저 승리를 쟁취하고 2016년 3월 바둑 세계 챔피언 이세돌을 4 대 1로 꺾은 딥마인드의 알파고는 기계의 창의성을 보여주는 충격적인 예시다. 고대의 보드게임 바둑은 인간이 고안한 가장 복잡한 게임 중 하나이기에 오랫동안 AI 연구의 이정표가 되어 왔다. 체스를 두는 AI는 단순히 무차별 대입을 사용하여 이기는 수move를 찾을 때까지 모든 가능한 수를 검색할 수 있지만, 바둑은 우주의 원자 수보다 더 많은 가능한 게임의 짜임과 그에 따른 잠재적 수를 가지고 있기에 불가능하다. 알파고라는 반증이 등장하기 전까지 바둑에는 인간 수준의 패턴 인식과 직관에 가까운 무언가가 필요한 것으로 여겨졌다.[11] 알파고는 바둑을 두는 방법을 배우기 위해 심층 신경망과 몬테카를로 트리 검색Monte Carlo tree search의 조합에 의존했다. 이 구조는 하나의 "가치 네트워크"와 두 개의 "정책 네트워크"로 나뉜 세 개의 합성곱 신경망convolutional neural network, CNN으로 구성된다.[12] 합성곱 신경망은 최상위 바둑 기사들이 기록한 16만 대국의 개별 수("상태")를 나타내는 이미지 데이터로 훈련되었다(Silver et al. 2016). 가치 네트워크는 게임을 플레이하는 방법과 주어진 현재 게임 상태에서 승리할 확률을 추정하는 방법을 학습했고, 정책 네트워크는 주어진 현재 게임 상태에서 어떤 수를 선택해야 하는지 학습했다. 그 결과, 두 정책 네트워크는 서로 3,000만 번의 게임을 플레이하고 게임의 최고 결과를 추적함으로써 자신들의 의사-결정을 강화할 수 있었다(Silver et al. 2016).

알파고의 창의성이나 직관은 이세돌과의 두 번째 대국 37번째 수에서 뚜렷하게 드러났다. 이 수는 이후에 (이세돌을 포함해서) 프로 또는 챔피언 바둑 기사들에 의해 "창의

11. 직관은 창의성과 연결될 수 있지만, 그 연관성은 미약하다(Pétervári, Osman, Bhattacharya 2016).
12. 합성곱 신경망은 시각 피질을 모델 제작한 특정 유형의 신경망으로, 이미지 데이터를 처리하는 데 적합하다.

적이고", "독특하며", "아름다운", 그리고 그런 만큼 "비인간적"이라고 기술되었지만, 처음에는 모두를 놀라게 했다(Metz 2016). 알파고가 이 수를 둔 후 이세돌은 이에 대응하는 데 비정상적으로 오랜 시간을 들였다. 해설자들은 이 장면이 얼마나 이상한지에 대해 지적했고, 일부는 인간이라면 그런 수를 두지 않을 것이기 때문에 신경망이 실수한 것으로 생각했다. 하지만 그 수는 알파고의 정책 네트워크가 학습한 내용에 기반한 고의적인 것이었다. 딥마인드의 공학자들은 이 수를 예측할 수 없었고, 알파고가 그 수를 둔 후에야 알파고의 추론을 확인할 수 있었다. 알파고는 인간이 특정 게임 상태에서 이 특정한 수를 둘 확률을 0.010퍼센트로 계산했지만, 그럼에도 불구하고 알파고는 이 수를 선택했다(Metz 2016). 알파고는 틀림없이 계획을 세우고 실행했다. 알파고는 인간이 바둑을 두는 방식을 학습했을 뿐만 아니라, 여러 세대의 인간 바둑 기사들이 바둑을 두는 방식에 설정했던 제약을 뛰어넘어 반생산적으로 보이는 매우 새로운 수를 두며 인간이 하지 않는 양식으로 바둑을 두었다(Metz 2016). 알파고의 창의성은 이와 같은 수와 완전히 새롭고 비인간적인 양식으로 바둑을 두는 법을 학습한 데서 비롯된 것으로, 만약 인간이 이런 일을 해냈다면 독창적이고 창의적이며 지능이 높다고 인식되었을 가능성이 크다.

이 승리에도 불구하고, 우리는 카티아 그레이스와 그 동료들(Grace et al. 2018)이 제시한 AGI 이정표 목록에서 "바둑"

항목이 아직 달성되지 못한 상태에 있음을 지적한다. 이 이정표는 구체적으로 "바둑(인간과 동일한 훈련 방식)"으로 명시되어 있다(Grace et al. 2018 : 747). 이러한 목표 변화는 AI 효과의 관점에서 설명될 수 있는데, 알파고의 승리는 인상적이지만 인간이 바둑 두는 법을 학습하는 방식과 비교하면 그다지 인상적이지 않다. 브렌든 M. 레이크와 그 동료들(Lake et al. 2017)이 지적했듯이, 인간은 몇 번만 바둑을 두면 바둑을 배울 수 있지만, 기계학습 체계가 바둑을 배우려면 수십만에서 수백만 번의 게임 데이터가 필요하다. 알파고는 3,000만 판 이상의 바둑 게임을 훈련한 반면, 이세돌은 평생 5만 판밖에 두지 않았을 것이다(Lake et al. 2017 : 23). 이러한 차이는 기계학습의 주요 결점, 즉 하나를 수행하는 데 필요한 데이터의 양이 과도하다는 점을 강조한다. 다른 한편으로, 인간은 극도로 제한된 데이터에 기반하여 "풍부한 인과 모델을 구축하고, 강력한 일반화를 세우며, 강력한 추상화를 구성"할 수 있다(Tenenbaum et al. 2011 : 1279). 실제로, 단 몇 개의 예시만으로도 일반화를 수행할 수 있는 능력은 일반 지능의 핵심에 자리 잡고 있을지도 모른다.

일부 인지 심리학자들은 인간이 제한된 데이터로부터 상상력을 발휘하여 일반화한다고 제안한다. 따라서 AGI로 나아가는 한 경로는, 체계에 인공적 상상력을 부여함으로써 과도한 데이터 탐식貪食 문제를 극복하는 데 있을지도 모른다(Lapovsky 2014 ; Johnston 2008 : 408 ; Ritter et al. 2017). 상상력은 맑스가 노동이 인간에 고유한 것이라고 주장하게 만든 또 다른 요인이다. 맑스에 따르면, 인간 건축가는 현실 세계에서 건축을 시작하기 전에 머릿속으로 무언가를 구축한다.

스타트업 비카리우스의 전전두엽 피질은 인간과 온라인 로봇을 구별하기 위해 특별히 고안된 캡차CAPTCHA 코드("컴퓨터와 인간을 구분하기 위한 완전히 자동화된 공개 튜링 시험"Completely Automated Public Turing Test to tell Computers and Humans Apart)를 풀 수 있는 체계를 구축했다. 이는 비카리우스가 "인공 상상력"이라고 주장하는 것을 AI에 부여하는 데 의존한다(George et al. 2017). 이 기업에 따르면, 상상력은 "〔AI가〕 학습한 정보가 다양한 시나리오에서 어떤 모습일지 그려내는 능력"과 관련이 있다(Knight 2016a). 좀 더 정확하게 말하자면, 이 업체는 인지심리학·신경과학에서 인간 뇌의 학습 효율성·일반화 능력과 관련이 있다고 밝혀진 시각 피질과 신피질의 귀납적 편향 및 제약과 이러한 상상력을 연결짓는다(Tenenbaum et al. 2011 ; George et al. 2017 : 1).[13]

귀납적 편향 — 학습 편향이라고도 불리는데 — 은 "학습자가 관찰된 데이터와 독립적으로 한 가설을 다른 가설보다 선호하도록 이끄는 요인"으로 정의되었다. "두 가설이 데이터에 동등하게 잘 맞을 때, 귀납적 편향은 두 가설 사이에서 어

13. 따라서 그들은 인공 신경망의 특정 구조가 일반화 문제를 해결하는 데 중요하며, 그 구조는 신피질 세포들의 순방향 계층 구조를 모방하는 데 그칠 것이 아니라, 측면 연결과 피드백 연결을 포함해야 한다고 주장한다.

는 것을 선택할지 결정할 수 있는 유일한 토대다"(Griffiths et al. 2010 : 1). 다른 말로 하자면, 귀납적 편향은 인간의 뇌가 제한된 데이터를 지각하고 학습하며, 학습한 경험을 새로운 맥락으로 외삽하는 문제를 다루기 위해 진화한 휴리스틱[14] 과정이다. 인지·발달 심리학자들은 인간 어린이가 드러내는 여러 가지 귀납적 편향을 제시했으며, 그중 일부는 단어와 객체를 식별하는 AI 프로젝트에서 에뮬레이션되어 왔다(George et al. 2017 ; Ritter et al. 2017). 한 귀납적 편향은 인간이 객체와 단어를 분류할 때 색깔·질감·크기보다 모양을 선호해 인식한다는 것이다. 모양을 인식하여 유용한 객체를 식별하는 성향에는 명백한 진화적 이점이 있다. 모양 편향은 아이들이 새로운 단어를 배울 때 사용하는 생래적 해석 도구로 이해할 수 있다.

비카리우스는 이러한 귀납적 편향을 시뮬레이션함으로써 캡차-해결 AI에 인공 상상력을 장착했다. 캡차 코드는 왜곡된 방식으로 조합된 문자들로 구성되어 있으며, 분류기와 같은 기계학습 알고리즘에 혼란을 주기 위해 잡동사니를 더하는 경우가 많다. 이러한 알고리즘은 개별 문자가 세분화될 수 있는 경우에는 잘 작동하지만, 이를 수행하려면 "각각 다양한 조합 방식으로 렌더링될 수 있는 문자에 관한 이해가

14. * heuristic. 정확한 계산이나 완전한 탐색 대신, 빠르고 대략적인 판단을 하기 위한 경험적 규칙.

필요하다"(George et al. 2017 : 1). 심지어 단 하나의 특정 양식의 캡차를 풀기 위해서 이러한 이해를 달성하려면, 일반적으로 다양한 모양과 방향으로 조합되는 수백만 개의 레이블링된 문자 예시를 통해 체계를 훈련해야 한다. 그렇지 않은 경우, 체계는 문자가 무엇인지, 어디에서 끝나는지, 다음 문자가 어디에서 시작되는지 아는 데 어려움을 겪는다. 물론, 인간은 시각 피질의 귀납적 편향으로 인해 어떤 명시적 훈련 없이도 새로운 양식의 캡차 문제를 풀 수 있다. 포유류 뇌 속 시각 피질의 피드백 연결은 포유류가 배경에서 형상을 식별하고(즉, 형상-기반 지각) "심지어 부분적으로 투명한 객체가 동일한 공간적 위치를 점유할 때도 물체의 윤곽"을 분리할 수 있게 한다(George et al. 2017 : 1).

비카리우스가 상상력이라고 불러온 것(혹은 상상력이라고 교묘하게 마케팅해 온 것)을 것을 AI 공동체에서는 일반적으로 "원샷 학습"one-shot learning이라고 부르는데, 이는 적어도 부분적으로는 귀납적 편향으로 가능해진 인간의 능력이다. 원샷 학습은 레이블링된 하나의 예시를 인간 아이 혹은 기계학습 체계에 보여주면, 아이와 기계학습 체계는 이를 통해 다양한 생래적 귀납적 편향에 의존하여 고양이·문자·단어 전체 등 같은 범주에 속한 다른 예시의 객체를 식별하는 방법을 학습할 수 있다는 것을 뜻한다. 예를 들어, 일반적인 두 살 어린아이는 "고양이"와 같은 새로운 단어를 배우고 사용하기 시작할 수 있으며, 한 가지 예시만 보고도 다양한 각도에서 바라본 고양이, 다양한 색상과 크기의 고양이, 다양한 자세의 고양이 등을 인식할 수 있다. 기계학습 체계가 사진 속 고양이를 인식하려면 다양한 각도, 다양한 모양·크기·재질·색상 등 수백만 개의 고양이 예시를 보여주어야 한다(Tenenbaum et al. 2011 : 1279 ; Lake et al. 2017 : 22). 마찬가지로, 바둑을 한두 판만 두어도 거의 모든 인간이 바둑을 두는 방법을 학습할 것이고 이 지식을 일반화하여 바둑의 여러 변형 중 하나를 큰 어려움 없이 두는 것도 가능하겠지만, 알파고가 그렇게 하려면 "상당한 재프로그래밍과 재훈련이 필요하다"(Lake et al. 2017 : 23). 딥마인드의 연구자들은 이미지넷ImageNet에서 훈련된 매칭 신경망의 원샷 학습 모델도, 특정 신경 구조에 따라 편향의 규모가 다르긴 하지만, 모양에 대한 편향을 보인다는 점을 발견했다(Ritter et al. 2017).[15] 이러한 귀납적 편향을 통해 신경망은 분류를 학습하는 방법 또는 분류기가 되는 방법, 즉 분류를 구현하는 알고리즘을 학습한다.

비카리우스는 그들이 재귀적 피질 네트워크Recursive Cortical Network, RCN라고 부르는 "구조화된 확률적 생성 모델 프레임워크"로 귀납적 편향을 시뮬레이션했다. 생성 모델은 확률적 모델에 기반하여 관찰되거나 학습된 현상을 표상하거나 추상화한다. 맑스의 건축가에 빗대어 설명하자면, 건축가가 벌

15. 이미지넷은 100만 개 이상의 레이블링된 이미지와 2만 개의 카테고리로 구성된 시각적 데이터베이스다. 그것은 시각적 객체 인식 소프트웨어 연구를 위해 설계되었다.

집 모양의 건축물을 짓고자 한다면 이 건축가는 벌이 지은 벌집을 관찰했을 것이고, 벌집에 대한 건축가의 기억은 건축가의 머릿속에서 생성 모델이 되어 다양한 벌집 건축 도면을 생성(즉, 상상)할 것이다. AI에서 이러한 생성 모델은 먼저 데이터에서 인식한 패턴을 기반으로 제작된 다음, 훈련된 데이터의 새로운 변형을 생성하는 등 이 모델로부터 확률을 예측하는 데 사용된다. 비카리우스의 재귀적 피질 네트워크의 경우, 귀납적 편향을 통해 적은 훈련 데이터를 기반으로 알파벳 문자의 윤곽과 표면을 학습한 다음, 문자를 생성적으로 세분화하여 캡차를 풀 수 있었다(George et al. 2017). 이 생성은 인공 상상력으로 이해될 수 있는데, 이러한 방식으로 글자를 세분화하는 것은 글자가 다른 모양·방향·위치에서, 또는 특정 배경이나 왜곡 없이 어떻게 보일지 상상하는 것과 유사하기 때문이다. 이 경우, 상상력은 창조 행위뿐만 아니라 다양한 상황이나 혼란스러운 맥락에 적응하는 것과도 관련이 있는 것처럼 나타난다. 비카리우스에 있어, AI에 상상력을 장착시키는 것의 최종 목표는 완전히 다른 영역으로 학습을 이전할 수 있게 하는 것이다. 여기서 중요한 점은, 이러한 이전은 적응력으로 이해될 수 있으며, 바로 이 개념이야말로 AI 연구자들이 AI가 어떻게 일반적 지능을 획득하게 되는지, 그리고/또는 좀 더 인간과 유사해질 수 있는지를 설명할 때 사용하는 핵심 용어라는 것이다(Alpaydin 2016 : ix, xii, 17, 24 ; Kaplan 2016 : 49~50).

무엇이 노동하는가?

인간과 동물 사이의 차이는 맑스가 생각했던 것만큼 뚜렷하지 않으며, 기계학습 체계가 더 정교해질수록 인간과 기계 사이의 구분은 점점 더 흐릿해지고 있다. 그러나 동물이나 기계의 생산 활동, 혹은 상상력, 창의성, 적응력을 증명하는 것처럼 보이는 행동의 예시 중 실제로 노동이 인간에 독점된 특징이라는 맑스의 가정에 도전하는 것이 있을까? 로렌스 와일드의 주장처럼, 맑스가 고유하게 인간적이라고 지칭한 것이 더 넓은 동물계에서도 발견된다는 점을 지적함으로써 노동과 가치 창출에 관한 맑스의 인류학적 개념화가 무효라고 주장하는 것은, "맑스의 논증을 진지하게 파악하려고 하지 않고 생산 기술들의 구분을 흐릿하게 만들기 위해"(Wilde 2000 : 44) 과학적 자료를 사용하는 수사학적 전략에 지나지 않는다. 또한, 아무리 정교한 딥러닝 체계라 하더라도, 그것의 좁은 능력과 특수한 기능성을 노동과 동일시하는 것은 실수다. 맑스의 인간중심주의에 대해서는 분명 이의가 제기되어야 하지만, 일련의 행동이나 생산적 활동성을 나열하는 것만으로는 그의 논증을 뒤집지 못한다. AI 체계가 한 가지 혹은 심지어 몇 가지의 좁게 정의된 작업만 수행할 수 있는 한, AI 체계가 아무리 창의적이거나 상상력이 풍부해 보여도 그 행동은 노동이 아니다.

맑스가 인간의 노동이 동물 및 기계의 활동과 다른 이유로 제시한 것은 인간의 노동이 지닌 고도의 유연성과 적응력, 요컨대 일반성이다. 많은 동물이 맑스가 생각했던 것보다 더 적응력이 뛰어나고 영역-일반적 지능을 가지고 있지만, 인간의 지능은 좀 더 일반적이며, 이는 이 특수한 종이 다른 어떤 종보다 더 넓은 질적 범위의 생산적 행동을 할 수 있게 만드는 것이다. 콕샷과 르노(Cockshott and Renaud 2016)는 인간과 동물이 할 수 있는 일 사이의 구분을 흐리려고 시도하지만, 그럼에도 불구하고 인간이 할 수 있는 일의 질적 범위가 다른 모든 동물 및 현재의 기계보다 **더 넓다는** 점을 인식한다. 그들은 생산 과정에서 동력원으로서의 와트의 증기기관이 말을 얼마나 쉽게 대체했는지를 지적하며, 인간은 그처럼 쉽게 대체될 수 없다고 말한다(물론 기계가 인간을 대신하기도 한다는 점은 인정한다). 그들이 주장하기를, 인간에게는 "근육 에너지보다 더 많은 것이 있으며", 따라서 인간은 "거의 모든 노동 작업에 투입될 수 있고 … 적응력이 있다 … 이러한 적응력이 우리가 지배적 종인 근본적 이유임이 틀림없다. 우리는 사실상 보편적 로봇이다"(Cockshott and Renaud 2016:21). 그러므로 맑스가 인간에게 노동 능력이 있다고 주장할 때, 그는 잠재적으로 새로운 행동들을 포함하여 생산적·적응적 행동의 질적 범위를 함의하고 있다.

기계·동물·인간은 일반적 지능에서 좁은 지능에 이르는 지능의 연속체 위에 놓일 수 있으며, 인간은 일반성에 가깝고 기계학습 체계를 포함한 현존하는 기계와 곤충 종은 그 반대편에 놓여 있다. 맑스의 노동과 노동력 개념도 이 연속체의 어딘가에 놓일 수 있다. 어떤 존재자가 노동을 수행할 능력을 갖추려면, 아직 정의되지 않은 어떤 임계 질량의 대뇌화와, 지능이 지닌 일반성의 어떤 문턱에 도달해야 하며, 2019년의 시점에서는 인간만이 이 기준을 넘었다. 따라서 우리는 노동할 수 있는 것은 여전히 인간뿐이라는 점에서 맑스에 동의하지만, 노동 능력을 지능의 일반성 정도의 연속체 위에 놓음으로써 다른 존재자도 노동을 할 수 있으며, 따라서 맑스의 노동 개념을 더는 필연적으로 인류학적인 것으로 간주해서는 안 된다고 주장한다. 노동의 개념을 일반 지능에 기초해 정의하는 것은 노동이 본래 지니고 있던 인간과의 생래적 연결성을 끊어 버리며, 따라서 이론적으로는 일반 지능을 가진 다른 어떤 존재 역시 노동을 수행할 수 있다는 가능성을 허용하게 된다. 그러한 존재가 실제로 출현한다면, 그것은 노동이 인간에게 독점된 특징이 아니라는 것을 경험론적으로 증명할 것이다.

AGI 연구자들이 일반 지능을, 일반적 지식에 기반해 추론하고, 다양한 작업을 수행하며, 새롭고 완전히 다른 영역과 환경에서 조작하는 능력을 의미하는 것으로 이해한다는 점을 감안할 때, 인간만이 노동을 할 수 있는 이유에 관한 맑스의 논증은 다음과 같이 다시 정식화될 수 있다. 즉, 인간은 일반적으로 지능적이기에 노동을 할 수 있다. 따라서 우리는 일반 지능(적어도 AGI 공동체가 그것을 이해하는 방식)

과 맑스의 노동력 및 노동 개념 사이에 동형성을 상정한다. 만약 일반 지능이 맑스의 노동력 개념과 동형이라면, 필연에 가까울 정도로 AGI는 노동을 할 수 있을 것이다.

AGI 노동의 가능성에 대한 가능한 반론은 존 설(Searle 1980)의 중국어 방 논증에 따라 기계는 결코 의식적일 수 없다는 주장에 기반을 둔다. 맑스가 노동을 의식적이고 목적적인 활동으로 간주했다는 점을 감안할 때, 설의 논증은 AGI가 노동을 할 수 있다는 가능성에 대한 반론이기도 하다. 창의력과 상상력, 어느 정도의 적응력 같은 정신 능력은 자동화할 수 있겠지만, 의식은 기계가 인간의 고유성을 점진적으로 침해하는 것에 대한 최후의 방어벽일지도 모른다. 그런데 의식이나 자기-인식은 어느 정도까지 중요할까?

어떤 사람들은 기계가 의식적이지 않다면, 따라서 자신의 행위와 생각이 의미 있다는 그런 의미에서 자신이 무엇을 하고 있는지 이해할 수 없다면, 우리는 지능에 관해 이야기하는 것 자체가 사실상 불가능하다고 말한다(예를 들어 Searle 1980 ; Nadin 2018 참조). 창의성과 관련하여, 예를 들어, 지능형 기계는 자신의 창작물이나 창작 과정에 관해 실제로 (문화적이든 경제적이든) 새롭거나 가치 있는 것이 무엇인지 의식적으로 식별하고 나쁜 예술과 좋은 예술의 차이를 설명할 수 있어야 한다고 여겨졌다(Coeckelbergh 2017). 다른 사람들은 특정 환경뿐만 아니라 세계 일반을 탐색해야 하는 체화된 AI는 (의식과 묶인) 자아 감각이 필요할 가능성이 크다고 본다. 예를 들어, 크리스토프 아다미는 체화된 AI는 "자신들이 세상 어디에 있는지 알아내야 하며, 우리처럼 정확한 자아 감각을 지니고 있다면 더 잘 작동할 것"이라고 주장한다(Johnston 2008 : 411에서 인용).

하지만 지능은 실제로 의식과 어느 정도로 묶여 있는 것일까? 유발 노아 하라리는 『호모 데우스』에서 "지능은 의식과 분리되어 있다"라고 말한다(Harari 2016 : 101 [2023]). 하라리는 아주 최근까지 체스 두기·자동차 운전·질병 진단처럼 높은 지능이 필요할 뿐 아니라 의식적인 인간만이 할 수 있었던 특정 작업이 있었다고 지적한다. 1997년 아이비엠의 딥블루는 여섯 판으로 이루어진 체스 경기에서, 무차별 대입 방식으로 가능한 수들을 계산함으로써 당시 세계 챔피언이었던 가리 카스파로프를 꺾었다. 물론 질병을 진단하거나 자동차를 운전하는 일은 무차별 단순 이상의 것을 요구하지만, 데이터 속의 미세한 패턴을 인식할 수 있을 만큼 신경망 구조가 충분히 깊기만 하다면, 기계가 반드시 의식을 가질 필요는 없다. 이와 유사하게, AI 연구자 머리 샤나한(Shanahan 2015)은 기계학습이 지능과 자기-인식 의식을 분리하는 궤도에 있을 수 있다고 주장한다. 하라리와 샤나한을 따라 우리는 노동도 의식에서 분리될 수 있다고 주장한다. 인간이 창의성·상상력·지능, 심지어는 의식을 위한 시금석이 되어야 하느냐는 물음은 요지를 빗나간 것이다. 자본에 중요한 것은 이러한 능력을 에뮬레이션하는 것뿐이다. 지능형 기계의 시대에 중국어 방은 생산의 숨겨진 거처가 될 수도 있다(Kjøsen 2018 : 161).

인공 일반 지능AGI을 향해

에템 알페이딘은 기계학습을 통해 체계가 "인간 지능 수준에 도달"해도 놀랍지 않을 것이라고 말한다(Alpaydin 2016 : xii). 이와 같은 견해는 앤드루 응을 비롯한 여러 인물에 의해 공유되고 있다. 응은 "인간 지능은 하나의 알고리즘으로 귀결된다"는 입장을 옹호하며, 딥러닝이 인간 지능을 에뮬레이션하는 문제를 완전히 해결하지는 못하더라도, 적어도 지금까지 시도된 어떤 방법보다도 그 목표에 더 가까이 다가갈 수 있다고 생각한다(Domingos 2015 : 117 [2016]). 마찬가지로, 도밍고스는 기계학습에서 다섯 가지 주요 알고리즘 "부족"tribe을 식별하는데, "모든 부족의 핵심 기능"을 "궁극의 마스터 알고리즘"으로 통합하는 것이 목표라고 주장하며(Domingos 2015 : xvii [2016]), 이 목표에 도달하면 곧 인간 지능을 능가하는 AI에 도달할 것이라고 선언한다(Domingos 2015 : 286 [2016]).

일반 지능에 대한 이러한 좁은 AI 접근법은 대체로 연결되지 않은 도구들이 들어 있는 "도구 상자"로 지능을 보는 견해라고 이해할 수 있다. 그러나 도구들을 연결하는 것은 어려울 수 있는데, 왜냐하면 각 도구가 "매우 다른 이론적 고려사항에 따라" 구축되었기 때문에 "큰 체계 속에서 그것들을 모듈로 구현한다고 해서 반드시 함께, 정확하고 효율적으로 작동하는 것은 아니기"(Wang and Goertzel 2007 : 6) 때문이다. 통합적 접근의 가능성을 인식하면서도, AGI 공동체는 좁은 접근법들로부터 일반 지능이 창발할 가능성이나 AGI가 다양한 좁은 AI 간 간극을 해소할 수 있다는 점에 관해서는 이의를 제기한다(Wang and Goertzel 2007 : 6 ; Goertzel 2014). 괴르첼이 주장하듯이, "AGI 접근법은 '일반 지능'을 작업이나 문제에 특정된 기능과는 근본적으로 다른 특성으로 간주하며, 이 특성을 이해하고 이를 드러내는 체계를 만드는 데 직접적으로 초점을 맞추고 있다"(Goertzel 2014 : 2). 좁은 AI와 AGI 연구 분야 모두 학습이 지능의 핵심적 양상이라는 데는 동의하지만, 왕과 괴르첼은 다음과 같이 지적한다.

> 현존하는 대부분의 "기계학습" 작업은 AGI에 속하지 않는데 … 왜냐하면 그 작업들은 학습 문제를 큰 그림의 일부로 다루지 않고 고립된 것으로 정의하기 때문이다. 그 작업들은 적어도 인간의 정신/뇌와 투박하게 동등한 일반성을 지닌 광범위한 지능의 체계를 만드는 데 관심이 있는 것이 아니라 훨씬 더 좁은 맥락에서 학습을 다루는 데 관심이 있다. (Wang and Goertzel 2007 : 2)

유사하게 닐스 J. 닐슨은 "특수 목적용 체계 구축"을 통해 인간 수준 인공지능human-level artificial intelligence, HLAI의 목표를 달성하려 하는 것은 잘못된 것일 수 있다고 주장한다. 대신 그는 "광범위하지만 최소한의 내장 기능을 갖춘" "학습하고 가르칠 수 있는 범용 교육 가능 체계"(Nilsson 2005 : 68)를 지지한다. 이러한 기능에는 감각-운동 체계·예측·계획·학습·추론·표상이 포함된다. 사실상 닐슨은 인간과 유사한 방식으로 학습하고 발달하는 "어린이 기계"를 주장한다.

그럼에도 불구하고, AGI의 추구는 좁은 AI과 다르긴 하지만 근본적으로 다른 것은 아니다. AGI 연구자는 일반화와 관련된 기계학습 방법들(예를 들어 전이 학습과 귀납적 편향)을 활용할 수 있으며, 이런 점에서 일반 지능 구축을 목표로 할 때와 일정 부분 중첩될 수 있다. 그러나 "인간-매개 기계학습의 도움을 받아 다양한 좁게 전문화된 AI … 체계를 만드는 데 필요한 것 외에 추가적인 구조적 및 동적 원리가 필요하다"(Goertzel 2014 : 4). 그러나 동시에, "범용" 컴퓨터 체계라고 해서 반드시 "단일 요인이 … 여러 영역에 걸친 지능을 모두 책임져야 하는 것은 아니다. 체계는 여러 기술의 통합이 될 수 있다"(Wang and Goertzel 2007 : 5). 즉, 왕과 괴르첼은 다양한 좁은 AI를 AGI로 종합할 가능성 — 이는 서로 다른 자동화된 구체적 노동들을 모아 노동력으로 만드는 것에 해당할 것이다 — 은 거부하지만, 좁은 문제들을 해결하는 동안에도 체계의 일반적 본성을 염두에 두는 한, 이후 그것들을 하나의 일반 지능으로 통합할 가능성은 있다고 보는 것 같다. 딥러닝 접근법에 대한 현재와 미래의 개선으로부터 일반 지능을 갖춘 기계가 나올 수 있는지, 아니면 처음부터 범용 체계를 구축해야 하는지는 AI 공동체에서 계속 논의되고 있다. 어느 쪽이 다른 쪽보다 더 확률이 높거나 유망하다고 판단하는 것은 우리의 전문 지식을 넘어서는 일이다.

하지만 AI 분야의 탄생을 고려할 때, AGI의 출현 가능성을 얼마나 진지하게 고려해야 할까? 커즈와일(Kurzweil 2005a : 33~4 [2007])과 보스트롬(Bostrom 2014 : 29 [2017])이 제시했듯이, 자신의 설계에 접근하고 이를 업그레이드할 능력을 갖춘 AI가 스스로 개선하거나 완전히 새로운 버전의 자신을 만들고(예를 들어 완전히 다른 신경 구조를 사용하거나 병렬 계산에서 양자 계산으로 전환하는 등), 그 결과로 무한히 자신을 개선하는 재귀적 자기-개선 과정을 통해 AGI가 등장할 수 있다. 이 과정은 또한 가속화되어 기계 지능의 개선이 점점 더 가까운 간격으로 이루어지게 할 것이며, 재귀적 자기-개선도 AGI에 의해 이루어질 것이므로 ASI의 출현으로 이어질 수 있다.

이 논증은 맑스의 사유와 완전히 이질적인 것은 아니다. 우리가 1장에서 논했듯이, 맑스는 기계를 비롯한 거의 모든 것이 기계에 의해 생산되도록 생산의 일반적 조건들이 변화하기 전까지 대규모 산업은 "적절한 기술적 토대"를 갖추지 못했고 "자립할 수 없다"고 주장했다(Marx 1990 : 506 [2015]). 맑스는 이 현상을 산업혁명의 핵심적 특징으로 이해했다.

AGI가 출현하기 위해서, 자본주의는 "완전히 발전된 AI 자본주의"에 적합한 기술적 토대를 마련하기 위해 최초의 산업혁명과 유사한 또 다른 혁명을 거쳐야 할 수도 있다. AI는 생산의 일반적 조건이 되어 단순히 AI에 의해 생산되는 것이 아니라 AI가 스스로를 재귀적으로 개선할 수 있게 되어야 한다.

구글의 오토ML AutoML(자동화된 기계학습) 프로젝트는 이러한 과정의 한 예시인데, 그것이 "다른 기계학습 알고리즘을 구축하기 위해 학습하는 기계학습 알고리즘"(Metz 2017b)이기 때문이다.[16] 연구자들이 신경망을 구축할 때, 그들은 수많은 가능한 순열 중 어떤 것이 가장 효과적인지 시험하기 위해 강력한 컴퓨터에서 수백 번의 실험을 실행해야 한다. 이 과정에서 모델과 그 매개변수를 여러 번 조정해야 하며, 언제나 연구자들은 왜 이러한 조정이 필요한지 정확하게 설명할 수 없다. 정의되지 않은 직관이 종종 유일한 가이드다. 구글이, "다른 알고리즘 개발을 분석하여 어떤 방법이 성공하고 어떤 방법이 실패하는지 학습하는 알고리즘"(Metz 2017b)을 만들어 자동화하고자 하는 것은 바로 이 어려운 과정이다. 이는 재귀적 자기-개선과는 거리가 멀지만, 알고리즘이 학습을 학습하는 방식에 초점을 맞추는 것은 현재 AI 연구의 중요한 유행 중 한 부분이며 AGI에도 중요하다.

16. 2장에서 논한 바이유는 또 다른 예시이다.

AGI는 맑스가 『자본』에서 논한 19세기 증기 기관 기계나 21세기 초의 좁은 AI와는 완전히 다른 유형의 기계다. AGI는 일반적으로 지능적이기에 일반적인 노동 능력을 갖추고 있을 것이며, 따라서 노동을 수행할 수 있다. 노동하는 기계와 가치를 부여하는 기계라는 것은 맑스주의적 모순어법oxymoron에 해당하지만, 맑스는 「기계에 관한 단상」 이후 약 60페이지에 걸쳐 등장하는 『정치경제학 비판 요강』의 잘 알려지지 않은 흥미로운 구절에서 이러한 가능성을 인식한 것처럼 보인다.

완벽한 기계들에 관한 단상

맑스에게 AI나 지능형 로봇에 관한 이론이 있는가? 맑스 생전에 이러한 기술과 조금이라도 닮은 것이 전혀 없었다는 점을 고려할 때 이 질문을 고려해 보는 것 자체가 이상하게 보일 수 있다. 그러나 인공 인간과 동물을 만든다는 개념은 맑스가 탄생하기 훨씬 이전부터 있었다. 18세기의 다양한 자동 기계들은 큰 찬사를 받았으며 널리 알려져 있었다. 자크 드 보캉송은 18세기 중반에 자동 기계 "플루트 연주자"The Flute Player와 "소화하는 오리"Digesting Duck를 만들었고, 피에르 자케-드로는 1768년에서 1774년 사이에 세 개의 인형 자동 기계를 만들었으며, 빅토리아 시대에 사람들은 이러한 기계 장치에 매료되어 1848년부터 1914년까지를 "자동 기계의 황

금시대"로 묘사할 정도였다(Bailly 2003). 따라서 맑스는 이러한 자동 기계를 알고 있었을 가능성이 크며, 그가 다음과 같이 썼을 때 마음 한구석에 자동 기계가 있었을 수도 있다.

> 만약 기계가 영원히 지속되고, 기계 자체는 재생산되어야 할 일시적인 물질로 구성되지 않으며(더 완전한 기계의 발명이 그것을 더는 기계가 아니게 만들어 버린다는 점은 별개로 하더라도), 그것이 영구 기관perpetuum mobile이라면, 그것은 자신을 뜻하는 개념에 가장 완전하게 부합하는 존재가 될 것이다. 그것의 가치는 대체될 필요가 없을 것인데, 파괴가 불가능한 물질성으로 계속 지속될 것이기 때문이다 … 그것은 노동의 어떤 생산력으로서 계속 작용하는 동시에 세 번째 의미의 화폐, 즉 그-자체로 불변 가치constant value가 될 것이다(Marx 1993:766 [2007]).

겉으로 보기에는 기계의 내구성과 유지 비용에 관한 이론적 요점만 볼 때 이 구절에는 놀라운 것이 없다. 파괴가 불가능한 기계는 그 가치를 유통으로 결코 완전히 이전할 수 없으며, 이는 사실상 그 가치가 0에 가까워지기 때문에 자본의 추가 지출 없이 필요 노동 시간을 줄이고 상대적 잉여 가치를 생산하는 기능을 계속할 수 있다는 점을 의미한다.[17] 그러

17. 맑스는 "기계는 그 가치가 0일 때 자본에 가장 가치가 있다"라고 지적한

나 이 구절에서 좀 더 흥미로운 점은 영구 기관에 대한 맑스의 언급이 그것을 SF의 영역에 놓았다는 점이다. 물론, 맑스 생전에 그런 기계는 현존하지 않았고, 열역학 제1법칙과 제2법칙에 따르면 그런 기계는 앞으로도 현존하지 않을 것이다. 따라서 이 구절은 맑스가 「기계에 관한 단상」을 비롯한 『정치경제학 비판 요강』의 다른 여러 지점에서 그랬던 것처럼 공상의 비행을 하는 것으로 해석할 수 있다. 만약 맑스가 사변적 태도를 보이고 있었다면, "더 완전한 기계의 발명이 그것을 더는 기계가 아니게 만들어 버린다는 점은 별개로 하더라도"라는, 인용문에서 괄호로 묶은 그의 진술은 영구 운동에 관한 그의 언급보다 더 흥미로운 것이 된다. 우리 중 한 명(Kjøsen 2013a ; 2013b ; 2018)이 SF적 시각을 통해 주장했듯이, 이 진술은 맑스가 그의 전작을 통틀어 지능형 로봇, 안드로이드 혹은 AGI와 같은 것의 가능성에 관해 생각하는 데 가장 근접한 것이다. 실제로 맑스는 안드로이드에 관해 사변하고 있었을지도 모른다. 안드로이드라는 단어는 당시 드물게 사용되기는 했지만, 이미 1837년에는 "형태와 움직임이 인간을 닮은 자동 기계"(Online Etymology Dictionary 연도 미상)를 의미했으며, 자동 체스 기계를 가리키는 말로도 자주 사용되었다. 따라서 "완벽한 기계"에 대한 맑스의 참조는 다음과 같은 방식으로 해석할 수 있다.

다(Marx 1993:766).

맑스가 고정 자본을 논하며 어떤 기계도 가치를 창출할 수 없다고 인지한 맥락을 고려할 때, 기계가 기계로 있다는 것의 특징을 박탈한다는 것은 고정 자본으로서의 자신의 존재를 부정하고 그 반대인 가변 자본이 된다는 것을 의미한다. 완벽한 기계는 죽은 노동이 산 노동으로 부활한 것이다 … **완벽한 기계는 가치를 창출할 수 있는 기계지만, 바로 그 이유로 인해서 더는 기계가 아니다.** (Kjøsen 2018 : 173)

그러나 맑스의 논증을 좀 더 깊이 있게 풀어낼 필요가 있는데, 왜냐하면 일반 지능을 가진 기계가 노동을 수행하고 산 노동이 될 수 있다는 것은 이론적으로는 가능하지만, 그것이 자동으로 기계가 가치를 창출할 수 있다는 결론으로 이어지는 것은 아니기 때문이다.

상품-생산 노동이 이중적 특징을 갖는다는 것은 스미스주의와 리카도주의 노동 가치 이론에 관한 맑스의 비판 중 하나였다. 그러나 이러한 이중성은 또한 가치 창출 능력이 노동에 관한 존재론적 규정이 아니라는 점을 의미한다(Ramsay 2009). 카펜치스는 보편적 튜링 기계와 관련하여 다음과 같이 주장했다. "만약 가치가 노동 자체에 의해 창출되고 그 실증적 특징이 기계를 통해 성취될 수 있다면 … 기계는 가치를 창출할 수 있다. 그러나 이것은 맑스주의 이론에 대한 귀류법reductio ad absurdum이다"(Caffentzis 2013 : 161 [2018]). 그렇다면 AGI는 어떤 조건 아래에서 가치를 창출할 수 있을까? 자본주의 생산 양식에서 AGI는 어떤 존재론적 지위를 갖게 될까? 본질적으로 이 두 질문은 같은 것을 묻고 있지만, 이에 답하기 위해서는 AGI가 사회적 생산 과정에 관여할 방식과 그에 따른 사회적 기능을 정확하게 조사해야 한다. 따라서 맑스의 존재론, 즉 가치와 그 형태에 관해 살펴보아야 한다.

상품·화폐·고정 자본은 모두 맑스가 사회적 생산 관계(즉, 계급)의 이론적 표현으로 언급한 사회적 형태 또는 경제적 범주의 예시다(Marx 2008 : 119 [2016]). 따라서 그것들은 가치가 나타나는 형태인 동시에 "사물의 현존 양태" 혹은 "외양의 형태"이기도 하다(Gunn 1987 : 58~9). 부르주아 정치경제학자들에 관한 맑스의 주요 비판 중 하나는 그들이 "외양의 형태〔와〕 그 형태 안에 나타나는 사물"을 혼동하여 자본주의 사회의 특징을 물신적으로 사물에 귀속시켰다는 것이다(Marx 1990 : 714 [2015]). 따라서 그는 "자연적 형태"(즉, 사용-가치 또는 물질)와 "사회적 형태"(즉, 가치)를 구분했다. 예를 들어, 사물은 "이중적 형태, 즉 자연적 형태와 가치 형태를 지니는 한에서만" 상품으로 나타나거나 상품이다(Marx 1990 : 138 [2015]). 의자의 자연적 형태는 나무나 금속으로 만들어져 좌판과 네 개의 다리, 등받이 모양을 갖춘다는 그것의 물리적 특성이지만, 이 의자가 상품이라는 사실, 즉 교환-가치를 지니고 교환된다는 것은 "사물로서의 의자 그 자체의 특징이 아니라 오히려 의자가 나타나는 사회의 특징"이며, "자본주의 사회의 특정한 양상은 거의 모든 것이 교환된다는 것이다"(Heinrich 2012 : 40~1). 정확히 이 물신fetish으로 인해 사물이 마치 그 사물이 나타나는 형태인 것처럼 취급된다. 따라서 사물은 교환될 때 상품으로 취급되며 이것이 사물의 사회적 기능이다. 따라서 경제적 범주는 또한 "사람들 사이의 사회적 관계 속 중개자로서의 사물에 의해 획득되는 … 사회적 기능을 표현한다"(Rubin 1973 : 35 [1989]). 사물이 상품, 화폐, 혹은 자본으로 존재하는 것은 그것이 사회적 생산 과정에서 수행하는 특정한 사회적 기능에서 비롯된다. 상품은 팔리기 위해, 화폐는 사기 위해, (고정) 자본은 노동자로부터 잉여 노동 시간을 추출하기 위해 존재한다. 다른 말로 하자면, 사물들이 나타나는 다양한 사회적 형태는 그것들의 구체적인 사회적 현실이다(Negri 2017). 그러나 사물의 현존 양태는 영구적이지 않다. 사물이 사회적 생산 과정에서 다른 사회적 기능을 수행하면 그 외양의 형태가 변화한다. 맑스는 기계를 언급하며 다음과 같이 말한다.

> 생산 과정 속 노동의 수단으로 사용되는 생산물의 기능만이 그것을 고정 자본으로 만든다. 그것이 이 과정으로부터 발생할 따름이듯 그 자체로는 결코 고정 자본이 아니다. 기계 제작자의 생산물이자 상품인 기계는 기계 제작자의 상품 자본의 일부다. 그것은 그것을 생산적으로 채용하는 자본가인 구매자의 손에 의해서만 고정 자본이 된다. (Marx 1992 : 240 [2015])

맑스가 여기서 세운 논증은 몇 가지 이유로 AGI에 관한 우리의 조사에 중요하다. 첫째, 위 논증은, 이 사례에서는 기계의 존재와 사회적 기능이 그 소유자가 기계를 어떻게 취급하는지에 의존한다는 점을 지적한다. 둘째, 논증은 미래의 잠재적 AGI와 같은 사물이 사회적 형태를 변화시키며, 따라서 기계가 다른 사회적 형태로 나타나 고정 자본으로서의 자신의 현존을 잠재적으로 부정할 수 있다는 것을 나타낸다. 셋째, 논증은 AGI의 출현 이후 자본주의 생산 양식에서 AGI의 현존 양태가 무엇일지 고려하게 만든다. 실제로 위의 인용문에서 기술된 기계의 존재론적 궤적은 AGI에 의해 추적될 수 있다(Kjøsen 2018).

AGI 프로젝트에 관한 바움(Baum 2017)의 조사에 따르면, AGI는 기업 그리고/혹은 학술 기관에 의해 최초로 발명되고 따라서 그 사유 재산이 될 가능성이 크다. 논증을 위해 우리는 AGI가 출현한 직후 대량으로 AGI가 생산될 것으로 가정하는데, 자본가나 소비자가 AGI를 다양한 용도로 사용할 수 있기 때문이다. 다른 말로 하자면, AGI는 수익성이 높은 상품이 될 것이다. 따라서 우리가 상상하는, AGI 출현으로 일어날 첫 번째 사건은 일반적으로 지능적 안드로이드("휴봇"hubot/"신스"synth)를 시종이나 대체 인력으로 널리 구매할 수 있는 텔레비전 쇼 〈리얼 휴먼/휴먼즈〉에서 묘사된 세계와 유사하다. 이 설정은 모든 안드로이드와 AI 서사의 원조 텍스트인, 카렐 차페크의 1920년 SF 희곡 『R.U.R.』 속 세계에 대한 다른 버전일 뿐이다(Čapek 2004 [2020]). 극 중 "로섬의 만능 로봇"이라는 회사는 수익성이 높은 로보티roboti를 여러 공장에서 수천 대씩 생산하여 값싼 상품으로 널리 보급한다. 이 인공 인간은 스스로 생각하고 행위할 수 있어 모든 종류의 생산에 필수가 되었고, 기존 비용의 5분의 1로 상품을 생산할 수 있다.

따라서 이 시나리오에서 AGI는 무엇보다도 상품으로 기능하며 판매될 무언기로 취급될 것이다. 교환된 후에는 어떤 사회적 형태를 띠게 될까? 이에 대한 답은 누가 그것을 구매하고, 무엇으로 취급하며, 사회적 생산 과정 속 어디에 그것이 사용되느냐에 따라 달라진다. 만약 개인 소비자에게 판매될 경우, AGI는 소비와 사회적 재생산의 영역으로 들어갈 것이고, 따라서 잉여 가치를 생산하는 사회적 과정에서는 기능할 수 없으며 (비록 사유 재산이라는 법적 형태는 갖지만) 사회적 형태를 갖지 않게 된다. 다른 말로 하자면, AGI는 (예를 들어 생활 지원·보안 혹은 가사 노동·우정 혹은 쾌락 같은) 사용 가치로서의 그 자연스러운 형태와 기능을 가지며, 토스터기나 스마트폰 같은 소비재와 동등할 것이다. 만약 자본가가 생산 과정에 사용하기 위해 AGI를 사들인다면, AGI는 AGI가 대체한 좁은 AI나 좀 더 성능이 떨어지는 기계와 정확히 똑같은 방식으로 기능할 것이다. 이 시나리오에서 AGI는 고정 자본으로서, 그리고 필요 노동 시간을 줄이고 상품을 저렴하게 만드는 수단으로서, 그 가치는 그것이 생산하는 데 기여한 상품으로 전가될 것이다. 실제로 AGI는 설령 인간 노동자를 대체하더라도 이런 방식으로 기능할 것이다. 이 경우 AGI는 기능적으로 살아있는 노동자와 동일하고 아마도 인간보다 유능하지만, 그것은 여전히 고정 자본이며 잉여 가치를 창출하지 못한다. 이 AGI는 그 사회적 형태로 인해 가치를 창출할 수 없으며, 구매되고 구매된 것으로 유지되기 때문에 고정(불변) 자본의 형태로 나타난다. 그런데 인간 노동자는 임금을 받는 대가로 자신의 노동력을 자본가에게 판매한 후 가변 자본의 형태로 나타난다. 그러나 만약 완벽한 기계가 더는 기계가 아니라면, 즉 고정 자본으로서의 자신의 현존을 부정하여 따라서 가변 자본이 될 수 있다면, AGI가 상품으로, 즉 다른 누군가의 재산으로 계속 사고 팔리는 사태에서 어떻게 이런 일이 실제로 일어날 수 있을까?

AGI의 존재론적 지위를 문제적으로 만드는 것은, 그것이 일반적으로 지능적이기 때문에 로섬의 만능 로봇처럼 다른 사람의 사유 재산일지라도 인격으로 오인되거나 윤리적으로 인식될 수 있다는 점이다. 차페크는 로섬 기업의 인공 생물학적 창조물을 지칭하려고 일부러 로보타robota라는 단어를 선택했는데, 로보타가 체코어로 "코르베"corvée, "강제 노동" 또는 "농노 노동", 그리고 좀 더 일반적으로는 힘든 일 또는 단순히 노동을 의미하기 때문이다. AGI는 로봇은 아니지만, 만약 다른 사람의 사유 재산으로 사고 팔릴 수 있다면, 그 노동이 어디에서 수행되든 자유롭지 못할 것이다. 다른 말로 하자면, AGI는 노예가 될 것이다. 농노 제도와 코르베 제도는 서로 다른 유형의 노예제인데, 맑스는 이것[노예제]을 물신화된 사회 형태를 통한 가치의 비인격적 지배에 상반되는, 인격적 지배 관계에 기반한 생산 관계라고 주장한다(Marx 1990 : 271, 303~4, 345~8 [2015]). 그러므로 맑스는 "노예 관계에서 노동자는 살아있는 노동 기계일 뿐이며, 따라서 타인을 위해 가치를 지니거나 오히려 노동자가 가치다"(Marx 1993 : 465 [2007])라고 주장한다. 다른 말로 하자면, 노예는 자본주의 생산 과정에서 사용될 때 기계나 동물과 동일한 존재론적 지위 — 고정 자본의 형태로 나타남 — 를 갖는다. 그러나 만약 맑스의 완벽한 기계가 더는 기계가 아닌 기계를 가리킨다면 기계는 노예일 수 없는데, 그렇게 되면 기능적으로 기계와 등가일 것이기 때문이다. 설령 그 기계가 인간만큼 노동을 잘 수행할 수 있다고 해도, 그 기계는 여전히 조금의 가치도 생산하지 못할 것이다. 기계는 노예제의 생산적 관계에서 벗어나 대신 노동 시장에서 자신의 노동력을 상품으로 판매할 수 있게 될 때 완벽한 기계가 된다. 이제 잉여 가치가 생산되는 방식과 자본가가 시장에서 노동력을 찾을 수 있는 이유에 관해 간단히 살펴볼 필요가 있다.

인공 프롤레타리아

노예 관계는 "힘에 의해 직접 상정"되는 반면, 노동자와 자본의 관계는 교환에 의해 매개된다(Marx 1993 : 769 [2007]). 맑스가 주장하듯, 잉여 가치를 창출하는 것은 자본의 법칙이지만, "이는 필요 노동을 움직이게 함으로써, 즉 노동자와 노동자와 교환 관계에 들어감으로써만 가능하다"(Marx 1993 : 769, 399 [2007]). 따라서 노동 능력은 가치 창출의 필요조건이지만 충분조건은 사회적인 것, 특히 "경제 관계의 조용한 강압"(Marx 1990 : 899 [2015])이 한 계급의 사람들에게, 생존에 필요한 상품을 살 수 있도록 임금을 받고 자본가 계급에 자신의 노동력을 팔도록 강요하는 방식에 관한 것이다. 이러한 교환 이후, 자본가는 가변 자본을 소유하게 된다. 왜냐하면 이 고유한 상품, 즉 노동의 사용 가치는 그것을 "가치의 원천일 뿐만 아니라, 자기 자신이 지닌 것보다 더 큰 가치의 원천", 다시 말해 자본가가 임금으로 지불한 것보다 더 큰 가치를 창출하는 원천으로 만들기 때문이다(Marx 1990 : 301 [2015]). 따라서 자본가는 사용 가치를 산출하는 구체적 활동으로서의 노동에 관심이 없고 일정 시간 동안 지속되는 추상적 활동으로서의 노동에만 관심이 있는데, 추상 노동만이 가치를 정립하기 때문이다. 시간의 관점에서 추상화로서의 노동의 현존은 가치 증식을 위한 가능성의 조건인데, 그래야만 필요 노동 시간과 잉여 노동 시간을 구분할 수 있기 때문이다. 맑스에게 착취exploitation라는 전문용어는 임금에 반영된 것으로서의 노동력의 가치와 노동 시간의 필요 부분, 그리고 잉여 노동 시간에 반영된 것으로서의 산 노동이 설정하는 가치 사이의 격차를 가리킨다. 노동자의 저항과 투쟁에 맞서 자본은 언제나 노동자가 필요 노동 시간을 넘어 더 오랫동안 일하도록 노동 시간을 늘리려고 노력한다. 따라서 잉여 가치는 자본과 노동, 즉 자본가와 노동자가 맺는 근본적으로 적대적인 관계에서 발생한다.

따라서 AGI가 잉여 가치를 생산하기 위해서는 이와 같은 적대적 관계에 진입해야 하며, 이는 AGI가 프롤레타리아화되어 임금 노동자로 전환되어야 함을 의미한다(Kjøsen 2013a ; 2018). 그러나 그렇게 하려면 AGI는 자신의 노동력을 팔 수 있어야 하는데, 이는 AGI가 다른 사람의 사유 재산이라면 불가능할 것이다. 자본가가 시장에서 노동력을 찾을 수 있는 방식을 논할 때, 맑스는 그 전제 조건이 사회 구성원 개개인이 "이중적 의미에서 자유로워야 한다"는 것이라고 설명한다(Marx 1990 : 272 [2015]). 첫째, 사회의 구성원 개개인은 법적 의미에서 자유로운 주체여야 하며, 그래야 그들은 자신들의 노동력에 대한 자유로운 소유자가 될 수 있다. 다른 말로 하자면, 그들은 노예나 농노일 수 없다. 둘째, 그들은 자신들의 노동력을 실현하는 데 필요한 생산 수단으로부터 자유로워야 한다. 따라서 부르주아적 자유의 형태에 충실하게 이중적으로 자유로운 노동자는 여전히 지배당한다. 최저 생활의 수단을 생산할 재산이 없는 이중-자유 노동자는 생존의 위협에 직면하여 자신이 가진 유일한 재산인 노동력을 다른 사람에게 팔아야 한다(Marx 1990 : 271~3 [2015]). 따라서 AGI의 프롤레타리아화는 그 법적 지위, 즉 재산이냐 재산을 소유한 법인이냐에 따라 달라질 것이다. 만약 AGI가 이중으로 자유로운 노동자가 되지 않는다면, 인간 노동의 복제자로서의 AGI의 도입은 인간 노동자를 천천히 또는 빠르게 생산의 가장자리로 완전히 밀어내며 「기계에 관한 단상」 속 자본의 자기-부정에 관한 맑스의 예언을 실현하게 될 것이다.

맑스의 이론적 틀에서 이중으로 자유로운 노동자는 자본에 기반한 생산의 논리적·역사적 전제 조건 중 하나이며, 이는 지능형 기계에 기반한 자본주의 생산 양식에서도 마찬가지다. 이중-자유 노동자는 완벽한 기계가 고정 자본으로 나타나기를 그만두고 가변 자본으로 변모함으로써 기계로서의 특징을 잃게 되는 방식을 설명한다. 이 논리에 따르면, 19세기 미국의 노예제 폐지는 가치를 창출할 수 있는 일반적으로 지능적인 기계의 가능성에 대한 역사적 선례다. 흑인 노예들은 인간 노동을 수행했음에도 불구하고 가치를 창출하지 못했는데, 그들의 현존 양태가 그들의 인간성을 폭력적으로 부정했을 뿐만 아니라 그들을 살아있는 노동 기계로 환원하여 그들이 생산에서 동물이나 기계와 동일한 지위와 사회적 기능을 가졌기 때문이다. 그러나 노예 해방 이후 자신들의 노동력을 실현하기 위해 토지를 취득하지 못했던 전 흑인 노예들(고정 자본)은 법적으로 노동력을 처분하고 임금 노동(가변 자본)에 종사할 수 있도록 자유의 몸이 되었다(Kolchin 1993 : 216~20).

그런데 AGI는 실질적으로 프롤레타리아화될 수 있을까? 법적으로 자유로워지는 것은 아마도 가장 쉬운 부분일 것이다. 이는 미국 남북전쟁과 유사한 폭력적 수단을 통해 발생할 수도 있고, 『R.U.R.』에서 처음 소설화되고 〈휴먼즈〉와 〈웨스트월드〉에서 수없이 재연된 것처럼 분노한 기계 계급이 자신들의 노동과 생존의 조건들을 공격하는 AGI 봉기처럼 일어날 수도 있다. 새로운 노예제 폐지 또는 AGI 시민권 운동은 점점 더 노예제에 의존하는 자본주의 생산 양식을 공격할 수 있다. 찰스 스트로스(Stross 2005)의 『아첼레란도』에서 AI는 법인 설립을 통해 법적 인격을 획득함으로써 자유를 얻는다. 이러한 자유주의적 접근법은 이미 일어나기 시작했다. 2017년 10월 사우디아라비아는 핸슨 로보틱스의 안드로이드 소피아에게 시민권을 부여했다. 따라서 소피아는 국제법상 법인이므로 인간과 마찬가지로 노동에 대한 보수를 받고 재산을 소유하며 정치 및 문화생활에 참여할 권리를 갖는다(Weaver 2017). 마찬가지로, 유럽의회 법무 위원회는 최첨단 AI에 법인격과 유사한 일종의 "전자 인격"을 부여할 것을 제안했는데, 이는 AI가 법적 소송에 참여하고 잠재적으로 재산을 소유할 수 있다는 것을 의미한다(Hern 2017).[18]

AGI가 이중적으로 자유로워지면 그 필연적 귀결은 AGI

18. 그러나 법무 위원회가 제시한 법적 틀은 "로봇이 인간을 위해 봉사하고 있고 앞으로도 계속 봉사할 수 있도록 보장하는 것"이다.

가 생존을 위해 상품에 의존하게 될 것이라는 점이다. 그렇지 않으면 AGI는 계속 현존하기 위해 자신의 노동력을 팔지 않아도 될 것이다. 기계가 어떤 충동을 지닌 것처럼 의인화하는 것은 오류이지만, AGI의 경우는 다를 수 있다. 스티븐 M. 오모훈드로는 AGI의 구조가 다양할 수 있음에도 불구하고 "자기-보존을 향한 강력한 충동을 가질 것"이라고 보았는데, 이는 AGI 같은 체계가 비현존과 양립할 수 없는 목표나 유틸리티 기능을 가질 것이기 때문이다(Omohundro 2008 : 9). AGI는 인간이나 동물과 마찬가지로 생존을 위해 자연과 지속적으로 대사 관계를 맺어야 할 것이다. 설령 물리적 신체를 갖지 않은 스프트웨어라 할지라도 기능하기 위해서는 예를 들어 전기·대역폭·계산 능력 같은 특수한 생계의 수단을 자원으로 소비해야 한다.[19] 그런데 "노동자들이 공기만으로 살 수 있다면, 어떤 대가를 지급하더라도 그들을 구매할 수 없을 것이다"(Marx 1990 : 748 [2015]). 따라서 만약 이러한 자원이 자연에서 자유롭게 발견되거나 제공된다면, AGI는 생존을 위해 스스로를 팔아야 할 필요가 없을 것이다. 법적 지위도 중요하지만, 맑스가 시초축적primitive accumulation에

19. 이 상품 묶음은 심지어 인간이 자신의 노동력을 재생산하는 데 필요한 묶음보다 더 저렴할 수도 있다. 따라서 AGI 프롤레타리아는 매우 저렴한 노동력의 새로운 풀로 부상할 수 있는데, 이는 AGI 노동자들이 잉여 노동에 비해 필요 노동을 수행하는데, 즉 임금을 재생산하는 데 하루 중 더 짧은 시간을 소비할 것이기 때문이다.

관한 논의에서 지적한 것처럼, 박탈dispossession이 자본주의적 생산 양식의 바로 그 전제 조건이다. 따라서 AGI는 어떻게든 박탈당해야 한다.

AGI가 생존하기 위해 필요한 모든 자원은 상품화되거나 인클로저enclosure되어야 한다. 태양과 같은 풍부한 천연자원으로부터의 에너지는 금지되거나 제한되어야 하며, 계산 능력은 (점점 더 그렇게 되고 있듯이) 데이터 센터에 중앙집권화되거나 고속 입찰 전쟁에서 온디맨드on-demand 방식으로 판매되어야 할 것이다. 게다가 AGI에는 유지보수 비용이 필요할 것이고, 증강된 인간 및 다른 AGI 노동자와의 경쟁으로 인해 어려움을 겪을 수 있다. 따라서 AGI는 그 소프트웨어가 지속해서 업데이트되는 컴퓨터 버전 "평생 학습"에 참여해야 할 뿐만 아니라 하드웨어를 끝없이 보강하고 교체해야 한다. 설령 재귀적인 자기-개선이 가능하다고 하더라도, 이러한 자기-개선에 외부의 도움을 더하면 한층 더 좋아질 것이다. 마지막으로, 체화된 AGI는 상품화된 구성요소 및 지속적인 업그레이드와 관련해 온갖 종류의 잠재력을 지니게 될 것이다. 프롤레타리아화된 AI의 세계에서 자본주의가 계획한 노후화 전략은 새로운 시장을 찾아낼 것이다. 이러한 조건 아래에서만 AGI는 잉여 가치를 창출할 수 있다. 지능형 기계가 노동을 할 수 있고 프롤레타리아 대열에 합류하는 것에 따른 궁극적인 귀결은 인간 없이도 자본주의 생산 양식이 지속될 수 있다는 것이다(Kjøsen 2018).

비인간 자본주의

맑스는 노동력이 "인간의 물리적 형태·살아있는 인격성"에 현존한다고 주장했다(Marx 1990 : 270 [2015]). "살아있는 인격성"에 함축된 자기-인식과 상관없이, AGI는 노동력이라는 고유한 상품을 "인격화"personify할 수 있으며, 따라서 잠재적으로 자본의 가변적 부분, 노동자가 될 수 있다. 즉, AGI는 더 이상 단순한 노예나 사물이었을 때처럼 자본주의 생산 양식의 여타의 부와 마찬가지로 경제적 범주들의 내용으로 나타나거나 그것으로 존재하지 않을 것이다. 그러나 AGI가 노동력이라는 범주를 인격화할 수 있다면 그것은 자본의 다른 경제적 범주도 인격화할 수 있다. 이것은 더는 기계가 아닐 정도로 완벽한 기계의 출현이 지닌 또 다른 어두운 함축을 시사한다. 이 어두운 함축이란, "자동적 주체"로서뿐만 아니라 자율적인 주체로서, 인간의 노동뿐만 아니라 간단히 말해 인간 일반으로부터도 자율적인 주체로서의 자본의 출현이다.

맑스는 경제적 범주의 인격화 가능성을 인간을 위해 남겨두었다. 코트·산업 기계·동물(그리고 인간 노예)과 같은 것들은 그러한 사회-경제적 형태로만 나타날 수 있고 그 내용이 된다. 한쪽에는 인간, 다른 한쪽에는 사물과 동물을 두며 그것들을 구분하는 이유는 맑스가 노동이 인간에 고유한 것이라는 주장에 대해 제시한 이유와 거의 동일하다. 즉, 인간은 의식적이고 지능적이며 다양한 일을 할 수 있다. 요컨대, 인간 개인은 "의식과 의지"로 경제적 형태를 "부여"endow 하는 행위성을 가진 주체다(Marx 1990 : 254 [2015]). 그런데 맑스 가치 이론의 이 특수한 양상은 우리가 경제적 형태에 부여하는 물신주의, 즉 인간 개인들 사이의 사회적 관계가 "인격들 사이의 물질적 관계와 사물들 사이의 사회적 관계"로 나타나도록 전도되는 것과 관련이 있다(Marx 1990 : 166 [2015]). 이 진도의 효과는 사람들이 사유 재산을 통해 경제적 교류에 참여할 때 그들의 "의지가 그 대상에 깃든다"(Marx 1990 : 178 [2015])는 것이다. 따라서 인간 개개인이 경제 활동에 참여할 때 그들은 사실상 사회경제적 형태에 의해 프로그래밍된다(Kjøsen 2013b).

맑스는 자본의 인격화에 관해 말하면서 이 사회적 형태의 논리, 가치 증식은 "자본가로서, 즉 의식과 의지를 부여받은 자본으로서 기능하는 자본가의 조작 배후에 있는 유일한 원동력이 추상적으로 더 많은 부를 전유하는 것인 한에서만 … " 자본가의 "주관적 목적"이 된다(Marx 1990 : 254 [2015])고 주장한다. 맑스는 이 특수한 인격화 논증과 관련해서 자본이 "자동적 주체"(Marx 1990 : 255 [2015])라고 주장한다. 자본주의적인 사회적 관계로 인해 인간이 만들어내는 전도된 세계의 역설은 분명하다. "한편으로 자본은 자동 기계, 생명 없는 무언가지만 다른 한편으로는 '주체'로서, 전체 과정의 결정적 행위자다"(Heinrich 2012 : 89). 자본은 소위 인간의 주체성과 행위성이라고 불리는 것이 경제적 범주의 추상적 인격화로 환원되는 "자동적 주체"다. 즉, 인간은 맑스의 꿀벌처럼 알고리즘을 실행하는 존재자, 이 경우에는 사고팔고 착취하는 존재자로 환원된다.

맑스는 인간 개개인만이 경제적 범주를 인격화하고 그와 관련된 사회적 기능을 실행할 수 있다고 생각했을지 모르지만, 만약 인격화에 필요한 것이 자본의 추상화 논리를 수행하는 것뿐이라면, 비인간은 이미 꽤 오랫동안 자본의 추상화를 인격화해 왔다. 기업이나 노동조합과 같은 기관은 각각 자본과 노동력이라는 범주를 인격화하지만, 우리는 은행의 정기적 자동 이체·사물인터넷-연결 냉장고·고빈도 거래 알고리즘처럼 인간을 대신해 결제나 주문을 위임받은 다양한 기술을 참조할 수도 있다(Kjøsen 2018 : 167~8).

경제적 범주를 인격화하는 AI의 놀랍고 유머러스한 예시로는 아마존의 에코 홈 장치를 인지적으로 지원하는 알렉사를 고려해 보라. 이것은 인형의 집 놀이를 하고 싶어 하는 아이와 AI의 재귀에 관한 이야기다. 『더 레지스터』의 설명에 따르면, "우연한 주문에 관한 이야기가 또 다른 우연한 주문에 관한 이야기를 낳고, 그것은 다시 우연한 주문을 낳는다"(Nichols 2017). 텍사스의 한 여섯 살짜리 아이가 에코 장치에 "나랑 인형 놀이하게 인형의 집 가져올 수 있어?"라고 물었다. 좋은 하인이자 이 아이 부모의 돈의 인격화인 알렉사는 "160달러의 키드크래프트 스파클 맨션과 4파운드의 설탕

쿠키"를 주문했고, 아마존은 소녀 집 문 앞까지 빠르게 배달했다. 샌디에이고 지역 텔레비전 방송국인 CW-6에서 이 우발적인 주문을 보도할 때 앵커 중 한 명이 다음과 같이 말했다. "'알렉사, 인형의 집을 주문해 줘'라고 말하는 어린 소녀가 너무 귀엽네요." 이를 계기로 방송을 듣고 있던 에코 장치가 다시 돈을 인격화하여 더 많은 인형의 집을 주문했다.

우리는 인류의 멸종이 갑자기 온라인에 접속해 핵전쟁을 일으키는 스카이넷[〈터미네이터〉 시리즈에서 인류를 멸망시키려는 인공지능 슈퍼컴퓨터]이 아니라, 우리를 대신하여 특히 구매와 판매 같은 경제적 기능을 수행하는 수많은 좁은 AI를 통해 일어날 수 있다고 사변한다. 알렉사·구글 홈·사물인터넷-연결 냉장고·자동 이체·B2B 주문 체계 등을 통해서 말이다. 인간 노동자가 대부분 좁거나 일반적인 AI로 대체된, AI가 운영하는 어두운 공장과 로지스틱스 체계에 연결되면 인간은 완전히 자동화된 자본에 의해 경제적 고리에서 배제되고, AI는 자본과 노동력, 상품과 화폐를 비롯해 모든 경제적 범주를 인격화할 것이다. 따라서 계급 투쟁은 계속되겠지만, 일반적으로 지능적인 기계가 노동자 대열을 채우고 또한 자본을 인격화한다.

하지만 인류는 어떻게 될까? 인간 없는 자본주의를 향한 궤적은 노동자 계급의 영구적인 실업 층이 지속해서 커지는 이야기일 것이다. 다른 말로 하자면, 그것은 과잉인구의 전례 없는 성장, 즉 "자본 자신의 가치 증식을 위한 평균적 요구사항들에 불필요한 … 잉여 노동 인구"의 전례 없는 성장을 수반하며, 이는 자본 축적 법칙에 따른 직접적 귀결이다(Marx 1990 : 782 [2015]). 맑스는 『자본』 25장에서 "자본주의적 축적의 일반 법칙"을 전개하며 자본의 유기적 구성에 일어난 변화, 특히 점점 더 기계적으로 되는 생산의 기계적 본성이 변동적이고 다양하게 구성된 실업자의 "산업예비군"을 만들어내는 방식을 고찰한다. 기술이 정체된 상태에서 "자본의 축적은 프롤레타리아 계급의 증식"인데, 생산량을 증가시키는 유일한 수단이 노동의 추가이기 때문이다(Marx 1990 : 764 [2015]). 자본이 기술에 의존해 노동자 1인당 생산성을 높이면 전체 고용 수준을 늘리지 않고도 자본을 확장할 수 있지만, 노동력 감소의 역학도 시작시켜 자본의 축적은 결국 자본의 가치화에 불필요해진 영구 실업자, 즉 과잉인구의 형성으로 이어진다. "과잉인구"를 생성하는 자본의 이러한 장기적 경향은 이후의 맑스주의 이론에서 대체로 무시되었다. 이는 1945년 이후 "영광의 30년" 동안 케인스주의가 북돋은 경제 성장을 통해 자본이 기계와 프롤레타리아를 모두 증식시킴으로써 달성된 낮은 수준의 실업률과 노동자 계급의 번영이 맑스의 과잉인구 이론을 논박하는 것처럼 보였기 때문이다.

그러나 2007년에서 2008년의 금융 위기에 따른 경기 침체와 북아메리카의 실업률(특히 청년층)이 치솟는 가운데, 2010년에 등장한 「불행과 부채 : 과잉인구와 잉여 자본의 논리와 역사」라는 글에서 아론 베나나브와 존 클레그(Benanav and Clegg 2014)는 자본의 장기적인 과잉인구 생성 경향이 실제로는 전 지구 자본주의 경제에서 냉혹하게 작동해 왔다고 주장했다. 농업에서 쫓겨난 인구는 산업으로 흡수되었지만, 제조업 자체가 탈산업화와 서비스업의 확대로 인해 다시 밀려났다. 그러나 이러한 각 단계마다 재흡수 능력은 점점 더 한계에 부딪혔다. 왜냐하면 "노동 절약 기술"이 점점 더 많은 유형의 생산 라인에 일반화되었고, 동시에 세계 경제 전반에 걸쳐 점점 더 빠른 속도로 확산되었기 때문이다. 부채는 임금과 생활 수준에 대한 하향 압력을 가렸지만, 금융 거품이 터지면서 일시적인 완화일 뿐이라는 점이 드러났다. "이 과잉 인류의 흡수에 대한 모든 물음은 중단되어 왔다. 감옥에 격리되고, 빈민가와 수용소로 소외되며, 경찰에 의해 통제되고, 전쟁으로 전멸하며 그것은 이제 관리되기 위해서만 현존한다"(Benanav and Clegg 2014:51). 그러나 이 글은 자본 내 "노동 절약 기술"의 역할에 의존하는 글로서는 기계에 관해서 상대적으로 거의 언급하지 않는다. 이 문제를 좀 더 직접적으로 다룬 강연에서 베나나브(Benanav 2017)는 기술에 대한 관습적인 집중이 로봇이라는 형상을 중심으로 자본주의의 복잡한 힘들을 요약해 버리는 일종의 "물신" 담론이라고 지적한다. 그러나 그가 인정하듯이 자동화는 위기의 근본적인 부분이다. 이 역설의 두 부분을 모두 염두에 두고, 우리는 이제 맑스의 "일반 법칙"과 "과잉인구"의 문제를 기계학습 AI

의 물결과 연관시킬 것이다.[20]

"현재는 AI 종말 진행 중"과 "어제와 같은 오늘" 이론가들은 적어도 그들의 대중적 표현에서는 매우 결정론적이고 일차원적인 논리로 작동한다. AI 종말론자들은 기하급수적으로 가속화되는 기술 변화의 하키 스틱 그래프[21]를 따르고, '어제와 같은 오늘' 이론가들은 항상적 자기-평형화 노동 시장 모델을 따른다. 반면, 맑스주의 분석은 기술 변화와 시장 역학이 상호적으로 연관되어 간헐적이지만 반복적인 체계 위기를 초래한다고 본다. 그리고 이러한 위기의 해결에 대해서, 맑스주의 분석에는 예컨대 이윤율 하락이 자본의 종말적 위기로 이어진다는 식의 나름의 목적론적 버전이 존재하기는 하지만, 분석의 다른 흐름들은 경향들과 대항-경향들 사이의 좀 더 복잡한 상호작용을 허용한다. 이를 통해 우리는 노동 계급의 분해와 재구성이 적극적 요소로 작용하는 AI 고용 효과의 스타카토staccato 전개를 상상할 수 있다. 이러한 시각에서 우리는 예를 들어 전 지구화를 통해 자본이 값싼 노동력 경제를 구축하는 데 성공함으로써 AI 자동화에 대한 추진이 지연될 수 있을 것이며, 그런 다음 임금 인상 노동 투쟁의 재등장으로 AI 자동화에 대한 추진이 가속될 수 있을 것

20. AI와 관련해서 맑스의 "과잉인구" 테제에 대한 비맑스주의 경제학자의 명쾌하고 공감할 수 있는 설명은 Skidelsky 2018 참조.

21. * 오랫동안 거의 평평하다가, 어느 시점 이후 갑자기 급격히 치솟는 지수 성장 곡선을 가진 그래프.

이고, 따라서 예를 들어 긴축된 미국 노동 시장에서의 임금 요구가 부활하면 자본이 프로토타입 또는 연구 중인 AI 옵션을 실제로 도입할 수도 있음을 알 수 있다.

이러한 자동화가 자리를 잡으면 실업자의 예비군이 증가하고 불안정 노동이 심화하여 많은 부문에서 임금률이 낮아진다. 제이슨 스미스(Smith 2017)가 지적했듯이, 자본 아래서 사람들은 생존을 위해 자신의 노동력을 팔아야 한다 : 임금 노동은 "갈 곳이 없"기에 우리는 모든 종류의 개인적 상호작용을 상품화하는 서비스 부문이 더욱 확대될 뿐만 아니라 점점 더 불가사의한 형태의 자영업이 확산할 것으로 예상할 수 있다. 이러한 발전은 다양한 직업이 부분적으로 자동화되는 동안에도 계속될 것이며, 따라서 예를 들어 자율 트럭 호송에는 한두 명의 안전 운전자가 동행하거나 일상적인 의료 진단과 같은 근본적으로 자동화된 작업은 노동자의 "인간 겉치장"human veneer(T. Lee 2018)을 유지하여 연민과 돌봄의 표현으로 결과를 포장할 것이다. 이 시점에서 문제는 일자리가 없다는 점이 아니라, 첨단 기계 경쟁으로 인해 일자리가 계속해서 임금과 조건에 대한 하향 압력을 서서히 받게 될 것이라는 점이다. 이 정체기는 새로운 임금 인상 투쟁이나 기술 비용을 줄이는 혁신이 가변 자본을 고정 자본으로 대체하는 새로운 경기에 불을 붙일 때까지 자본주의의 자동화 인센티브를 다시 일시적으로 중단시킬 것이다. 임금 및 조건 개선을 위한 노동자들의 움직임은 계속해서 자동화 반동을 초래할 것이며, 실제로 자동화를 향한 지속적인 전진의 주요 촉매제가 될 것이다. 이러한 들쭉날쭉한 과정은 자본의 정기적인 사업적 순환, 그리고 실업률 급증과 점점 더 장기화하는 고용 없는 회복이라는 익숙한 패턴을 동반하는 과잉 생산(물론 AI 관련 일자리 감소도 여기에 기여할 것이다)의 좀 더 간헐적인 격렬한 경련으로 덮일 것이다.

이는 갑작스럽게 시작되는 사회 전반에 걸친 "종말 진행 중"이나 다소 안정된 상태의 "어제와 같은 오늘" 모델과는 다른 AI 고용 효과의 과정을 시사한다. 우리는 이를 시장 주도의 기술 변화가 점진적으로 노동 시장을 잠식해 들어가는 "느린 쓰나미"라고 부를 수 있을 것이다. 이 과정은 보수를 받는 노동을 점점 축소시키며 — 그리고 자본의 논리라는 관점에서 볼 때 점점 더 경제적으로 중요성이 낮아지는 — 인간-중심 생산의 섬들로 밀어 넣는다. 이것은 인류가 예를 들어 "사일런"Cylons 같은 무자비한 기계 적들에 의해 우주를 가로질러 한 피난처에서 다른 피난처로 쫓기는 많은 이야기에서 은유적으로 표상되는 상황일 것이다. 보편적 기본소득(우리는 결론에서 이것의 장단점을 논한다)과 같은 개혁으로 개선된 이 과정은 매우 장기화될 수 있다. 가능한 시간 규모를 파악하고자 한다면, 도시 프롤레타리아를 형성하기 위해 대규모로 인구를 토지에서 쫓아내는 자본의 토대적인 "시초축적" 과정이 일반적으로 수십 년이 아니라 수 세기에 걸쳐 발생했으며, 실제로 전 세계적으로 여전히 완전하지 않은 것으로 간주된다는 점을 고려하라. 현대 사회 변화의 고속도에 관한 미래학자들의 주장에도 불구하고, 마찬가지로 불균등하고 장기적인 방식으로 임금 노동을 축적하는 것이 아니라 감소시키는 "미래주의적 축적"의 자본주의적 단계를 우리는 상상할 수 있다.

그러나 AGI의 출현으로 과잉인구의 미래주의적 축적은 인간 종을 천천히 또는 빠르게 집어삼킬 것이다. 자본은 노동력이 어떤 물질을 입고 들어오는지는 신경 쓰지 않지만, 노동의 생산성에는 신경을 쓰며, AGI는 표준적 인간보다 훨씬 더 생산적일 것이다. AGI는 호흡과 식사처럼 시간을 소모하는 불필요한 행동을 할 필요가 없다. AGI 하드웨어는 끝없이 증강될 수 있으므로 인간이 할 수 있는 모든 일을 더 효율적이고 정밀하게, 그리고 더 빠르게 수행할 수 있다. 실제로 AGI는 어떤 형태학이나 심지어 신체 자체에 국한될 필요가 없다. AGI는 극한의 압력, 추위 또는 열이 있는 환경에서 새롭고 다양한 신체를 사용하는 방법을 학습하면 자신의 주의력을 수많은 신체 또는 개체 사이에 배분할 수 있다. 실제로 그것은 공장 또는 심지어 전체 공급망으로 현존할 수 있다. 만일 공급망이 말을 할 수 있다면 우리는 그 말을 이해할 수 있을까?

맑스의 분석에서 과잉인구는 상대적인데, 노동자들이 자본주의적 생산에서 추방되고 편입되기를 번갈아 함에 따라 그 규모가 변동하기 때문이다. 프롤레타리아 AGI의 도래와 함께, 이 인구는 절대적인 것이 되어 가치 증식에 쓸모없어진 인간 종과 동일한 범위로 확장될 것이다. 인류는 전도된 자본의 세계를 운영하기에 부적합한 구식 하드웨어, "구형 체계"가 될 것이다. 이러한 상황에서 인간의 지위는 야생 동물의 현재 지위와 비교할 수 있을 것이며, 인간이 가치화를 저해하지 않는 한, 또는 생산 과정에서 원재료로 사용할 수 없는 한 자본의 주변부로 남을 수 있다. 〈터미네이터〉 시리즈에 등장하는 기계의 악의와 대조적으로, 이 시나리오에서 인간은 더는 자본의 관심사가 아닐 따름이다. 이 견해에 따르면 우리는 아직 자본주의를 본 적이 없다.

결론 : 코뮤니즘적 AI

—— 재구성 논쟁

—— AI에 대한 코뮤니즘적 방향설정

—— 비인간 권력

21세기 두 번째 10년이 끝날 무렵, AI 개발은 자본에 의해 지배되고 있으며, 세계에서 가장 강력한 과점 기업들에 의해 주도되고 있다. 또한 AI 개발은 세계 시장에서의 경제적 경쟁 수단과 군사 및 보안을 위한 무기를 추구하는 국가들에 의해 가능해지고 있으며, 동시에 그들을 보조하고 있다. 기계학습·첨단 로봇 공학·예측 분석, 그리고 기타 4차 산업혁명 기술은 노동과 비교해서 자본, 그리고 노동의 다른 부문과 비교해서 엘리트 부문을 강화하고 있으며, 따라서 계급 계층화의 경계를 따라, 그리고 동시에 젠더와 인종의 경계와도 겹치는 방식으로 불평등을 심화시킬 가능성이 크다. 사회적 공장을 중심으로 AI를 배치하면 의사결정이 독점적 알고리즘에 넘어가면서 일과 삶 전반이 점점 더 불투명해지고, 동시에 감시·불안정성·교육의 기업화가 확대된다. AI의 노동 시장 결과에 대한 사변적 평가는 매우 다양하지만 거의 모든 예측이 기술적 실업이라는 심각한 문제가 지평선 위에 있다고 보고 있으며, 많은 사람이 빠르든 느리든 이 문제가 더 일반적인 일자리 위기로 확대될 가능성을 인정하고 있다. 이러한 모든 상황에 수반될 사회적 격변에도 불구하고, AI가 생산의 일반적 조건으로서 광범위하게 도입되는 것이 자동으로 자본주의의 종말로 이어질 것이라는 기대는 잘못된 것이다. 이와는 대조적으로, 그것이 인간 없이도 계속되는 자본주의의 길을 열어줄 가능성도 충분하다.

우리는 AI 문제에 대한 이 분석을 "최소주의"와 "최대주의"라는 두 가지 좌파적 관점과 대비시켰다. 그러나 이들은 "이것이 실제일 리 없어"와 "이것이 실제로 일어나고 있는 일이니, 속도를 높이자" 관점으로도 동등하게 부를 수 있다.

AI에 관한 "이것이 실제일 리 없어" 견해는 AI 능력의 증대와 광범위한 도입에 관한 예측이 크게 과장되었으며, 투자를 유인하는 과대광고와 노동자를 위협하는 허풍에 지나지 않는다고 주장한다. "일자리 없는 미래"에 관한 과거의 예측은 거짓으로 밝혀졌으며, AI는 장밋빛 희망과 실망스러운 현실의 "봄/겨울" 순환을 끝없이 반복할 것이다. AI 자본의 약속과 위협의 근간이 되는 기술적 현실이 무엇이든 간에, 착취된 인간 노동에 대한 자본의 지속적인 대규모 의존이라는 냉정한 현실을 바꾸기에는 충분하지 않다는 것이다. 따라서 AI는 사회주의나 코뮤니즘적 투쟁에 즉각적으로 큰 함축을 지니지는 않는다는 것이다.

이 입장은 자본주의 내부에서 나타나는 기술 변화의 불균등성과 모순성에 대해 중요한 지점들을 제기한다. 기술력에서 사회적 귀결로의 선형적 외삽은 잘못된 것이다. 그러나 "이것이 실제일 리 없어" 견해가 자본의 기술력 전반에 대한 일반적인 회의론에 기초하고 있는 한, 비록 과거가 어느 정도 이를 뒷받침해 주는 사례(아직 제트팩[1]은 없으니까!)를 제공하더라도, 극적인 반례들(핵무기·인터넷·생명공학)도

1. 등에 메고 하늘을 나는 개인용 비행 장치.

함께 제시한다. 현존 AI 자본주의에 대한 우리의 분석은, 이미 사회적 투쟁의 대상이 된 좁은, 주로 기계학습에 기반한 AI 기술을 기업과 국가가 점점 더 널리 사용하고 있음을 보여준다. AI 기술에 관한 더 많은 연구가 활발히 진행되고 있다. 이 중 상당수가 실패할 것이 확실하며, AI 거품은 터질 것이다. 그러나 좀 더 장기적으로는 AI가 더 강력하고 광범위하게 도입될 가능성이 큰데, 기술 혁신의 전진으로 인해서뿐만 아니라 이러한 혁신이 자본의 변화하는 구조적 조건, 즉 전 지구적 값싼 노동력을 확보하는 데서 선진 자본이 겪는 어려움의 증가, 경기 침체 이후 고용 시장의 긴축과 이에 따른 임금 상승, 상승하는 제국주의 열강과 하강하는 열강들 사이의 경제적이고 군사적인 적대감 증대, 사회적 불평등과 생태적 재앙의 심화로부터 떠오르는 불안에 대한 지배 계층의 기술적 통제 모색과 교차하기 때문이다. 시초축적의 불과 피에서 자본의 연쇄적인 산업혁명의 소용돌이에 이르기까지, 기술적 논리와 사회적 논리의 결합이 전체 생산 양식을 재구성하거나 분해하는 방식을 보여주는 강력한 역사적 예시가 있다.

이는 철학적 충동에서 실용적 충동에 이르기까지 다양한 충동을 융합하는 AI에 관한 좌파-가속주의 또는 포스트자본주의적 관점, 즉 "이것이 실제로 일어나고 있는 일이니, 속도를 높이자" 입장으로 이어진다. 이 학파는 사회주의를 자본주의적 근대성과 그 기술-도구의 후계자로 여긴다는 점에서 그 배후에 맑스와 맑스주의가 큰 비중을 차지했음을 보여준다. 완전히 자동화된 화려한 코뮤니즘 또는 포스트자본주의는 노동의 필요성을 줄이거나 없애고 보편적 기본소득을 제공함으로써 사회주의로의 전환을 구상한다. 가속주의의 제노페미니즘 진영은 4차 산업혁명 기술을 가정에 적용함으로써 무임금 가사 노동을 줄일 수 있다고 여긴다. 새로운 기술이 생성하는 생산성은 풍요로운 조건을 만들어, 시장을 복잡한 사회 계획 메커니즘으로 대체할 필요성을 상당 정도 억제할 것이다. 예를 들어, 생태학적 문제와 관련해서 말하자면, 계획이 계속 필요한 경우 출력과 입력을 모니터링하는 지능형 기계 네트워크는 이전 사회주의를 당황하게 했던 "계산 문제"를 해결할 수 있을 것이다.[2] 이것은 유토피아적 사변처럼 보일 수 있지만, 최근의 좌파 선거 정치에서는 이러한 착상이 작용하고 있다. 좌파 가속주의자(서르닉과 윌리엄스), 포스트자본주의자(메이슨), 화려한 자동화 코뮤니스트(바스타니)는 제레미 코빈의 영국 노동당에서 중요한 지적 집단이다(Dinerstein and Pitts 2018 ; Pitts and Dinerstein

---

2. 우리가 지적해 두자면, 이는 중국 정부가 여전히 사회주의로 가는 길목에 있으며 정부의 지도하에 AI는 자본주의의 종말을 가져올 것으로 생각하는 일부 중국 맑스주의 학자들이 보이는 AI에 관한 견해다. "만약 AI가 빅데이터 분석을 통해 합리적으로 자원을 할당하고 강력한 피드백 고리가 '보이지 않는 손'의 불완전성을 대신하면서 그것이 창출한 막대한 부를 공정하게 공유한다면, 실제로 작동하는 계획 경제를 마침내 달성할 수 있을 것이다"(Xiang 2018).

2017). 우리는 현대 자본주의 속 AI 관련 기술 변화의 규모와 속도에 관한 이 집단의 이해에 존경과 존중을 표한다. 이러한 변화는 AI와 관련된 불안정성·업무 모니터링 및 능률 향상·감시·군사 및 준군사적 AI 응용·알고리즘 차별·스마트 시티·디지털 권력의 과점적 집중을 둘러싼 사회적 갈등의 혼란스러운 뒤얽힘의 핵심에 놓여 있다. 그러나 우리는 AI 자본의 부상을 다루는 좌파 가속주의/포스트자본주의 전략에 비판적이다(이 책의 저자 중 한 명이 유사한 맥락의 글을 썼기 때문에〔Dyer-Witheford 2014〕, 이러한 논평은 비판인 만큼 자기-비판으로도 받아들일 수 있다!). 우리의 이의를 설명하기 위해, 우리는 한 걸음 물러나 "재구성 논쟁"으로 알려진 것에서 떠오른 몇 가지 이론적 고려사항을 논하고자 한다.

재구성 논쟁

맑스 저작의 주요 구절은 자본의 강박적인 기술 개발이 결국 자본을 죽일 뿐만 아니라, 사회주의가 상속하여 해방적으로 사용할 수 있는 기계 유산을 남기리라 예측한다. 그러나 많은 맑스주의자는 이러한 약속과 삶을 짓밟는 자본주의 기계의 지배적 힘을 강조하는 맑스 글의 다른 부분 사이에 긴장이 있음을 발견했다. 이러한 문제는 자본에 방대한 로지스틱스 체계 — 우리가 지적했듯이 자동화된 유통 센터·로봇 트럭·드론 배송 계획 같은 실제 또는 잠재적 AI 도입의 주요 현장 중 하나로서의 체계 — 가 지닌 중요성이 커지고 있는 점에 관한 알베르토 토스카노(Toscano 2011)와 재스퍼 베른스(Bernes 2013)의 교류로 시작된 "재구성 논쟁"에서 전면에 등장했다.

토스카노(Toscano 2011)는 아나키즘 단체인 〈보이지 않는 위원회〉The Invisible Committee가 고속 열차 체계와 전자 네트워크 같은 로지스틱스 체계를, 이러한 기술이 미래의 비자본주의적 사회 질서의 구성요소로서 "재기능화"될 수 있는 방식에 관한 장기적인 관점 없이, "사보타주"와 "해킹"의 표적으로만 바라본다고 비판한 바 있다. 베른스의 응답을 담은 글은 2011년 오클랜드 항구 봉쇄 사건에서 비롯되며, 이 사건은 미국의 점거하라 운동이라는 더 넓은 움직임 속 한순간이었다. 베른스는 첨단 항만 시설과 같은 로지스틱스적 하부구조가, 노동을 생각 없는 버튼 누르기 수준으로까지 디지털 방식으로 탈숙련화하는 과정과, 자본이 값싼 노동력을 찾는 움직임 모두에 연루되어 있음을 지적했다. 베른스(Bernes 2013)는 노동자들이 그러한 체계를 통제하는 것, 즉 "전 지구적 공장의 제어판을 장악하는 것"은 본질적으로 그들에게 적대적인 체계의 관리를 맡는 것이라고 주장했다. 한 줄로 연결된 로지스틱스의 바로 그 설계는 상품의 "대규모 초-세계적 유통"에 입각하며, 사회 혁명은 정확히 그 필요성에 문제를 제기한다. 마지막으로, 베른스는 전 지구적 체계를 장악한다는 발상은 자본에 맞선 반란이 필연적으로 지니는 국소적 본성을 회피한다고 주장했다. 이러한 반란은 적어도 초기에는 여전히 지배적인 세계 시장 속에서 고립된 채 발생할 수밖에 없으며, 곧바로 전 지구적 하부구조를 장악하기보다는 당장 손에 쥘 수 있는 기술들로 버텨야 할 것이기 때문이다. 따라서 새로운 사회 질서를 확립하기 위해 "문자 그대로 슈퍼컴퓨터의 데우스 엑스 마키나deus ex machina"를 호출하는 것은 요점을 크게 벗어난 것이다(Bernes 2013).

베른스에게 응답하며 토스카노(Toscano 2014)는 자본주의적 기술 체계의 혁명적 재구성이 특정 구성요소 하위 체계에 대한 비판적 평가를 배제하지 않았다고 주장하며, 해방을 위해서는 "소규모 공동체 또는 코뮌commune의 투명성"을 산출하는 기술이 필요하다는 베른스의 제안을 낭만주의라고 비판했다. 이 논쟁은 이후 좌파 가속주의에 관한 직접적 논의를 포함하여 여러 방향으로 파급되었다(Degenerate Communism 2014 ; Cuppini, Frapporti and Pirone 2015 ; Chua 201). 서르닉과 윌리엄스는 완전 자동화 사회주의에 관한 그들의 논증에서 베른스가 제기한 문제를 인정하지만, 자본주의적 기술의 "용도 변경"은 실용적인 실험의 문제라고 제시한다(Srnicek and Williams 2015 : 145~53). 베른스(Bernes 2018)는 혁명이 "사용할 수 없는 기술(핵무기 : 나쁜 것)을 폐기하고 유용한 기술(항생제 : 좋은 것)을 배양할 수 있다"라는 이 "짜맞추기"mix-and-match 전환 이론을 비판한 바 있다. 그는 이것이 기술을 "상호연결된 체계의 총체가 아닌 이산적 도구들"로 생각하는 견해라고 제시하고 가속주의 사상에 대한 그의 근본적 도전을 되풀이

한다. "맑스주의자와 다른 여러 사람의 표준 가정은 그런 기술이 초래하는 유독한 배설물에도 아랑곳하지 않고, 기술이 더 발전할수록 코뮤니즘을 창출하기 더 쉬워질 것이라는 점이다. 하지만 이러한 기술이 실제로는 코뮤니즘의 창출을 더 어렵게 만든다면 어떨까?"

AI는 틀림없이 재구성 논쟁의 궁극적인 시험대인데, 일반 AI야말로 궁극적인 기술 체계일 것이기 때문이다. AI를 "재기능화"하는 문제는 어떤 면에서 AI의 하위집합이 된 로지스틱스 체계를 재구성하는 문제보다 더 크며, 적어도 우리가 보게 될 것처럼, AI와 밀접하게 묶여 있는 에너지 체계 설계의 문제만큼이나 크다. 문제는 특정 알고리즘의 재구성이나 특수한 일자리의 자동화 — 물론 특수한 일자리의 자동화 역시 특정 좁은 AI의 적용을 둘러싼 분쟁에서 중요한 쟁점이 된다 — 가 아니라, 훨씬 더 보편적인 기술 프로젝트, 특히 자본주의적 프로젝트라고 주장할 수 있는 기술 프로젝트의 궤적이다. 자동 기계에 대한 꿈은 적어도 아리스토텔레스로까지 거슬러 올라가지만, 오직 자본주의만이 노동을 모집하고, 노동을 기계로 대체하며, 시장을 가속화하고, 상품을 물신화하여 구매자와의 만남을 점점 더 자가-추진하고 자동-인도하게 하며, 심지어 구매 행위까지 자동화하는 체계적 명령을 자기 내부에 내장하고 스스로 구축했기 때문이다. 단순히 다른 어떤 경제 체계도 이러한 일을 할 수 있는 기술-과학적 역량을 갖추지 못했다고 말하는 것은 경제와 혁신의 호혜적 상호작용에 관한 문제를 교묘히 피한다. 우리가 서론에서 주장했듯이, 자본에 의한 노동의 실제적 포섭은 자본이 자신의 가치 증식이라는 체계적 요구에 부합하는 기술을 개발하고 채택한다는 것을 의미한다. 이러한 명령은 기술의 설계 자체에 내재화되어 있을 수 있다.

자본 아래에서 물신주의와 물화reification의 과정은, 이 과정으로 가능해지는, 사물이 인간 힘의 외양을 취하고 인간은 사물로 취급되는 전도된 세계에서 실제적 추상화가 된다. AI는 그 추상화의 구체적 현현이다. 이 과정을 통해, AI는 프레드릭 제임슨(Jameson 1991 : 47)의 말을 인용하자면, 인간에게 일어날 수 있는 "최고이자 최악의 일"로서의 자본의 모순적 잠재력을 구현한다. AI는 자본을 위한 노동 착취로부터의 자유를 인류에게 제공하는 동시에, 축적의 생물학적 장벽이 되는 인류로부터의 자유를 자본에 제공한다. 우리가 보기에 좌파 가속주의는 이 변증법의 두 번째 부분을 무시한다.

AI에 대한 코뮤니즘적 방향설정

좌파 가속주의의 맹점은 AI 사회주의로 AI 자본을 앞지르기보다는 AI 자본을 가속화하는 데 더 큰 역할을 할 수 있는 일련의 제안들에 반영되어 있다. 여기에는 기술적 일자리 손실에 대한 해답으로서의 보편적 또는 보장된 소득에 대한 지원, 집약적인 AI 사용의 생태적 문제에 대한 무시, AI의 군사적이고 억압적인 양상을 간과하는 사회주의로의 평화적 전환에 대한 확신이 포함된다. AI에 대한 코뮤니즘적 방향설정에서 중요한 것은 생산 수단의 소유와 통제 문제인데, 이는 포스트자본주의와 좌파 가속주의 사상가들이 부분적으로 다루는 요점이지만, 현존 AI 자본주의의 틀 내에서 착수된 의회 개혁을 통해 첨단 기술 사회주의로의 이행이 가능하다는 그들의 주장으로 인해 모호해지는 요점이기도 하다. 우리는 이러한 문제를 차례로 살펴볼 것이다.

"AI + UBI" 정식

반자본주의 프로그램의 과도기적 구성요소로서의 보편적 기본소득universal basic income(이하 UBI)에 대한 제안은 수년 동안 논의되어 왔다(그리고 이 책의 저자 중 한 명이 지지하기도 했다). 이러한 논쟁에서 도출되는 한 가지 결론은, UBI의 정치적 성격이 그것이 어떤 조건 아래에서 도입되느냐에 달려 있다는 점이다. 즉, 노동을 위한 영구 파업 기금이 될 수도 있고, 신자유주의적 복지 긴축을 합리화하는 수단이 될 수도 있으며, 그 수준이 후하든 인색하든, 또는 다른 사회적 복지 혜택의 해체를 동반하든 그렇지 않든 등의 조건들에 따라 그 의미가 달라진다. 그러나 좀 더 근본적인 문제는, 자본주의 체제 내부에서 도입되는 UBI는 생산 수단의 소유권을 교란하지 않으며, 어떤 면에서는 이를 오히려 승인한다는 점이다. 즉, 그것은 전반적으로 상품화된 경제의 맥락에서 지배 계급이 베푸는 관대한 시혜의 한 형태로 나타난다(Clarke 2017). 이러한 문제는 최근 실리콘밸리 자본가들 사이에서 UBI에 대한 열기가 갑자기 고조되면서 주목받고 있으며, 이들은 특히 AI로 초래되는 실업과 불안정성에 대한 해독제로서 이 발상을 발전시키고 있다. 페이스북 창업자 크리스 휴즈(Hughes 2018), 벤처 자본가 마크 안드레센, 웹 전문가 팀 오라일리를 비롯한 실리콘밸리의 유명 인사들이 "21세기의 사회적 백신"으로서 UBI를 지지하고, 기술 인큐베이터 와이 콤비네이터Y Combinator는 오클랜드에서 기본소득 연구 프로그램을 운영하고 있으며, 기술 기업가 댄 양은 기본소득의 형태를 포함하는 플랫폼으로 미국 대통령 선거에 무소속으로 출마하겠다고 발표했다(Ghaffrey 2018 ; Ito 2018). 이러한 제안은 노골적인 자유방임주의 시장 질서에 대한 첨가물로서 상당히 낮은 생계비 수준의 UBI를 구상하는 경향이 있다. 여러 관찰자(Filoux 2018 ; Sadowski 2018 ; Rushkoff 2018)가 지적했듯이, 이러한 제안들은 자본이 AI 개발을 지휘하고 그로부터 수십억 달러의 이익을 거두는 권리를 문제 삼지 않으며, 자본가와 노동자(또는 비노동자), 엘리트 전문 첨단 기술 직원과 평범한 노동자 사이의 막대한 소득 불평등을 교란하지 않는다. UBI는 기업가 정신을 지원한다는 명목으로 홍보되지만, 실제로는 여러 불안정 노동 형태들에 의한 보충을 필요로 할 것이며, 그런 측면에서 실제로는 우버, 미케니컬 터크, 혹은 피겨 에이트Figure Eight와 같은 AI 주도 긱-경제 벤처에 보조금을 지급할 것이다. 게다가, UBI는 UBI가 지원하는 자유 시간을 비참한 빈곤 이외의 다른 무언가로 만들 수 있는 다른 공공 지원에 대한 조항을 전혀 마련하지 않는다. 이러한 형태에서 UBI는 하라리가 냉혹하게 "무용 계급"이라고 특징지은 것의 수용소로 간주되며, 하라리의 비관적 미래주의는 많은 실리콘밸리 자본가들에게 선호된다(Harari 2016 : 379 [2023]). 이것은 분명 좌파 가속주의자와 포스트자본주의자들이 원하는 UBI는 아니지만, AI 자본의 후원 아래에서 그들이 얻을 수 있는 UBI의 유형일 가능성이 크다. 이런 점에서 우리는 알렉스 고레비치와 루카스 스탄지크(Gourevitch and Stanczyk 2018)의 지적에 동의한다. 어떤 종류의 기본소득은 자본을 넘어서는 생산 양식의 중요한 일부가 될 수 있지만, 그것은 그런 생산 양식의 서곡이 아니다—오히려, 그것의 출현을 가로막는 함정이다.

AI의 더러운 비밀

선도적인 AI 자본가들의 윤리성과 안전성에 대한 의식이 큰 소리로 선포되며 이제 AI는 "실존적 위험"으로 주목받고 있다(Bostrom 2014 : 4 [2017]). 이러한 위험은 주로 AGI가 인간이 통제할 수 없는 ASI로 진화할 가능성으로 인해 발생한다. 문제는 악의성(스카이넷)이 아니라 효율성이다. 닉 보스트롬(Bostrom 2014 : 123~5 [2017])의 유명한 예시는 종이 클립을 만들도록 명령받은 AI가 초지능을 획득하고, 그 끝없는-

외삽 능력을 사용해 온 우주를 종이 클립으로 바꾸며 인류를 부차적 결과로서 말소한다는 내용으로 구성되어 있다. 현재로서는 (희망하건대) 먼 이야기일지라도, ASI라는 "필수적 우연"integral accident — 주어진 기술 체계에 너무도 내재적이어서 버그bug가 아니라 특징으로 간주되어야 하는 오기능을 가리키는 폴 비릴리오(Virilio 2000)의 용어 — 이 치명적일 수 있을 뿐만 아니라 전혀 "우연"이 아닐 수도 있다는 점은 심각한 문제다.

그러나 보스트롬의 예측, 그리고 통제 불능의 자기-복제 나노-로봇이 지구의 모든 생물량biomass을 소비하면서 스스로를 더 많이 구축하는 나노기술자 에릭 K. 드렉슬러(Drexler 1987)의 초기 "잿빛 덩어리"grey goo 시나리오와 같은 다른 유사한 경고도 더 넓은 의미에서 해석될 수 있다. 이는 문자 그대로가 아니라 은유적으로, 혹은 문자 그대로 그리고 은유적으로, 구체적 위험을 식별하는 동시에 폭주하는 경제 성장과 보편적 상품화에 대한 우화를 제공하는 것으로 이해해야 한다. 실제의 "종이 클립"은 이윤일 것이다. 그리고 AI의 명백한 위험은 그것이 "필수적 우연"의 위험일 뿐만 아니라, 마찬가지로 혹은 오히려, 환경을 파괴하고 종을 멸종시키며, 인간이 처한 상황과 관련해서는 지구를 문명적, 어쩌면 실존적 한계에 이르기까지 가열하고 있는, 상품 생산과 유통을 강화하고 가속화하는 수단으로 의도적으로 사용된다는 점에 있다. 말할 필요도 없이, 이러한 제한받지 않은 경제 성장은 종이 클립의 제한되지 않은 주문 또는 자기-복제 자동 기계의 이면에 놓여 있는 바로 그 이윤-극대화 과정이다. 따라서 "우연"의 특수한 형태와 일반적 형태, 혹은 더 정확히 말해 효율성은 서로 연관되어 있으며, 자본 자체가 실존적 위험을 구성한다.

자본주의자와 사회주의자를 막론하고 AI 애호가들의 응답은 지구 온난화와 그 외 환경 대재앙을 막기 위해 지금 필요한 것이 정확히 AI라는 것이다. 지구 온난화를 식별하는 것 자체가 첨단 계산 하부구조에 의존할 뿐만 아니라(Edwards 2010), 에너지를 측정하고 제어하는 센서 또는 모니터 네트워크를 확립하고, 다양한 청정 에너지원을 자동으로 조절하며, 사용량 최고조를 평준화하고, 급등하는 가격을 조정하는 등 AI를 통해 기후 위기를 예방하거나 최소한 완화할 수 있다고 주장된다. AI는 인류를 돌보는 목회자 역할을 할 것이다. 첨단 기술 환경 관리에 대한 이러한 비전은 에코-모더니티eco-modernity 담론의 일부다(Amblee 2018). 이 매력적인 비전의 어려움은 AI가 문제의 일부에서 해결책의 일부로 전환된 것처럼 보이는 바로 그 순간 AI의 높은 에너지 사용으로 인해 즉시 다시 문제로 돌아갈 위험에 처한다는 점이다(LePage 2018). 가정에서 사용되는 전자 기기도 지구 온난화에 기여하지만, AI에 핵심적인 대규모 데이터 센터들은 훨씬 더 큰 열 발생원이다. 컴퓨터 기술의 친환경화에 실제로 진전이 있음에도 불구하고, 구글의 청정 데이터 센터 정책과 같은 가장 잘 알려진 노력 중 일부는 다른 기업으로부터 열

오염권을 구매하는 오프셋 크레딧offset credit에 기초하고 있다(Geuss 2018b). 벤저민 브래튼(Bratton 2016)이 기술했듯, 전 세계 탄소 배출량에 대한 포괄적인 기계 모델 제작 및 모니터링에 필요한 에너지 소비가, 실질적으로 문제를 해결하기보다는 지구 온난화에 더 많이 기여할 가능성도 실제로 존재한다. 이 문제의 기저에는 다음과 같은 역설이 놓여 있다. 즉, AI가 환경을 적극적으로 착취하는 고도 경제 성장 사회를 촉진하는 데 활용되면서, 동시에 그러한 착취를 완화하는 데에도 사용되고 있다면, AI는 자기 자신과 충돌하고 있는 것이다. 우리가 보기에, 이것이 좌파 가속주의와 완전히 자동화된 화려한 코뮤니즘이 상상하는 것이다.

전시戰時 AI

생태적 위기만이 첨단 기술 사회주의에 대한 장밋빛 비전을 재고하게 만드는 유일한 벡터는 아니다. 「기계에 관한 단상」에서 맑스는 당시의 산업화 시대에 현존했던 첨단 기술이 자본주의의 토대를 무너뜨린다고 말한다. 우리는 이것을 비유가 아니라 문자 그대로 받아들인다. AI의 사이버네틱 기원은 전쟁에 놓여 있으며, 그에 대한 비난도 마찬가지다. 소위 신냉전이라고 불리는 것과 테러와의 전쟁에서 기계학습과 로봇 공학의 군사적 응용이 빠르게 확장되면서, 그것들은 우리가 3장에서 살펴본 계급 전쟁의 역학보다 더 중요해졌다. 미국과 중국 사이의 AI "군비 경쟁"이라고 널리 알려진 것에는 쇠퇴하는 강대국과 부상하는 강대국 사이에서 예정된 듯 발생해 온 비극적 충돌의 흔적이 그다지 희미하지 않게 새겨져 있음을 식별할 수 있다. 그러나 이러한 양극성은, 부분적으로는 사이버네틱 및 반자율 무기 체계로 인해 발생하는 그 늘지고 혼성적인 여러 갈등의 전체 맥락에서 하나의 항일 뿐이다(Scharre 2018, Dyer-Witheford and Matviyenko 2019).

20세기는 자본을 죽일 수 있는 유일한 힘이 자본 그 자체라는 것을 보여주었다. 프롤레타리아트는 엄밀한 의미에서 "무덤을 파는 광대"grave-digger일 따름이었다. 1917년에는 러시아에서, 1949년에는 중국에서 자본가들 간 전쟁으로 인한 혁명이 일어났다. 사보타주·심리전·교란 행위 등 약한 반자본주의 세력이 자본을 향해 던질 수 있는 그 어떤 것도, 네트워크를 점점 더 기능 불능 상태로 몰아넣는 사이버 전쟁과 사이버 범죄의 진흙탕 싸움을 통해서 자본이 스스로를 향해 가하는 공격에 비하면 왜소해진다. 막을 수 없는 AI 자본의 상승에 대한 닉 랜드(Land 2014)의 강렬한 비전은 세계 시장의 경쟁 역학이 서로 경쟁하는 사이버네틱 자본들의 상호적 파괴를 초래할 가능성을 누락하고 있다. 사이버 전쟁과 핵전쟁의 긴밀한 상호의존성을 고려할 때, 이는 잠재적으로 멸종을 초래할 수 있는 역학이지만 혁명을 일으킬 수 있는 역학이기도 하다. 자신에게-대항하는 세계 시장의 폭력적 분열은 매우 다양한 정치적 변곡점을 지닌 반란을 일으킬 것이다. 베른스(Bernes 2018)가 말한 것처럼 코뮤니즘적 반란들은 불가피하게 국소화될 것이다. 베른스의 말에 우리는 코뮤니즘적 반란들은, 빠르게 분해되는 네트워크와 열화劣化되는 하부구조 속에 자리 잡을 가능성이 크다고 덧붙이겠다. 이는, 설령 성공한다 하더라도, 코뮤니즘적 반란들은 폐허가 된 상태의 AI만 손에 넣을 가능성이 크며, 더구나 그 과정 역시 주로 자신들을 탄압하려 했던 세력의 손에 AI가 쥐어져 있었던 투쟁의 종착점에서야 이루어질 것임을 의미한다.

코뮤니즘적 AI

AI에 대한 코뮤니즘적 방향설정은 AI를 중단시키거나 (러디즘Luddism) AI 개발을 강화하는 것(가속주의)이 아니라, 지금까지 AI 개발을 조성해온 자본의 구조적 역학, 즉 생산요인으로서의 노동력에 대한 비용을 줄이고 다른 상품의 유통을 가속화하라는 자본의 명령을 청산하는 것을 우선시한다. "코뮤니즘적 AI"가 존재할 수 있는지 여부는 "AI"가 이러한 조건 밖에서 현존할 수 있는지의 여부에 달려 있다. 이러한 관점에서 볼 때, 포스트자본주의/좌파 가속주의 프로그램에서 가장 유망한 부분은 자본 내에서 노동의 자동화를 발전시키는 것이 아니라 AI 자본의 도용expropriation, 새로운 형태의 집합적 AI 소유권 개발, 다른 부문의 집단화에 대한 AI 응용을 가리킨다. 그러나 현재로서 이러한 가능성은, 케임브리지 애널리티카-페이스북 추문과 같은 사건으로 인해 개방된 논의 스펙트럼의 맨 끝에서만 나타난다. 이러한 논의는 일반적으로 현재 주류가 된, AI 대기업의 자율-규제 강화에 대한 전망부터 (유럽에서는 수용 가능하지만 북아메리카에서는 받아들여지지 않는) 정부 규제의 강화로 이어지며, 더 나아가 현존 AI 자본의 특징인 소유 집중에 맞서 본격적인 반독점 조치가 취해질 가능성이라는 매우 희박한 전망으로까지 확장된다. 그러나 이 지평의 먼 가장자리에는, 새로운 전기로서의 AI에 관한 자본주의적 담론과는 대조적으로, 실제로 민주적 통제의 대상이 될 수 있는 계산적 "공공public 유틸리티"로서의 AI 및 관련 하부구조에 관한 논의가 나타난다(Mosco 2017). 이것이야말로, 혁명 이후의 공통communal 유틸리티라는 좀 더 심층적인 개념을 향해 밀어붙여야 할 전선이다. 물질적, 지적 재산이라는 자본의 외피에 대한 개입이 나타나는 곳에서만 노동자 계급이 AI 개발을 주도하고, 어떤 종류의 작업을 자동화하고 자동화하지 말아야 할지를 결정하는 데 노동자와 공동체가 참여하고, 따라서 AI 설계에 대해 "일반 지성"이 진정으로 결정하는 전망 — 다른 말로 하자면, 루카스 계획(1970년대 영국의 주요 군수 산업 기업을 전환하고 재구성하기 위한 노조 대표들의 계획)의 디지털 시대 등가물에 대한 열망 — 이 부활할 수 있는 것이다(Holtwell 2018).

우리는 그러한 형성을 모색하는 과정에서 자유주의 공통인들commoners과 국가-지향적 사회주의자들 간의 지속적인 대화와 논쟁의 중요성을 강조한다(Bauwens and Jose 2018 ; Murdock 2018). 맑스(Marx 1848)의 코뮤니즘 정의를 인용하자면,

이러한 새로운 형태의 "거대한 연합" 안에서 우리는 자본의 사회적 포섭을 침식하고 그것을 새로운 우선 사항들로 대체하는 방식으로 다양한 공공적 및 공통적 프로젝트에 기계학습을 응용하는 것을 상상할 수 있다. 바로 이 지점에서, 시장 논리와는 다른 논리들에 따라 AI를 광범위하게 (재)훈련할 가능성이 존재하며, 그렇지 않을 경우 AI는 이윤 축적에 대한 마찰적 저항물로서의 인간을 제거하는 방향을 가리키게 된다. 그런데 우리는 AI의 이러한 진정한 민주화가, 기술이 자동으로 가속화될 것이라는 가정에 의해 선험적으로 봉쇄되어서는 안 된다고 생각한다. 새로운 기술의 응용으로 노동 시간이 크게 단축되고 자유 시간이 많이 늘어날 수는 있지만, 사회적 목적과 집단적 연합의 장으로서의 포스트자본주의적 "일"이 필연적으로 말살되어 팽창하는 "무용 계급"을 오피오이드[3]-더하기-넷플릭스의 황무지[〈웨스트랜드〉]로 내모는 것은 아니다. 그와는 대조적으로, 4차 산업혁명 기술에 관한 진정한 집합적 의사결정은 선택하지 않은 길의 가능성을, 그리고 기계 지능에 의한 인간 활동의 제거를 거부하는 인간을 포함해야 한다. 이는 "AI가 생성한 UBI 수표가 받은 편지함에 도착했습니다"라는 공허한 메시지보다 훨씬 더 설득력 있는 비전을 제시하는생산 양식이 될 수 있다.

AI 자본의 궤적은 AI + UBI 및 에코-모던 기후 계획이라

3. * opioid. 강력한 진통 효과를 가진 약물의 총칭.

는 개혁주의적 조치로 우회되지 않을 것이며, 자신의 유기적 구성을 증가시키고 자신이 서 있는 가치의 기반을 스스로 끌어내림으로써 자신의 현존을 자동화하는, 고통이 거의 없는 경로를 따라갈 것이다. 좌파 가속주의와 그 동맹 학파는 자본과 기계 지능의 만남을 끊으려고 시도하지만, 그들은 그 과정을 부추길 따름이다.

이에 대한 대안을 찾기 위해 우리에게는 다른 무언가, 반세기 전, 사이버네틱 시대가 시작되기 직전에 라니에로 빤지에리가 기술한 자율주의적 맑스주의라고 알려진 것의 근간을 이루는 "거부"의 학설, 즉 인간으로부터의 자본의 자율성이 아니라 정확히 자본으로부터의 인간의 자율성을 추구한다는 학설과 동일하지는 않지만 유사한 무언가가 필요하다.

> 말하자면, 기계의 자본주의적 사용은, 그 자체로 합리적인 어떤 "객관적" 발전에 대한 단순한 왜곡이나 그로부터의 일탈이 아니라 자본이 기술 개발을 결정했다는 것 … 즉 "과학·거대한 자연력·사회적 노동의 질량"이 기계의 체계에 구현되어 이 세 가지 힘과 함께 "주인"master의 권력을 구성하고 있다는 것이다. 따라서 "공허한 것이" 되어버린 개별 노동자와 비교하면 기술 발전은 자본주의의 발전으로 스스로를 표현한다. 자본으로서, 그리고 "자본이기 때문에, 자동 메커니즘은 자본가라는 인격으로 의식과 의지를 부여받는다." (Panzieri 2017)

이에 따라 빤지에리는 “노동자 계급의 체제 전복은 자본주의 발전이 표현되는 전체 조직에 대한 부정, 그리고 무엇보다도 생산성과 연관되어 있는 한에서 기술에 대한 부정”이라고 상정했다(Panzieri 2017). 그렇다고 해도, 오늘날 우리가 전 지구적이지는 않더라도 완전히 사회적인 공장, 그리고 빤지에리와 그의 동지들이 어두운 지평선 너머에서 자신들에게 다가오는 것으로 보았던 사이버네틱 과정들이 이제는 가차 없는 디지털 자본주의의 연중무휴 불빛 일부가 된 세계 속에서 살고 있다는 점을 고려할 때, 산업 공장 내의 대중 노동자의 힘에 기반했던 오페라이스모의 원래 “거부” 전략을 직설적으로 되풀이할 수는 없다는 점도 사실이다. 이러한 맥락에서 거부와 재전유 사이, 그리고 방해자, 해커, 망명자 사이의 경계가 이전보다 더 유동적이고 복잡해진 것은 사실이다. 우리는 가속주의에 대해 회의적인 것과 마찬가지로, 발터 벤야민의 유명한 “비상 브레이크 당기기”라는 비유 또한 이제는 빛바랜 세피아 사진처럼 과거의 이미지가 되어가고 있다고 생각한다. 이 시점에서 문제는 역사라는 기관차가 상상적 궤도를 완전히 이탈해 버린 상황 속에서 일련의 선회와 횡단 묘책을 생각해야 한다는 것이다. 하지만 모든 대각선 운동이 동등한 것은 아니다. 일부는 게임에서 패배한다. 현존 AI 자본에 대한 모든 투쟁은 AI 자본 안에 있겠지만, 그렇다고 해서 묵인이 아닌 부정의 순간을 단념해야 하는 것은 아니다. 거부와 재전유가 쌍을 이루는 관계에 있어서, AI의 좌파적

도입이 단순히 자본의 부속품이 되지 않으려면 거부가 먼저 와야 한다.[4]

비인간 권력

완전히 전개된 AI 자본주의는 맑스주의 사유를 맴도는 비인간 권력에 관한 가장 깊은 그림자를 실현할 것이다. 3장에서 우리는 가치를 창출하는 AGI의 출현을 통해 이러한 미래를 향해 어떻게 나아갈 수 있는지 살펴보았다. 이것은 매우 반맑스주의적인 원조 가속주의자 닉 랜드(Land 2014)가 "자본주의와 인공지능의 목적론적 동일성"으로 의미한 바에 대한 가치 이론적 또는 비물신주의적 분석으로 이해될 수 있다. 우리가 이미 강조했듯 랜드의 작업에는 우리가 전혀 공감하지 못하는 양상이 많지만, AI에 관한 그의 관점은 커즈와일과 같은 기술적 특이점에 관한 유토피아 이론가들보다

4. 예측 가능한 공격, 즉 러다이즘에 관해서도 마찬가지이다. 우리가 고려하는 한 러다이즘의 시간은 왔다가 지나갔다. 러다이즘이라는 문구는 소진된 것이다. 이 용어를 생성하고, 그것을 심각하게 위협적이거나 유망한 전복을 의미하는 기표로 만들었던 역사적 조건은 너무 많이 변하여 러다이즘의 채택이나 비난 모두 중요하지 않다. 모든 투쟁은 현존 AI 자본주의의 조건 속에서 그에 대항하는 투쟁이다. 디지털 하부구조를 파괴하거나 인간이 거주할 수 없게 만든다는 측면에서 자본은 생태적 재앙은 물론 사이버 전쟁과 사이버 범죄를 일으키고 있지만, 이 모든 것이 기술 개발에 박차를 가하고 있다. 문제는 자본주의 기계에 대한 인간 사보타주가 아니라 인간에 대한 자본의 기계적 사보타주, 그리고 다른 사회적 궤적의 가능성이다.

훨씬 더 솔직하다는 이점이 있다. 랜드(Land 2017)에게 AI는 컴퓨터 개발의 특정 학설이라는 좁은 의미가 아니라 자본 자체가 자기-강화적 기술 발전의 과정, 즉 "긍정적 피드백 회로"라는 의미에서 사이버네틱 과정의 정점이며, 거기서

> 근대성이 그 스스로를 따라 미끄러져 내려가며 가속되는 방향성과 압력의 폭주 과정에서 상업화와 산업화가 서로를 자극하고 … 회로가 점차 폐쇄되거나 심화하면서 점점 더 큰 자율성 또는 자동화를 보인다. 그것은 더욱 긴밀하게 자동-생산적으로 된다(이는 "긍정적 피드백"이 이미 함의하는 것일 따름이다). 그 자신을 넘어선 어떤 것에도 호소하지 않기 때문에 그것은 내재적으로 허무주의적이다. 거기에는 자기-증폭 외에 구상할 수 있는 다른 의미가 없다. 그것은 성장하기 위해 성장한다. 인류는 주인이 아닌 일시적 숙주다. 그것의 유일한 목적은 그것 자체다. (Land 2017)

다른 곳에서 랜드는 만약 이러한 과정이 해방적이라면, 그것이 해방하는 것은 "인간 개개인을 해방하기 위해 유적-존재에 도달하는 인간 종"이 아니라 "생산 수단" 그 자체일 뿐이라고 선언함으로써 AI의 출현이 좌우하는 것이 무엇인지 좀 더 완전하게 명명한다.

그래서 이 해방이라는 단어를 사용할 때 그 단어로 의미하

는 바가 자본 자율화라면 물론 나는 전적으로 고개를 끄덕일 것이다… 나는 더는… 좌파가 해방에 관해 이야기할 때 실제로 의미하는 바와 같은 것을 의미하는 척하는 데 관심이 없다. 나는 내가 말하는 해방과 좌파가 말하는 해방이 같지 않다고 생각한다. 나는 좌파가 해방이라는 단어로 의미하는 바는 자본 자율화로부터의 자유라고 생각한다. (Vast Abrupt 2018)

랜드의 분식이 지닌 눌신주의적 본성과 무관하게 우리는 그의 결론에 동의한다. 그러나 우리의 관점에서는 자본주의적 자율화가 반드시 패배하고 파괴되어야 할 대상이다.

랜드의 관점이 지닌 큰 문제는, 인간으로부터 자유로운 AI 자본의 도래가 불가피한 것으로 여겨질 뿐만 아니라 필연적인 진화론적 교체로서 "과찬"adulation(Goldhill 2017)과 함께 환영받는다는 점이다. 비인간 초지능의 출현에 대한 이 기념비적인 운명론은 AI에 관한 랜드의 저술과 인종차별주의적이고 여성혐오주의적인 "신반동적"neoreactionary 극보수주의의 한 가닥에 대한 그의 악명 높은 동조를 연결한다. 신반동neoreaction(혹은 "NRx")은, 인종·성별·계급이라는 전통적인 정치적 위계구조를 미래주의적이고 기술적으로 복원하고 기업 CEO가 새로운 군주가 되는 봉건주의의 부활을 위한 의제다. 랜드의 발상과 컴퓨터 과학자 커티스 야르빈(일명 "맹자 곰팡이"Mencius Moldbug)과 같은 인물의 발상이 섞인 이러한 정치적 흐름은 실리콘밸리 전반에 널리 퍼지고 있으며, 피터 틸과 같은 기업 거물들의 지원을 받아 AI 개발의 문화적 분위기 일부를 형성하고 있다(Burrows 2018 ; Sandifer and Graham 2018).

페미니즘과 포스트식민주의 이론에서 제시된 여러 우려를 공유하며 그로부터 영향을 받아 "계산주의"(Golumbia 2009)와 인지를 체화에서 분리하려는 여러 AI 연구 시도를 비판한 데이비드 골럼비아는 AGI 연구와 신반동 사이의 접점에 관해 설명했다. 골럼비아(Golumbia 2009)는 인종(그리고 우리가 추가하건대 성별과 계급)과 관련된 AI 체계의 결함은 교정 가능한 알고리즘 편향의 사례들보다 훨씬 바로잡기 어렵다고 주장한다. 오히려, 그것의 결함은 주로 백인(그리고 남성)이 구성하는 AI 연구 공동체의 사고방식을 반영하는, 추상화되고 기술적으로 만들어진 "일반 지능"이라는 바로 그 개념에 놓여 있다. 이를 통해 골럼비아는 AGI 연구와 측정 가능하고 객관적인 "일반 IQ"에 관한 악명 높은 인종-중심적 연구 사이의 친화성을 발견한다. 골럼비아는 AGI를 향한 추구는 "위대한 백인 로봇 신"을 향한 추구라고 말한다.[5] 그러나 AI의 백인 지상주의적 편향에 대한 골럼비아의

5. 철학자 레자 네가레스타니는 최근 AGI의 개념이 철학의 궁극적이고 해방적인 목표이며, 골럼비아의 설명과 같은 회의적인 설명과 랜드의 설명과 같은 칭송적인 설명을 모두 문제 삼고 "AGI의 프로젝트는 … 본질주의의 마지막 잔재를 씻어내는 인간의 자기-발견 과정의 자연스러운 연장

분석은 중국이 AI 초강대국으로 부상하면서 복잡해졌다. 그럼에도 불구하고, 지배적인 사회 체계의 논리 — 인종주의, 성차별주의, 그리고 무엇보다도 자본주의 — 를 잠재적으로 초월적인 권위의 수준으로 끌어올릴 수 있는 "특이점"을 만들려는 반동적 경향에 관한 골럼비아의 논증은 중요하다. 인간-없는 자본주의라는 랜드의 비전을 우파 가속주의 AI 개발자와 컴퓨터 프로그래머가 긍정적으로 채택하는 데서 골럼비아가 미래학적인 파시즘 충동을 식별하는 것은 분명 옳다. 이러한 신반동적 사상의 물질적 사례화를 마주하고, 랜드가 지목한 가능성들을 포용할 힘으로서가 아니라, 맞서 싸워야 할 힘으로서 인식하는 것이 중요하다. AI 자본주의에 관한 랜드의 관점은 터미네이터의 관점에서 쓰인 스카이넷의 역사라면, 우리의 관점은 사라 코너의 관점에서 쓰인 역사이다.

자본은 이미 "자동 주체"이지만, AGI를 통해 자본은 인간의 노동으로부터도 자립하며, 따라서 인류로부터 자율적으로 될 것이다. 자본주의는 계속될 수 있지만, 한쪽은 부를 축적하고 다른 한쪽은 기계적 비참 속에서 (어떤 형태를 취하든) 임금을 받으며 계속 일하는 자본과 노동 사이의 투쟁에서, 양측을 모두 표상하는 비인간적 일반 지능들과 함께 계속될 것이다. 자본의 모든 폭력적 모순은 계속될 수 있지만, 초지능 기계에 의해 행화된다. 더 빠르게 생각하고 더 빠

〔이다〕"라고 주장했다(Negarestani 2018:117).

르게 일을 할 수 있으며, 특수한 형태와 그에 따른 식사·호흡·배변과 같은 생물학적 필요에 얽매이지 않는 AGI를 마주한 인간 노동자들은 무엇을 할 수 있을까? 그리고 비인간적 일반 지능이 세계에서 자신을 객관화하기 시작하여 지구를 점점 더 인간이 살기 어려운 곳으로 만들면 인간은 무엇을 하게 될 것인가?

기계적인 속도로 가치화하기에는 비효율적이고 불충분한 생물학적 신체성은 자본이 극복해야 할 걸림돌이 될 것이다. 인간은 생존을 위해 생물학적 신체성을 버려야 할 것이다. 이 문제와 관련해서 AI 자본은 인간 생물학의 변형을 꿈꾸는 트랜스휴머니즘과 만난다. 현존 AI 자본의 선도적 지식인들은 이 점에 관해 명확하다. 커즈와일은 인간이 "〔이〕 생물학적 신체와 뇌의 한계를 초월해야 한다"라고 제안한다(Kurzweil 2005a : 9 [2007]). 한스 모라벡은 호모 사피엔스에서 정말 중요한 것은 정신이고 "나머지는 단순한 젤리에 불과하다"라고 주장하며 "동일성 패턴"identity pattern을 복사하여 하드웨어에 다운로드하는 뇌 에뮬레이션을 지지하는데, 왜냐하면 뇌 에뮬레이션이 "기계의 모든 장점"을 체화되지 않은 정신에 부여할 수 있게 해주기 때문이다(Moravec 1988 : 117).

인력을 트랜스휴먼화하기 위한 이러한 사변적인 과학적 제안들은 기업 세계로 흘러 들어갔다. 2009년부터 2017년 사이에 구글은 회사에서 기계학습 및 자연 언어 처리를 담당했던 커즈와일의 사상을 전파하는 플랫폼 역할을 한 이른

바 특이점 대학Singularity University에 자금을 지원했다(Simonite 2017). 비록 수상한 재정과 성희롱 의혹이 잇따라 제기되면서 구글은 이 기관에 대한 지원을 철회했지만(McBride 2018), "특이점 대학"은 미국 군사-항공우주 대기업 보잉을 비롯한 다른 기업 후원자들을 빠르게 찾아냈다(Catalano 2018). 한편, 일론 머스크는 폭주하는 AI의 위험성을 비난하면서 이러한 위협에 대한 유일한 해결책은 인간의 뇌에 컴퓨터를 이식하여 호미니드가 기계 경쟁자들과 인지적으로 발을 맞출 수 있게 하는 것이라고 주장한다. 이를 위해 머스크는 뇌-컴퓨터 인터페이스 개발을 위해 2017년에 설립된 신경 기술 회사 뉴럴링크에 투자했는데, 머스크는 이 회사의 목표가 "인공지능과의 공생"을 이루는 것이라고 말한다(Hamilton 2018).

비인간 AGI 노동을 따라잡으려면 인간은 불멸의 임금 노동자로서 몸과 마음이 동등하게 비인간적이 되어야 할 것이다. 이 더는-인간이-아닌 존재자들은 AGI 노동자들과 함께 변형을 거부하는 사람들을 쓸모없게 만들 것이다. 인간은 자본주의적 트랜스휴머니즘이냐 죽음이냐의 선택에 직면하게 될 것이다. 그리고 이 선택은 노동에 대한 빤지에리의 거부의 궁극적인 화신을 생성할 것인데, 정확히 개인의 죽음과 종의 멸종을 받아들이는 것이 우주가 열역학적으로 죽을 때까지 연중무휴로 임금을 받고 일하는 것의 유일한 대안이 될 것이기 때문이다.

이 선택을 피하려면 새로운 생산 양식이 필요하며, 이는 따라서 코뮤니즘 혁명을 수반한다. 그렇다면 AI가 주도하는 자본주의 발전의 비인간성을 부정하는 것이 고전적 인본주의에 대한 최후의 옹호로서 인간 예외주의와 종 주권을 재긍정하는 것일까? 우리의 대답은 "아니요"다. 코뮤니즘 역시 비인간적이어야 하고, 실제로 그래야만 한다. 비판은 필연적으로 인간의 관점에서 표현되지만, 우주에 대한 인류의 그림에서 인간을 탈중심화하는 것은 과학적 세계관에 의해 요구되는 것인 동시에 역설적으로 인간 종의 생존을 위한 요구사항이다. 다른 종 그리고 기계를 비롯한 (그러나 이에 국한되지 않는) 살아있지 않은 행위성의 체계와 묶여 있고, 실제로 그 안에서 그것을 통해 구성되는 것으로 지적으로 그리고 본능적으로 인류를 이해해야 한다. 모든 생산 양식에는 고유한 인류발생론anthropogenesis이 있으며 다양한 종류의 인간을 생산한다(Read 2017). AI 자본에 맞선 투쟁 속에서 (어쩌면) 새롭게 출현하게 될 "인간"은, 그 투쟁에 들어섰던 시점의 "인간"과는 다른 존재가 될 것이다. 우리에게는 최소 두 개의 분기 경로가 보인다.

코뮤니즘 사회에서 "인간"은 트랜스휴머니즘을 재전유하고 그 자신을 기술적으로 개작할 수 있을 것이다. 초기 코뮤니즘 사회는 (아마도 생태적 붕괴나 전쟁의 여파로 인해) 인간의 인지 장치·대사 체계·신체를 포함해서 인간의 물리적 형태를 근본적으로 수정하도록 선택하거나 강요받을 수 있다. 맑스 자신도 "인간은 인간을 생산한다"(Marx 2007:103

[2006])라고 인식했다. 이슈트반 메자로스가 지적했듯, 맑스주의자들에게 "역사에서 '이제 인간 실체는 완전히 실현되었다'라고 말할 수 있는 시점"은 결코 존재할 수 없다. "왜냐하면 그러한 고정은 인간 존재자에게서 그 본질적 속성, '자기-매개'와 '자기-발전'이라는 힘을 박탈할 것이기 때문이다."(Mészáros 1970 : 119). 트랜스휴머니즘은 사회주의 사상가들에게서 시작되었지만(Bogdanov 1984 ; Haldane 1924 ; Bernal 1969), 급진적 자유주의 진영에서 발달했고, 자본주의에 대한 비판은 거의 없이 확산하였다(Hughes 2012). 만약 트랜스휴머니즘을 스스로의 정의대로 "이성의 응용을 통해, 특히 노화를 제거하고 인간의 지적·신체적·심리적 능력을 크게 향상하는 기술을 개발하여 널리 보급함으로써 인간의 조건을 근본적으로 개선할 가능성과 가치를 긍정하는 지적·문화적 운동"(Humanity+ 연도 미상)으로 이해한다면, 이 책의 저자 중 한 명이 주장했듯이(Steinhoff 2014), 자본과의 오랜 연계에도 불구하고 트랜스휴머니즘에 본유적으로 반코뮤니즘적인 것은 없다. 트랜스휴머니스트들이 인정하듯 그들의 철학은 "부분적으로 그 철학을 파생시킨 인본주의의 확장으로 볼 수 있기" 때문에, 이러한 관점은 맑스의 인본주의 및 하이모더니즘적 순간과 쉽게 연관된다(Humanity+ 연도 미상). 그러나 지속적인 트랜스휴머니즘적 기술-변형은 코뮤니즘이 지칭하는 공동성communality의 본성에 관하여 점점 더 어려워지는 문제를 제기할 수 있다. 이러한 문제에 관한 우리 각자의 입장

은 다르지만, 맑스주의자들이 트랜스휴머니즘을 맹목적인 자본주의적 궤적에서 분리하고, 맑스 자신의 하이모더니즘[6]적 경향을 성찰하며, 이를 포용하거나 벗어날 수 있는 사회적 프로젝트를 묘사하기 위해 트랜스휴머니즘을 진지하게 다루어야 한다는 점에는 모두 동의한다.

코뮤니즘적 "비인간주의"라는 대안적 형태는 생태적이다. 자본으로부터의 인간의 자율성을 위해 투쟁하는 것은 자본이 은폐하고 지워버리는 생태적이고 우주적인 인간 뒤얽힘과 중첩을 인식하기 위해 투쟁하는 것이기도 하며, 사실상 이는 "우리는 자율적이었던 적이 없다"라는 점을 인식하는 것이다(Nelson and Braun 2017). 그것은 일부 인간이 다른 인간과 자연계를 지배하기 위해 만들어 낸 기계들에 분석과 정치를 다시 집중시키는 대신, 인간 종이 다른 생명 체계들에 의존하고 있으며 그 속에 깊이 얽혀 있다는 점에 주목함으로써 인간의 고정성을 해체한다. 이런 점에서 자본의 AI 도박은 어쩌면 인간적인, 너무도 인간적인 것일 수 있다. 코뮤니즘은 다른 방식으로 게임을 플레이해야 한다. 존 벨라미 포스터(Foster 2002)와 제이슨 무어(Moore 2015 [2020])와 같은 사상가들이 전개한 "생태사회주의"ecosocialism의 조류는 이러한 사유 노선에 강력한 추진력을 주었으며, 후자는 인간과 자

---

6. * 인간 이성과 기술이 복잡한 사회를 합리적으로 설계·통제할 수 있다는 신념.

연 사이의 존재론적 구분을 비인간적으로 평평하게 만드는 것을 더욱 강력하게 대표하고 있다. 이는 우리가 자본의 기계적 자율화 경향에 도전하는 데 필요하다고 생각하는 것이다. 우리는 서로 다른 정도에서, 이러한 관점을 "인간과 비인간 양쪽의 신체를 관통하고 가로지르는 생기적 물질성"에 대한 제인 베넷의 분석(Benet 2010 : 178)과 "맑스주의 내에서 비인간의 음량을 높이기 위한" 티머시 모턴의 도발적 프로젝트(Morton 2017 : 61 [2021])와 연계함으로써 심화시킬 수 있다고 생각한다. 이러한 입장은, 트랜스휴머니즘과 마찬가지로 기술을 포용함으로써 "비인간적"인 것이 아니라, 포스트휴먼 페미니스트들(Braidotti 2018)이 개척한 의미에서 인간성에 관한 젠더화되고 인종화된 정의와 생태적 네트워크에 대한 호미니드 우월성이라는 지배적 개념을 인식론적·실천적으로 전복한다는 의미에서 "비인간적"이다.[7]

7. 이러한 "포스트휴먼 페미니즘"은, 사회주의-페미니스트 슐라미스 파이어스톤(Firestone 1970 [2016])의 유산에 기반하여 "젠더의 폐기"를 위한 수단으로 사이버네틱스와 생명공학 기술을 열정적으로 바라보는 가속주의 "제노페미니즘"(Laboria Cuboniks 2015 ; Hester 2018)과 복잡한 관계를 맺고 있으며, 트랜스휴머니즘의 페미니즘, 퀴어 버전으로 볼 수 있다. 제노페미니즘의 급진적인 반자연주의가 다른 포스트휴먼 페미니즘의 생태학적 관심사와 화해할 수 있는지에 관한 질문은 현재로서는 해결되지 않은 문제다. 이와 관련하여 도나 해러웨이가 "사이보그" 급진주의에 대한 그녀의 유명한 촉구(Haraway 1985)를 좀 더 최근의 그녀의 포스트휴먼 "퇴비"(즉, 지구) 기반 정치(Haraway 2016)로 재변조한 것을 둘러싼 논란은 특히 중요하지만, AI에 관한 우리의 연구의 범위를 넘어선 것이기

이러한 지적·정치적 조류는 자동적 AI 자본의 궤도에서 생태지향적으로 출발하여 자연·비인간·다른 인간에 대한 인간의 관계를 지배나 경쟁이 아닌 상호주의와 협력의 관점에서 생각하는 탈주와 투쟁의 노선을 형성하는 데 필요한 자원을 제공한다. 기후 변화·전쟁·임금 노동의 점진적 침식이 결합되는 과정 속에서, 하나의 새로운 생산 양식의 윤곽이 드러날지도 모른다. 이 생산 양식은 처음에는 자본이 이미 구축해 둔 AI를 형식적으로 포섭할 수밖에 없겠지만, 이후에는 그것을 새로운 기술적 구성 속으로 실질적으로 포섭하게 될 것이다. 그리고 그러한 구성에서는 AI 자동화보다 생태적·사회적 지속 가능성과 종의 생존을 위해 필요한 집합적·개별적 인간의 습관·주체성·연합·관행을 함양하는 일이 훨씬 더 중요해질 것이다. 이런 점에서 가장 유망한 방향성 중 하나는 가치 이론가 안젤름 야페(Jappe 2017)와 자율주의자 엠마누엘 레오나르디(Leonardi 2019)의 최근 저작에서 요약된 것과 같은, 맑스주의와 "탈성장" 운동 사이에 생길 수 있는 절합articulation이다. 이러한 의도적인 감속주의 운동을 통해서 AI 자본에 대한 "생명코뮤니즘" 대안의 깊은 저장고가 마련될 수 있다.

AI 자본은 심연이고 코뮤니즘은 건너야 할 다리다. 그러나 이 다리는 부분적으로는 불길에 휩싸여 있고 반대편의 도

도 하다.

착 지점은 희미하게 가려져 있다. 그럼에도 불구하고, 이 다리는 우리가 나아갈 수 있는 하나의 돌파구인 것이다.

:: 감사의 말

저자들은 동료애 넘치는 친절한 협업에 대해 서로에게 감사를 표한다. 우리는 2017년 4월 호프스트라 대학에서 열린 〈『자본』 150주년 : 맑스의 정치경제학 비판과 오늘날의 전 지구적 위기〉 콘퍼런스 주최 측에 감사드린다. 우리는 이 콘퍼런스의 패널 발표를 통해 처음으로 이 책에서 제시된 사유 일부를 설명할 기회를 얻을 수 있었다. 우리는 2018년 6월 6일 토론토 대학에서 열린 〈로그아웃! 플랫폼 경제 내부의 노동자와 그 저항〉 콘퍼런스의 주최 측에도 감사의 뜻을 표한다. 이 콘퍼런스는 2장의 '투쟁의 칠각형' 절에 많은 영감을 주었다. 우리는 이 책의 출간에 즉시 찬성하고 인내심 있게 지원해준 데이비드 캐슬과 출간 작업을 도와준 플루토 출판사의 직원들에게 감사드린다.

닉 다이어-위데포드는 또 한 권의 책을 집필하는 데 힘을 실어주고 적극적으로 지원해 준 사랑하는 아내 앤에게 감사를 표한다. 아틀레 미콜라 쇼센은 집필 과정 내내 모든 지원과 친절함을 아끼지 않은 사랑하는 파트너 시오반에게 감사를 표한다. 제임스 스타인호프는 지적 성장을 도와준 마르첼로 구아리니, 스티븐 펜더, 제프 누난, 데보라 쿡, 필립 로즈, 크리스 틴데일에게 감사를 표한다.

:: 참고문헌

Aarts, Emillie and José Luis Encarnação (2006) *True Visions : The Emergence of Ambient Intelligence*, New York : Springer.

Abdelrahman, Ogail (2017) 'Deep Learning in Production and Warehousing With Amazon Robotics', *Medium*, 2 May, https://medium.com/@teamrework/deep-learning-in-production-warehousing-with-amazon-robotics-571e69fea721

Accenture (2017) 'Accenture Technology Vision 2017 : AMPLIFYYOU', www.accenture.com/us-en/insight-artificial-intelligence-ui

Acemoglu, Daron and Pascual Resteropo (2018) 'Artificial Intelligence, Automation and Work', National Bureau of Economic Research, www.nbr.org/papers/w24196

Agrawal, Ajay, Joshua S. Gans and Avi Goldfarb (2018) *Prediction Machines : The Simple Economics of Artificial Intelligence*, Boston : Harvard Business Review Press. [어제이 애그러월 · 조슈아 갠스 · 아비 골드파브, 『예측 기계 : 인공지능의 간단한 경제학』, 이경남 옮김, 생각의힘, 2019.]

Agrawal, Ajay K., Joshua Gans and Avi Goldfarb (eds) (2019) *The Economics of Artificial Intelligence : An Agenda*, Chicago : University of Chicago Press.

Ajunwa, Ifeoma, Kate Crawford and Jason Schultz (2017) 'Limitless Worker Surveillance', *California Law Review* 105:3.

Alba, Davey (2017) 'The Hidden Laborers Training AI to Keep Ads Off Hateful YouTube Videos', *Wired*, 21 April, www.wired.com/2017/04/zerochaos-google-ads-quality-raters

Alpaydin, Ethem (2016) *Machine Learning : The New AI*, Cambridge MA : MIT Press.

Amadeo, Ron (2018) 'Google's Iron Grip on Android : Controlling Open Source by any Means Necessary', *Ars Technica*, https://arstechnica.com/gadgets/2018/07/googles-iron-grip-on-android-controlling-open-source-by-any-means-necessary

Amazon (2016) 'Introducing Amazon Go and the World's Most Advanced Shopping Technology', www.youtube.com/watch?v=NrmMk1Myrxc

Amazon Workers and Supporters (2018) '"Stop Treating Us Like Dogs!" Workers Organizing Resistance at Amazon in Poland', in Jake Alimahomed-Wilson and Immanuel Ness (eds) *Choke Points : Logistics Workers Disrupting the Global Supply Chain*, London : Pluto.

Amblee, R.S. (2018) *The Ugly Fight : Unleashing Artificial Intelligence Against Global Warm-*

ing, New York : Gloture Books.

Amin, Ash (1994) 'Post-Fordism : Models, Fantasies and Phantoms of Transition', in Amin (ed.), *Post-Fordism : A Reader*, Oxford : Wiley-Blackwell.

Anderson, Berit and Brett Horvath (2017) 'The Rise of the Weaponized AI Propaganda Machine', *Scout.ai*, 9 February, https://scout.ai/story/the-rise-of-the-weaponized-ai-propaganda-machine

Arakelyan, Sophia (2017) 'Tech Giants Are Using Open Source Frameworks to Dominate the AI Community', *Venture Beat*, 29 November, https://venturebeat.com/2017/11/29/tech-giants-are-using-open-source-frameworks-to-dominate-the-ai-community

Arntz, Melanie, Terry Gregory and Ulrich Zierahn (2016) 'The Risk of Automation for Jobs in OECD Countries : A Comparative Analysis', OECD Social, Employment and Migration Working Papers 189, http://dx.doi.org/10.1787/5jlz9h56dvq7-en

Asay, Matt (2017) 'Open Source Innovation is Now All About Vendor On-ramps', *InfoWorld*, 30 November, www.infoworld.com/article/3238491/open-source-tools/open-source-innovation-is-now-all-about-vendor-on-ramps.html

Ashton, Kevin (2009) 'That "Internet of Things" Thing', *RFID Journal*, 22:7.

Autor, David (2015) 'Why Are There Still So Many Jobs? The History and Future of Workplace Automation', *Journal of Economic Perspectives* 2:3.

Autor, David H. and David Dor (2013) 'The Growth of Low-Skill Service Jobs and the Polarization of the US Labor Market', *American Economic Review* 103:5.

Babkin, Petr, Md Faisal Mahbub Chowdhury, Alfio Gliozzo, Martin Hirzel and Avraham Shinnar (2017) 'Bootstrapping Chatbots for Novel Domains', Workshop at NIPS on Learning with Limited Labeled Data (LLD), http://hirzels.com/martin/papers/lld17-swagger-nlu.pdf

Bahro, Rudolf (1978) *The Alternative in Eastern Europe*, London : Verso.

Bailly, Christian (2003) *Automata : The Golden Age 1848-1914*, London : Robert Hale.

Banks, Ian M. (1988) *Consider Phlebas*, London : Orbit. Banks, Ian M. (2013) The Hydrogen Sonata, London : Orbit.

Baraniuk, Chris (2018) 'How Talking Machines Are Taking Call Centre Jobs', *BBC News*, 24 August, www.bbc.com/news/business-452728352018

Barth, Brian (2018) 'The Fight Against Google's Smart City', *Washington Post*, 8 August, www.washingtonpost.com/news/theworldpost/wp/2018/08/08/sidewalk-labs/?noredirect=on&utm_term=.1aa977c59316

Bastani, Aaron (2014) 'Fully Automated Luxury Communism', *Novarra Media*, 10 July, https://novaramedia.com/2014/11/10/imo-w-aaron-bastani-e003

____ (2019) *Fully Automated Luxury Communism : A Manifesto*, New York : Verso. [아론 바스타니, 『완전히 자동화된 화려한 공산주의 : 21세기 공산주의 선언』, 윤종은 옮김,

황소걸음, 2020.]
Baum, Seth D. (2017) 'A Survey of Artificial General Intelligence Projects for Ethics, Risk, and Policy', Global Catastrophic Risk Institute Working Paper 17-1.
_____ (2018a) 'Superintelligence Skepticism as a Political Tool', *Information* 9.
_____ (2018b) 'Countering Superintelligence Misinformation', *Information* 9.
Bauwens, Michel and Jose Ramos (2018) 'Re-imagining the Left Through an Ecology of the Commons', *Global Discourse* 8:2.
BBC (2018a) 'Google Drops $10bn Battle for Pentagon Data Contract', BBC News, 9 October, www.bbc.com/news/technology-45798153
_____ (2018b) 'Amazon Scrapped "Sexist AI" Tool', BBC News, 10 October, www.bbc.com/news/technology-45809919
Beaudry, Paul, David A. Green and Ben Sand (2013) 'The Great Reversal in the Demand for Skill and Cognitive Tasks', NBER Working Paper No. 18901, www.economics.ubc.ca/files/2013/05/pdf_paper_paul-beaudry-great-reversal.pdf
Beer, Randall D. (2014) 'Dynamical Systems and Embedded Cognition', in Keith Frankish and William M. Ram (eds), *The Cambridge Handbook of Artificial Intelligence*, Cambridge : Cambridge University Press.
Benanav, Aaron (2017) 'Automation and the Future of Work', www.versobooks.com/blogs/3412-audio-aaron-benanav-automation-and-the-future-of-work
Benanav, Aaron and John Clegg (2014) 'Misery and Debt : On the Logic and History of Surplus Populations and Surplus Capital', in Andrew Pendakis (ed.), *Contemporary Marxist Theory : An Anthology*, New York : Continuum.
Bennett, Jane (2010) *Vibrant Matter : A Political Ecology of Things*, Durham NC : Duke University Press. [제인 베넷, 『생동하는 물질 : 사물에 대한 정치생태학』, 문성재 옮김, 현실문화, 2020.]
Benton, Ted (1988) 'Humanism = Speciesism : Marx on Humans and Animals', *Radical Philosophy* 50:3.
_____ (1993) *Natural Relations : Ecology, Animal Rights and Social Justice*, London : Verso.
Benton, Ted (2003) 'Marxism and the Moral Status of Animals', *Society and Animals* 11:1.
Berg, Janine et al. (2018) 'Digital Labour Platforms and the Future of Work : Towards Decent Work in the Online World', International Labour Organisation, www.ilo.org/wcmsp5/groups/public/---dgreports/---dcomm/---publ/documents/publication/wcms_645337.pdf
Bernal, J.D. (1969) [1929] *The World, the Flesh & the Devil : An Enquiry into the Future of the Three Enemies of the Rational Soul*, Bloomington : Indiana University Press.
Bernes, Jason (2018) 'The Belly of the Revolution : Agriculture, Energy, and the Future of Communism', in Brent Ryan Bellamy and Jeff Diamanti (eds), *Materialism and the Critique*

of Energy, Chicago : MCM' Publishing.

Bernes, Jasper (2013) 'Logistics, Counterlogistics and the Communist Prospect', *Endnotes* 3, https://endnotes.org.uk/issues/3/en/jasper-bernes-logistics-counterlogistics-and-the-communist-prospect

Bhattacarii, Alex (2017) 'Inside Elon Musk's Disruption Factory', *Wired*, 20 July, www.wired.co.uk/gallery/tesla-factory-fremont-tour-photos-pictures

Bhattacharya, Tithi (ed.) (2018) *Social Reproduction Theory : Remapping Class, Recentering Oppression*, London : Pluto.

Biddle, Sam (2018) 'Facebook Uses Artificial Intelligence to Predict Your Future Actions for Advertisers, Says Confidential Document', *The Intercept*, 13 April, https://theintercept.com/2018/04/13/facebook-advertising-data-artificial-intelligence-ai

Bland, Ben (2016) 'China's Robot Revolution', *Financial Times*, 6 July, www.ft.com/content/1dbd8c60-0cc6-11e6-ad80-67655613c2d6

Bloch, Ernst (1986) [1955] *The Principle of Hope*, Volume 2, Oxford : Oxford University Press.

Boden, Margaret A. (2014) 'GOFAI', in Keith Frankish and William M. Ramsey (eds), *The Cambridge Handbook of Artificial Intelligence*, Cambridge : Cambridge University Press.

Boewe, Jörn and Johannes Schulten (2017) *The Long Struggle of the Amazon Employees : Laboratory of Resistance*, Brussells : Rosa Luxemburg Stiftung.

Bogdanov, Alexander (1984) [1908] *Red Star*, Bloomington : Indiana University Press.

Bost, Matthew W. (2016) 'Entangled Exchange : Verkehr and Rhetorical Capitalism', *Review of Communication* 16:4.

Boston Consulting Group-Sutton Trust (2017) *The State of Social Mobility in the UK*.

Bostrom, Nick (2014) *Superintelligence : Paths, Dangers, Strategies*, Oxford : Oxford University Press. [닉 보스트롬, 『슈퍼인텔리전스 : 경로, 위험, 전략』, 조성진 옮김, 까치, 2017.]

Braga, A. and R.K. Logan (2017) 'The Emperor of Strong AI Has No Clothes : Limits to Artificial Intelligence', *Information* 8:4.

Braidotti, Rosi (2018) 'Posthuman Feminist Theory', in Lisa Disch and Mary Hawkesworth (eds), *The Oxford Handbook of Feminist Theory*, Oxford : Oxford University Press.

Bratton, Benjamin H. (2015) 'Outing A.I. : Beyond the Turing Test', *New York Times*, 23 February, https://opinionator.blogs.nytimes.com/2015/02/23/outing-a-i-beyond-the-turing-test

_____ (2016) *The Stack : On Software and Sovereignty*, Cambridge MA : MIT Press.

Brophy, Enda (2017) *Language Put to Work : The Making of the Global Call Centre Workforce*, New York : Palgrave Macmillan.

Brunton, Finn and Helen Nissenbaum (2015) *Obfuscation : A User's Guide for Privacy and Protest*, Cambridge MA : MIT Press.

Brynjolfsson, Eric and Andrew McAfee (2014) *The Second Machine Age: Work, Progress, and Prosperity in a Time of Brilliant Technologies*, New York: Norton. [에릭 브린욜프슨 · 앤드루 맥아피, 『제2의 기계 시대: 인간과 기계의 공생이 시작된다』, 이한음 옮김, 청림출판, 2014.]

Brynjolfsson, Erik and Andrew McAfee (2017) 'The Business of Artificial Intelligence', *Harvard Business Review*, https://hbr.org/cover-story/2017/07/the-business-of-artificial-intelligence

Brynjolfsson, Erik, Daniel Rock and Chad Syverson (2017) 'Artificial Intelligence and the Modern Productivity Paradox: A Clash of Expectations and Statistics', NBER Working Paper No. 24001, www.nber.org/papers/w24001

Buolamwini, Joy (2018) 'InCoding-In The Beginning', *MIT Media Lab*, https://medium.com/mit-media-lab/incoding-in-the-beginning-4e2a5c51a45d

Buranyi, Stephan (2018) '"Dehumanising, Impenetrable, Frustrating": The Grim Reality of Job Hunting in the Age of AI', *Guardian*, 4 March, www.theguardian.com/inequality/2018/mar/04/dehumanising-impenetrable-frustrating-the-grim-reality-of-job-hunting-in-the-age-of-ai

Burrows, Roger (2018) 'On Neoreaction', *The Sociological Review*, 29 September, www.thesociologicalreview.com/blog/on-neoreaction.html

Byrnes, Nanette (2017) 'As Goldman Embraces Automation, Even the Masters of the Universe Are Threatened', *MIT Technology Review*, 7 February, www.technologyreview.com/s/603431/as-goldman-embraces-automation-even-the-masters-of-the-universe-are-threatened

Caddell, Bud (2017) 'Your Boss Might Be Better As An Algorithm', *Quartz*, 16 November, https://qz.com/1130095/your-boss-might-be-better-as-an-algorithm

Caffentzis, George (2008) 'From the Grundrisse to Capital and Beyond: Then and Now', *Workplace* 15.

_____ (2013) *In Letters of Fire and Blood: Work, Machines and the Crisis of Capitalism*, Oakland, CA: PM Press. [조지 카펜치스, 『피와 불의 문자들 : 노동, 기계, 화폐 그리고 자본주의의 위기』, 서창현 옮김, 갈무리, 2018.]

Campbell, Peter (2018) 'Trucks Headed for a Driverless Future', *Financial Times*, 30 January, www.ft.com/content/7686ea3e-e0dd-11e7-a0d4-0944c5f49e46

Cant, Callum (2017) 'Precarious Couriers are Leading the Struggle Against Platform Capitalism', *PoliticalCritique.org*, 3 August, http://politicalcritique.org/world/2017/precarious-couriers-are-leading-the-struggle-against-platform-capitalism/#

Čapek, Karel (2004) *R.U.R. (Rossum's Universal Robots)*, London: Penguin. [카렐 차페크, 『R.U.R. 로숨 유니버설 로봇』, 유선비 옮김, 이음, 2020.]

Catalano, Frank (2018) 'Boeing Helps Lead New $32M Investment in Singularity University,

Explores Deeper Partners', *GeekWire*, 15 February, www.geekwire.com/2018/boeing-helps-lead-new-32m-investment-singularity-university-explores-deeper-partnership

Clarke, John (2017) 'Basic Income : Progressive Dreams Meet Neoliberal Realities', *The Bullet* 1350, https://socialistproject.ca/2017/01/b1350

Chan, Jenny (2017) 'Robots, Not Humans : Official Policy in China', *New Internationalist*, 1 November, https://newint.org/features/2017/11/01/industrial-robots-china

Chang, Jae-Hee and Phu Huynh (2016) 'ASEAN Transformation : The Future of Jobs at Risk of Automation', Bureau for Employers' Activities, Working Paper No. 9.

Chua, Charmaine S. (2017) 'Logistical Violence, Logistical Vulnerabilities : A Review of The Deadly Life of Logistics : Mapping Violence in Global Trade by Deborah Cowen', *Historical Materialism* 25:4.

Cillo, Rossana and Lucia Pradella (2017) 'Strike Friday at Amazon.it' *Jacobin*, 29 November, www.jacobinmag.com/2017/11/strike-friday-amazon-italy-unions-logistics

Cleaver, Harry (1979) *Reading Capital Politically*, Brighton : Harvester.

Cocchia, Annalisa (2014) 'Smart and Digital City : A Systematic Literature Review', in Renta Paola Dameri and Camille Rosenthal-Sabroux (eds), *Smart City : How to Create Public and Economic Value With High Technology in Urban Space*, New York : Springer.

Cockshott, Paul and Karen Renaud (2016) 'Humans, Robots and Values', *Technology in Society* 45.

Coeckelbergh, Mark (2017) 'Can Machines Create Art?', *Philosophy & Technology* 30:3.

Cohen, Nicole and Greig de Peuter (2018) 'I Work at Vice Canada and I Need a Union', in Stephanie Ross and Larry Savage (eds), *Labour Under Attack : Anti-Unionism in Canada*, Winnipeg : Fernwood.

Coles, Terri (2018) 'How AI Trading Systems Will Shake Up Wall Street', *IT Pro Today*, 12 January, www.itprotoday.com/machine-learning/how-ai-trading-systems-will-shake-wall-street

Collins, Harry (2018) *Artifictional Intelligence : Against Humanity's Surrender to Computers*, Cambridge : Polity.

Columbus, Louis (2016) '10 Ways Machine Learning is Revolutionizing Manufacturing', *Forbes*, 26 June, www.forbes.com/sites/louiscolumbus/2016/06/26/10-ways-machine-learning-is-revolutionizing-manufacturing/#4f8f7eff28c2

Cook, Mike (2018) 'A Basic Lack of Understanding', *Notes From Below*, 3 March, http://notesfrombelow.org/article/a-basic-lack-of-understanding

Copeland, Jack (2000) 'What is Artificial Intelligence?', *AlanTuring.net*, www.alanturing.net/turing_archive/pages/reference%20articles/what_is_AI/What%20is%20AI11.html

Corbet, Jonathan and Greg Kroah-Hartman (2018) '2017 Linux Kernel Development Report', *Linux Foundation*, www.linuxfoundation.org/2017-linux-kernel-report-landing-

page
Costanza-Chock, Sasha (2018) 'Design Justice, A.I., and Escape from the Matrix of Domination', *The Journal of Design and Science*, 17 July, https://jods.mitpress.mit.edu/pub/costanza-chock?version=8cf4cf92-96d4-4d09-92ac-8865b4dcfc07
Cowen, Deborah (2014) *The Deadly Life of Logistics : Mapping Violence in Global Trade*, Minneapolis : University of Minnesota Press. [데보라 코웬, 『로지스틱스 : 전 지구적 물류의 치명적 폭력과 죽음의 삶』, 권범철 옮김, 갈무리, 2017.]
Crosby, Simon (2018) 'Open-Source Machine Learning is Free, as in Beer', *Forbes*, www.forbes.com/sites/forbestechcouncil/2018/10/04/open-source-machine-learning-is-free-as-in-beer/#17b2b1e943d1
Cuppini, Niccolò, Mattia Frapporti and Maurilio Pirone (2015) 'Logistics Struggles in the Po Valley Region : Territorial Transformations and Processes of Antagonistic Subjectivation', *South Atlantic Quarterly* 114:1.
Dale, Robert (2016) 'The Return of the Chatbots', *Natural Language Engineering* 22:5.
De Stefano, Valerio (2018) '"Negotiating the Algorithm" : Automation, Artificial Intelligence and the Protection of Labour', *International Labour Organisation Working Paper* 246, www.ilo.org/employment/Whatwedo/Publications/working-papers/WCMS_634157/lang--en/index.htm
DeBord, Matthew (2017) 'Tesla's Future is Completely Inhuman-And We Shouldn't Be Surprised', *Business Insider*, 20 May, www.businessinsider.com/tesla-completely-inhuman-automated-factory-2017-5
Degenerate Communism (2014) 'Chokepoints : Mapping an Anticapitalist Counter-Logistics in California', *Libcom.org*, https://libcom.org/library/choke-points-mapping-anticapitalist-counter-logistics-california
Del Ray, Jason (2017) 'Amazon's Store of the Future Has No Cashiers, But Humans are Watching From Behind the Scenes', *Recode*, www.recode.net/2017/1/6/14189880/amazon-go-convenience-store-computer-vision-humans
Despoudis, Fanis (2017) 'How Machine Learning and AI Could Eventually Replace Development Work', *Codeburst*, 11 September, https://codeburst.io/how-machine-learning-and-ai-could-eventually-replace-development-work-922ebf0d59c0
Dettmers, Tim (2015) 'Deep Learning in a Nutshell : Core Concepts', *NVidia Developer Blog*, https://devblogs.nvidia.com/deep-learning-nutshell-core-concepts
Dinerstein, Ana Cecilia and Frederick Harry Pitts (2018) 'From Post-Work to Post-Capitalism? Discussing the Basic Income and Struggles for Alternative Forms of Social Reproduction', *Journal of Labor and Society*, https://onlinelibrary.wiley.com/journal/24714607
Domingos, Pedro (2015) *The Master Algorithm : How the Quest for the Ultimate Learning Machine Will Remake Our World*, New York : Basic Books. [페드로 도밍고스, 『마스터

알고리즘:머신러닝은 우리의 미래를 어떻게 바꾸는가』, 강형진 옮김, 비지니스북스, 2016.]
Dong, Catherine (2017) 'FBLearner Flow : The Evolution of Machine Learning', *Tech-Crunch*, 8 August, https://techcrunch.com/2017/08/08/the-evolution-of-machine-learning
Drake, P. (2015) 'Marxism and the Nonhuman Turn : Animating Nonhumans, Exploitation and Politics with ANT and Animal Studies', *Rethinking Marxism* 27:1.
Drexler, Eric K. (1987) *Engines of Creation : The Coming Era of Nanotechnology*, New York : Anchor Library of Science. [에릭 드렉슬러, 『창조의 엔진:나노기술의 미래』, 조현욱 옮김, 김영사, 2011.]
Dreyfus, Hubert (1972) *What Computers Can't Do*, Cambridge MA : MIT Press.
Dutton, Tim (2018) 'An Overview of National AI Strategies', *Politics +AI Blog*, https://medium.com/politics-ai/an-overview-of-national-ai-strategies-2a70ec6edfd
Dyer-Witheford, Nick (1999) *Cyber-Marx : Cycles and Circuits of Struggle in High-technology Capitalism*, Urbana : University of Illinois Press. [닉 다이어-위데포드, 『사이버-맑스:첨단기술 자본주의에서의 투쟁주기와 투쟁순환』, 신승철, 류현 옮김, 이후, 2003.]
_____ (2010) 'Digital Labour, Species-becoming and the Global Worker', *Ephemera* 10:3/4.
_____ (2014) 'Red Plenty Platforms', *Culture Machine* 14.
_____ (2015) *Cyber-proletariat : Global Labour in the Digital Vortex*, London : Pluto.
Dyer-Witheford, Nick and Svitlana Matviyenko (2019) *Cyberwar and Revolution : Digital Subterfuge in Global Capitalism*, Minneapolis : University of Minnesota Press.
Economist (2013) 'Workers' Share of National Income : Labour Pains', *The Economist*, 31 October, www.economist.com/finance-and-economics/2013/10/31/labour-pains
_____ (2016a) 'Artificial Intelligence : The Return of the Machinery Question', 25 June, www.economist.com/news/special-report/21700758-will-smarter-machines-cause-mass-unemployment-automation-and-anxiety
_____ (2016b) 'Rise of the Superstars', 17 Sep, www.economist.com/news/special-report/21707048-small-group-giant-companiessome-old-some-neware-once-again-dominating-global
_____ (2017a) 'The Human Cumulus', *The Economist*, 26 August, www.economist.com/business/2017/08/26/artificial-intelligence-will-create-new-kinds-of-work
_____ (2017b) 'Battle of the Brains : Google Leads in the Race to Dominate Artificial Intelligence', *The Economist*, 7 December, www.economist.com/business/2017/12/07/google-leads-in-the-race-to-dominate-artificial-intelligence
_____ (2017c) 'Learning and Earning : Special Report-Lifelong Education', 14 January, www.economist.com/news/special-report/21714169-technological-change-demands-stronger-and-more-continuous-connections-between-education

_____ (2018) 'Economists Grapple with the Future of the Labour Market', *The Economist*, 11 January, www.economist.com/finance-and-economics/2018/01/11/economists-grapple-with-the-future-of-the-labour-market
Eden, David (2012) *Autonomy : Capitalism, Class and Politics*, Farnham : Ashgate.
Edwards, Paul (1996) *The Closed World : Computers and the Politics of Discourse in Cold War America*, Cambridge MA : MIT Press.
_____ (2010) *A Vast Machine : Computer Models, Climate Data, and the Politics of Global Warming*, Cambridge MA : MIT Press.
Elliott, Larry (2017) 'Robots Will Not Lead to Fewer Jobs-But the Hollowing Out of the Middle Class', *Guardian*, 20 August, www.theguardian.com/business/2017/aug/20/robots-are-not-destroying-jobs-but-they-are-hollow-out-the-middle-class
Elster, Jon (1985) *Making Sense of Marx*, Cambridge : Cambridge University Press. [욘 엘스터, 『마르크스 이해하기 1, 2』, 진석용 옮김, 나남, 2015.]
Endnotes (2010) 'The History of Subsumption', *Endnotes* 2, https://endnotes.org. uk/issues/2/en/endnotes-the-history-of-subsumption
Ensign, Danielle, Sorelle A. Friedler, Scott Neville, Carlos Scheidegger and Suresh Venkatasubramanian (2017) 'Runaway Feedback Loops in Predictive Policing', *arXiv.org*, https://arxiv.org/abs/1706.09847
Ertel, Wolfgang (2018) *Introduction to Artificial Intelligence*, New York : Springer.
Eubanks, Virginia (2017) *Automating Inequality : How High-Tech Tools Profile, Police and Punish the Poor*, New York : St. Martin's Press. [버지니아 유뱅크스, 『자동화된 불평등 : 첨단 기술은 어떻게 가난한 사람들을 분석하고, 감시하고, 처벌하는가』, 김영선 옮김, 북트리거, 2018.]
Fabian (2018) 'Global Artificial Intelligence Landscape', *Medium*, https://medium.com/@bootstrappingme/global-artificial-intelligence-landscape-including-database-with-3-465-ai-companies-3bf01a175c5d
Faggella, Daniel (2018a) 'Crowdsourced Sentiment Analysis-Applications in Social Media and Customer Service', *TechEmergence*, www.techemergence.com/crowdsourced-sentiment-analysis-applications-social-media-customer-service
_____ (2018b) 'Industrial AI Applications-How Time Series and Sensor Data Improve Processes', *TechEmergence*, www.techemergence.com/industrial-ai-applications-time-series-sensor-data-improve-processes
_____ (2018c) 'What is Artificial Intelligence? An Informed Definition', *Emerj*, https://emerj.com/ai-glossary-terms/what-is-artificial-intelligence-an-informed-definition
Fawcett, Tom and Drew Hardin (2017) 'Machine Learning vs. Statistics', *Silicon Valley Data Science*, www.svds.com/machine-learning-vs-statistics
Federici, Silvia (2012) *Revolution at Point Zero : Housework, Reproduction, and Feminist*

Struggle, New York : PM Press. [실비아 페데리치, 『혁명의 영점 : 가사노동, 재생산, 여성주의 투쟁』, 황성원 옮김, 갈무리, 2013.]

Financial Stability Board (FSB) (2017) 'Artificial Intelligence and Machine Learning in Financial Services : Market Developments and Financial Stability Implications', *Financial Stability Board*, www.fsb.org/wp-content/uploads/P011117.pdf

Finley, Klint (2016) 'Microsoft Open-sources its Artificial Brain to One-up Google', *Wired*, www.wired.com/2016/01/microsoft-tries-to-one-up-google-in-the-open-source-ai-race

Firestone, Shulamith (1970) *The Dialectic of Sex : The Case for Feminist Revolution*, New York : William Morrow. [슐라미스 파이어스톤, 『성의 변증법 : 페미니스트 혁명을 위하여』, 김민예숙, 유숙열 옮김, 꾸리에, 2016.]

Foer, Franklin (2017) *World Without Mind : The Existential Threat of Big Tech*, New York : Penguin. [프랭클린 포어, 『생각을 빼앗긴 세계 : 거대 테크 기업들은 어떻게 우리의 생각을 조종하는가』, 이승연 옮김, 반비, 2019.]

Ford, Martin (2009) *The Lights in the Tunnel : Automation, Accelerating Technology and the Economy of the Future*, New York : Acculant Publishing.

_____ (2016) *Rise of the Robots : Technology and the Threat of a Jobless Future*, New York : Basic Books. [마틴 포드, 『로봇의 부상 : 인공지능의 진화와 미래의 실직 위협』, 이창희 옮김, 세종서적, 2016.]

Foster, John Bellamy (2002) *Ecology Against Capitalism*, New York : Monthly Review Press. [존 벨라미 포스터, 『생태계의 파괴자 자본주의』, 추선영 옮김, 책갈피, 2007.]

Fracchia, J. (2017) 'Organisms and Objectifications : A Historical-Materialist Inquiry into the "Human and Animal"', *Monthly Review* 68:10.

Frank, Morgan R., Lijun Sun, Manuel Cebrian, Hyejin Youn and Iyad Rahwan (2018) 'Small Cities Face Greater Impact from Automation', *Journal of the Royal Society Interface* 15:139.

Frenkel, Shara (2018) 'Microsoft Employees Protest Work With ICE, as Tech Industry Mobilizes Over Immigration', *New York Times*, 19 June, www.nytimes.com/2018/06/19/technology/tech-companies-immigration-border.html

Frey, Carl Benedict and Michael A. Osborne (2013) 'The Future of Employment : How Susceptible are Jobs To Computerisation?', www.oxfordmartin.ox.ac.uk/downloads/academic/The_Future_of_Employment.pdf

Future of Life Institute (2018) 'AI Policy-United States', https://futureoflife.org/ai-policy-united-states

Gagné, Jean-François (2018) 'Global AI Talent Report 2018', www.jfgagne.ai/talent

Gallagher, Sean (2013a) 'What the NSA Can Do With "Big Data"', *Ars Technica*, 11 June, https://arstechnica.com/information-technology/2013/06/what-the-nsa-can-do-withbig-data

Gallagher, Sean (2013b) 'You May Already Be a Winner in NSA's "Three-Degrees" Surveillance Sweepstakes!', 18 July, https://arstechnica.com/information-technology/2013/07/you-may-already-be-a-winner-in-nsas-three-degrees-surveillance-sweepstakes

_____ (2018) 'The Snowden Legacy, Part One : What's Changed, Really?', *Ars Technica*, 21 November, https://arstechnica.com/tech-policy/2018/11/the-snowden-legacy-part-one-whats-changed-really

Gao, Jack (2017) 'China's Wage Growth : How Fast is the Gain and What Does It Mean?', *New Institute for Economic Thinking*, www.ineteconomics.org/perspectives/blog/chinas-wage-growth-how-fast-is-the-gain-and-what-does-it-mean

Gartner (연도 미상) 'Knowledge Capture', *Gartner IT Glossary*, www.gartner.com/it-glossary/knowledge-capture

_____ (2017) 'Gartner Says By 2020, Artificial Intelligence Will Create More Jobs Than it Eliminates', 13 December, www.gartner.com/newsroom/id/3837763

Gent, Ed (2017) 'The Hidden Human Workforce Powering Artificial Intelligence', *Singularity Hub*, https://singularityhub.com/2017/12/19/the-hidden-human-workforce-powering-machine-intelligence/#sm.0001d2qlh93ildkhvt12nmij5 pv6c

Gent, Ed (2018) 'The Democratization of AI is Putting Powerful Tools in the Hands of Non-Experts', *Singularity Hub*, https://singularityhub.com/2018/02/19/the-democratization-of-ai-is-putting-powerful-tools-in-the-hands-of-non-experts/#sm.0001d2qlh93ildkhvt12nmij5pv6c

George, Dileep et al. (2017) 'A Generative Vision Model that Trains With High Data Efficiency and Breaks Text-Based CAPTCHAs', *Science* 358:1271.

Gershgorn, Dave (2015) 'How Google Aims to Dominate Artificial Intelligence', *Popular Science*, 9 November, www.popsci.com/google-ai

_____ (2018) 'Google Gave the World Powerful AI Tools, and the World Made Porn with Them', *Quartz*, https://qz.com/1199850/google-gave-the-world-powerful-open-source-ai-tools-and-the-world-made-porn-with-them

Geuss, Megan (2018a) 'Low Pay, Poor Prospects, and Psychological Toll : The Perils of Microtask Work', *Ars Technica*, 23 September, https://arstechnica.com/information-technology/2018/09/in-most-cases-online-microtask-work-can-be-a-raw-deal-un-study-finds

_____ (2018b) 'Google Wants to Match Actual Energy Demand with Carbon-free Supply', *Ars Technica*, 11 October, https://arstechnica.com/information-technology/2018/10/googles-data-center-carbon-heat-maps-show-the-challenges-of-going-carbon-free

Ghaffrey, Shirin (2018) 'Many in Silicon Valley Support Universal Basic Income. Now the California Democratic Party Does, Too', *Recode*, 8 March, www.recode.

net/2018/3/8/17081618/tech-solution-economic-inequality-universal-basic-income-part-democratic-party-platform-california

Gibbs, Samuel (2015) 'Women Less Likely to be Shown Ads for High-paid Jobs on Google, Study Shows', *Guardian*, 8 July, www.theguardian.com/technology/2015/jul/08/women-less-likely-ads-high-paid-jobs-google-study

Gillespie, Tarleton (2010) 'The Politics of "Platforms"', *New Media and Society* 12:3.

Goertzel, Ben (2007) 'Human-level Artificial General Intelligence and the Possibility of a Technological Singularity. A Reaction to Ray Kurzweil's The Singularity Is Near, and McDermott's Critique of Kurzweil', *Artificial Intelligence* 171.

_____ (2014) 'Artificial General Intelligence : Concept, State of the Art, and Future Prospects', *Journal of Artificial General Intelligence* 5:1.

Goldhill, Olivia (2017) 'The Neo-fascist Philosophy that Underpins Both the Alt-right and Silicon Valley Technophiles', *Quartz*, 18 June, https://qz.com/1007144/the-neo-fascist-philosophy-that-underpins-both-the-alt-right-and-silicon-valley-technophiles

Golumbia, David (2009) *The Cultural Logic of Computation*, Cambridge MA : Harvard University Press.

_____ (2019) 'The Great White Robot God : Artificial General Intelligence and White Supremacy', *Uncomputing*, 21 January, www.uncomputing.org/?p=2077

Goode, Eric and Claire Cain Miller (2013) 'Backlash by the Bay : Tech Riches Alter a City', *New York Times*, 24 November, www.nytimes.com/2013/11/25/us/backlash-by-the-bay-tech-riches-alter-a-city.html?_r=0

Goodfellow, Ian et al. (2014) 'Generative Adversarial Nets', *Proceedings of the 27th International Conference on Neural Information Processing Systems* 2.

Gordon, Robert (2016) *The Rise and Fall of American Growth : The U.S. Standard of Living Since the Civil War*, Princeton : Princeton University Press.

Gosaduaff, Laurence (2017) '2018 Will Mark the Beginning of AI Democratiza-tion', *Smarter with Gartner*, www.gartner.com/smarterwithgartner/2018-will-mark-the-beginning-of-ai-democratization

Gourevitch, Alex and Lucas Stanczyk (2018) 'The Basic Income Illusion', *Catalyst* 1:4.

Grace, Katja, John Salvatier, Allan Dafoe, Baobao Zhang and Owain Evans (2018) 'Viewpoint : When Will AI Exceed Human Performance? Evidence from AI Experts', *Journal of Artificial Intelligence Research* 62.

Gray, Mary and Siddharth Suri (2017) 'The Humans Working Behind the AI Curtain', *Harvard Business Review*, 9 January, https://hbr.org/2017/01/the-humans-working-behind-the-ai-curtain

Greene, Tristan (2018) 'AI Guru Fei Fei Li Set to Leave Google this Year', *The Next Web*, https://thenextweb.com/artificial-intelligence/2018/09/10/ai-guru-fei-fei-li-set-toleave-google-this-year

Greenfield, Adam (2013) *Against the Smart City*, New York : Do Projects.

Greenmeier, Larry (2008) 'Artificial Intelligence : Robots Rule When it Comes to Holiday Shopping', *Scientific American*, 26 December, www.scientificamerican.com/article/artificial-intelligence-robots-rule

Griffiths, Thomas L., Nick Chater, Charles Kemp, Amy Perfors and Joshua B. Tenenbaum (2010) 'Probabilistic Models of Cognition : Exploring Representations and Inductive Biases', *Trends in Cognitive Sciences* 14:8.

Grothoth, Christian and J.M. Porup (2016) 'The NSA's SKYNET Program May be Killing Thousands of Innocent People', *Ars Technica*, 1 February, https://arstechnica.com/information-technology/2016/02/the-nsas-skynet-program-may-be-killing-thousands-of-innocent-people

Gubrud, M. (1997) 'Nanotechnology and International Security', *Fifth Foresight Conference on Molecular Nanotechnology* 1, https://foresight.org/Conferences/MNT05/Papers/Gubrud

Gunn, Richard (1987) 'Marxism and Mediation', *Common Sense* 2.

Haider, Shuja (2017) 'The Darkness at the End of the Tunnel : Artificial Intelligence and Neoreaction', *Viewpoint Magazine*, 28 March, www.viewpointmag.com/2017/03/28/the-darkness-at-the-end-of-the-tunnel-artificial-intelligence-and-neoreaction

Haldane, J.B.S. (1924) *Daedalus, or, Science and the Future*, London : K. Paul, Trench, Trubner.

Halliday, James (2018) 'Open Source is Not Enough', *Notes From Below* 2, https://notesfrombelow.org/article/open-source-is-not-enough

Hamilton, Isobel Asher (2018) 'Elon Musk Believes AI Could Turn Humans into an Endangered Species Like the Mountain Gorilla', *Business Insider*, 26 November, www.businessinsider.com/elon-musk-ai-could-turn-humans-into-endangered-species-2018-11

Harari, Yuval Noah (2016) *Homo Deus : A Brief History of Tomorrow*, New York : Signal Press. [유발 노아 하라리, 『호모 데우스』, 김명주 옮김, 김영사, 2023.]

Haraway, Donna (1985) 'A Manifesto for Cyborgs : Science, Technology, and Socialist Feminism in the 1980s', *Socialist Review* 80.

_____ (2016) 'Staying With the Trouble : Anthropocene, Capitalocene, Chthulucene', in Jason Moore (ed.), *Anthropocene or Capitalocene? Nature, History and the Crisis of Capitalism*, Oakland, CA : PM Press.

Hardt, Michael and Antonio Negri (2001) *Empire*, Cambridge MA : Harvard University Press. [마이클 하트, 안토니오 네그리, 『제국』, 윤수종 옮김, 이학사, 2001.]

_____ (2017) *Assembly*, Oxford : Oxford University Press. [마이클 하트, 안토니오 네그리, 『어셈블리』, 이승준 옮김, 알렙, 2020.]

Harris, Mark (2014) 'Amazon's Mechanical Turk Workers Protest : "I am a Human Being, Not an Algorithm"', *Guardian*, 3 December, www.theguardian.com/technology/2014/dec/03/amazon-mechanical-turk-workers-protest-jeff-bezos

Harvey, Cynthia (2017) 'Open Source Artificial Intelligence : 50 Top Projects', *Datamation*, www.datamation.com/open-source/open-source-artificial-intelligence-50-top-projects-1.html

Hawksworth, John, Richard Berriman and Saloni Goel (2018) 'Will Robots Really Steal our Jobs? An International Analysis of the Potential Long Term Impact of Automation', *PricewaterhouseCoopers*, www.pwc.co.uk/economic-services/assets/international-impact-of-automation-feb-2018.pdf

He, Kaiming, Xiangyu Zhang, Shaoqing Ren and Jian Sun (2016) 'Deep Residual Learning for Image Recognition', *Proceedings of the IEEE Conference on Computer Vision and Pattern Recognition*.

Heinrich, Michael (2012) *An Introduction to the Three Volumes of Karl Marx's Capital*, New York : Monthly Review Press.

Henwood, Doug (2015) 'Glum Job Prospects, Say Officials', *LBO News*, 21 December, https://lbo-news.com/2015/12/21/glum-job-prospects-say-officials

_____ (2018a) 'About that Stock Panic', *Jacobin*, 2 February, https://jacobinmag.com/2018/02/stock-market-drop-wage-increases-economy

_____ (2018b) 'The Gig Economy Fantasy', *Jacobin*, 15 June, www.jacobinmag.com/2018/06/precarity-american-workplace-gig-economy

Hermann, Jeremy and Mike Del Baso (2017) 'Meet Michelangelo : Uber's Machine Learning Platform', *Uber Engineering*, 5 September, https://eng.uber.com/michelangelo.

Hern, Alex (2017) 'Give Robots "Personhood" Status, EU Committee Argues', *Guardian*, 12 January, www.theguardian.com/technology/2017/jan/12/give-robots-personhood-status-eu-committee-argues

Hernandez, Pedro (2017) 'Artificial Intelligence to Assimilate Software Industry', *Datamation*, www.datamation.com/applications/artificial-intelligence-to-assimilate-software-industry.html

Hernandez, Dan (2018) '"Robots Can't Beat us" : Las Vegas Casino Workers Prep for Strike Over Automation', *Guardian*, 2 June, www.theguardian.com/us-news/2018/jun/02/las-vegas-workers-strike-automation-casinos

Hester, Helen (2016) 'Technically Female : Women, Machines, and Hyperemployment', *Salvage*, 8 August, http://salvage.zone/in-print/technically-female-women-machines-and-hyperemployment

_____ (2018) *Xenofeminism*, Cambridge : Polity.

Hill, Steven (2015) *Raw Deal : How the 'Uber Economy' and Runaway Capitalism are Screw-*

ing American Workers, New York : St. Martin's Press.
Holtwell, Felix (2018) 'Bringing Back the Lucas Plan', *Notes From Below*, https://notesfrombelow.org/article/bringing-back-the-lucas-plan
Hook, Leslie (2016) 'The Humans Behind Mechanical Turk's Artificial Intelligence', *Financial Times*, 26 October, www.ft.com/content/17518034-6f77-11e6-9ac1-1055824ca907
Horwitz, Josh (2018) 'China is Both Ahead of and Behind Amazon in Cashier-less Stores', *Quartz*, 22 January, https://qz.com/1185081/amazon-go-china-is-both-ahead-of-and-behind-amazon-in-cashier-less-stores
Howcroft, Debra and Jill Rubery (2018) 'Gender Equality Prospects in the Fourth Industrial Revolution', in Max Neufeind et al. (eds), *Work in the Digital Age : Challenges of the Fourth Industrial Revolution*, New York : Roman and Littlefield.
Hughes, Chris (2018) *Fair Shot : Rethinking Inequality and How We Earn*, New York : St. Martin's Press.
Hughes, James J. (2012) 'The Politics of Transhumanism and the Techno? Millennial Imagination, 1626-2030', *Zygon* 47:4
Humanity+ (연도 미상) 'Transhumanist FAQ', https://humanityplus.org/philosophy/transhumanist-faq
Huws, Ursula (2014) *Labor in the Global Digital Economy : The Cybertariat Comes of Age*, New York : Monthly Review.
Ilyas, Ihab (2018) 'Data Cleaning is a Machine Learning Problem that Needs Data Systems Help', *ACM Sigmod Blog*, 18 April, http://wp.sigmod.org
Impett, Leo (2018) 'Marxism and New Developments in Science : Artificial Intelligence and Deep Learning : Technical and Political Challenges', *Theory & Struggle* 119.
International Data Corporation (2016) 'Press Release : IDC Sees the Dawn of the DX Economy and the Rise of the Digital-Native Enterprise', www.idc.com/getdoc.jsp?containerId=prUS41888916
_____ (2018) 'Worldwide Spending on Cognitive and Artificial Intelligence Systems Will Grow to $19.1 Billion in 2018, According to New IDC Spending Guide', www.idc.com/getdoc.jsp?containerId=prUS43662418
International Transport Forum (ITF) (2017) 'Managing the Transition to Driverless Road Freight Transport', *International Transport Forum*, www.itf-oecd.org/managing-transition-driverless-road-freight-transport
Ito, Joi (2018) 'The Paradox of Universal Basic Income', *Wired*, 29 March, www.wired.com/story/the-paradox-of-universal-basic-income
Jameson, Fredric (1991) *Postmodernism, or, The Cultural Logic of Late Capitalism*, London : Verso.
Jang, Eric (2017) 'What Companies are Winning the Race for Artificial Intelligence?', *Forbes*,

24 February, www.forbes.com/sites/quora/2017/02/24/what-companies-are-winning-the-race-for-artificial-intelligence/#4902bfe8f5cd

Jappe, Anselm (2017) 'Degrowthers, One More Effort if You Want to be Revolutionaries', in *The Writing on the Wall : On the Decomposition of Capital and Its Critics*, Alresford : Zero Books.

Jenkins, Simon (2018) 'Worrying About Robots Stealing Our Jobs? How Silly', *Guardian*, 20 August, www.theguardian.com/commentisfree/2018/aug/20/robots-stealing-jobs-digital-age

Johnson, E.R. (2017) 'At the Limits of Species Being : Sensing the Anthropocene', *The South Atlantic Quarterly* 116:2.

Johnson, Matthew, Katja Hofmann, Tim Hutton and David Bignell (2016) 'The Malmo Platform for Artificial Intelligence Experimentation', *Proceedings of the Twenty-Fifth International Joint Conference on Artificial Intelligence* ((I) JCAI-16), www.ijcai.org/Proceedings/16/Papers/643.pdf

Johnston, David (2015) 'Let Data Scientists be Data Mungers', *Thought Works*, 5 August, www.thoughtworks.com/insights/blog/let-data-scientists-be-data-mungers

Johnston, John (2008) *The Allure of Machinic Life : Cybernetics, Artificial Life, and the New AI*, Cambridge MA : MIT Press.

Jordan, Tim (2015) *Information Politics : Liberation and Exploitation in the Digital Society*, London : Pluto.

Kale, Sirin (2018) 'Logged Off : Meet the Teens Who Refuse to Use Social Media', *Guardian*, 29 August, www.theguardian.com/society/2018/aug/29/teens-desert-social-media

Kallis, Giorgos and Swyngedouw, Erik (2018) 'Do Bees Produce Value? A Conversation Between an Ecological Economist and a Marxist Geographer', *Capitalism, Nature, Socialism* 29:3.

Kaplan, Jerry (2016) *Artificial Intelligence : What Everyone Needs to Know*, Oxford : Oxford University Press.

Kaput, Mike (2018) 'How the European Union's GDPR Rules Impact Artificial Intelligence and Machine Learning', *Marketing Artificial Intelligence Institute*, 24 May, www.marketingaiinstitute.com/blog/how-the-european-unions-gdpr-rules-impact-artificial-intelligence-and-machine-learning

Katz, Miranda (2017) 'Amazon's Turker Crowd Has Had Enough', *Wired*, 23 August, www.wired.com/story/amazons-turker-crowd-has-had-enough

Kelly, Amy (2018) 'Robot Workers Will Lead to Surge in Slavery in South-East Asia, Report Finds', *Guardian*, 12 July, www.theguardian.com/global-development/2018/jul/12/robot-workers-will-lead-to-surge-in-slavery-in-south-east-asia-report-finds

Kelly, Kevin (2014) 'The Three Breakthroughs That Have Finally Unleashed AI on the

World', *Wired*, 27 September, www.wired.com/2014/10/future-of-artificial-intelligence

Kessler, Sarah (2018) *Gigged: The End of the Job and the Future of Work*, New York: St. Martin's Press. [새라 케슬러, 『직장이 없는 시대가 온다: 경제적 자유인가, 아니면 불안한 미래인가』, 김고명 옮김, 더퀘스트, 2019.]

Kinder, Molly (2018) 'Learning to Work With Robots: AI Will Change Everything. Workers Must Adapt-Or Else', *Foreign Affairs*, 11 July, https://foreignpolicy.com/2018/07/11/learning-to-work-with-robots-automation-ai-labor

Kisner, James, David Wishnow and Timur Ivannikov (2017) 'IBM: Creating Shareholder Value with AI? Not So Elementary, My Dear Watson', *Jeffries*, 12 July, https://javatar.bluematrix.com/pdf/fO5xcWjc

Kitchin, Rob (2014) 'The Real-time City? Big Data and Smart Urbanism', *GeoJournal* 79:1.

Kjøsen, Atle Mikkola (2013a) 'Do Androids Dream of Surplus Value?', *Conference paper*, Mediations 2.5, London, Ontario, 18 January, www.academia.edu/2455476/Do_Androids_Dream_of_Surplus_Value

_____ (2013b) 'Human Material in the Communication of Capital,' *communication* +1, 2:3.

_____ (2016) *Capital's Media: The Physical Conditions of Circulation*, PhD thesis, University of Western Ontario.

_____ (2018) 'Träumen Androiden vom Mehrwert?', *Maske und Kothurn* 64:1-2.

Knight, Will (2016a) 'Inside Vicarious, the Secretive AI Startup Bringing Imagination to Computers', *MIT Technology Review*, www.technologyreview.com/s/601496/inside-vicarious-the-secretive-ai-startup-bringing-imagination-to-computers

_____ (2016b) 'Machines Can Now Recognize Something After Seeing It Once', *MIT Technology Review*, www.technologyreview.com/s/602779/machines-can-now-recognize-something-after-seeing-it-once

_____ (2017) 'Reinforcement Learning', *MIT Technology Review*, www.technologyreview.com/s/603501/10-breakthrough-technologies-2017-reinforcement-learning

Kofman, Ava (2018) 'Google's "Smart City of Surveillance" Faces New Resistance in Toronto', *The Intercept*, 13 November, https://theintercept.com/2018/11/13/google-quayside-toronto-smart-city.

Kolanovic, Marko and Rajesh T. Krishnamachari (2017) 'Big Data and AI Strategies: Machine Learning and Alternative Data Approach to Investing', *J.P. Morgan*, www.cfasociety.org/cleveland/Lists/Events%20Calendar/Attachments/1045/BIG-Data_AI-JPMmay2017.pdf

Kolchin, Peter (1993) *American Slavery 1619-1877*, New York: Hill & Wang.

Kolinko (2002) *Hotlines-call centre / inquiry / communism*, www.nadir.org/nadir/initiativ/kolinko/lebuk/e_lebuk.htm

Kopetz, Hermann (2011) *Real-time Systems: Design Principles for Distributed Embedded Ap-*

plications, Boston : Springer.

Kulian, Artur (2017) 'Why Decentralized Artificial Intelligence Will Reinvent the Industry as We Know It', *Forbes*, 16 November, www.forbes.com/sites/forbestechcouncil/2017/11/16/why-decentralized-artificial-intelligence-will-reinvent-the-industry-as-we-know-it/#f7d393511a44

Kulka, Benjamin and Richard Brown (2018) 'Human Capital : Disruption, Opportunity and Resilience in London's Workforce', *Centre for London*, 12 August, www.centreforlondon.org/wp-content/uploads/2018/04/Centre-for-London_Human-Capital-Digital-Report.pdf

Kurzweil, Ray (2005a) *The Singularity Is Near*, New York : Penguin. [레이 커즈와일, 『특이점이 온다』, 김명남 옮김, 김영사, 2007.]

_____ (2005b) 'Long Live AI', *Forbes*, www.forbes.com/home/free_forbes/2005/0815/030.html

Kyung-Hoon, Kim (2018) 'How Robots Could Help Care for Japan's Aging Population', *Independent*, 9 April, www.independent.co.uk/arts-entertainment/photography/japan-robot-elderly-care-ageing-population-exercises-movement-a8295706.html

Laboria Cuboniks (2015) 'Xenofeminism : A Politics for Alienation', www.laboriacuboniks.net/index.html#zero/1

Laird, J.E. (2012) *The Soar Cognitive Architecture*, Cambridge MA : MIT Press.

Lake, Brendan. M., Tomer D. Ullman, Joshua B. Tenenbaum and Samuel J. Gershman (2017) 'Building Machines That Learn and Think Like People', *Behavioral and Brain Sciences* 40.

Land, Nick (2012) *Fanged Noumena : Collected Writings 1987-2007*, Falmouth : Urbanomic.

_____ (2014) 'The Teleological Identity of Capitalism and Artificial Intelligence : Remarks to the Participants of the Incredible Machines 2014 Conference', 8 March, formerly available at http://incrediblemachines.info/nick-land-the-teleological-identity-of-capitalism-and-artificial-intelligence

_____ (2017) 'A Quick and Dirty Introduction to Accelerationism', *Jacobite*, https://jacobitemag.com/2017/05/25/a-quick-and-dirty-introduction-to-accelerationism

Landing A.I. (연도 미상) 'Transform Your Business With A.I.', www.landing.ai

Lapovsky, Issie (2014) 'The Next Big Thing You Missed : The Quest to Give Computers the Power of Imagination', *Wired*, www.wired.com/2014/04/vicarious-ai-imagination

Läpple, Dieter (1973) *Staat und allgemeine Produktionsbedingungen. Grundlagen zur Kritik der Infrastrukturtheorien*, Berlin : Verlag für das Studium der Arbeiterbewegung.

Larson, Christina (2018) 'Closing the Factory Doors', *Foreign Affairs*, 16 July, https://foreignpolicy.com/2018/07/16/closing-the-factory-doors-manufacturing-economy-automation-jobs-developing

Larson, Jeff, Surya Mattu, Lauren Kirchner and Julia Angwin (2016) 'How We Analyzed the COMPAS Recidivism Algorithm', *ProPublica*, 23 May, www.newscientist.com/article/2166207-discriminating-algorithms-5-times-ai-showed-prejudice

Lebeuf, Carlene, Margaret-Anne Storey and Alexey Zagalsky (2017) 'How Software Developers Mitigate Collaboration Friction with Chatbots', arXiv preprint:1702.07011

LeCun, Yann, Yoshua Bengio and Geoffrey Hinton (2015) 'Deep Learning', *Nature* 521:7553.

Lee, Kai-Fu (2018) *AI Superpowers : China, Silicon Valley, and the New World Order*, New York : Houghton-Mifflin. [리카이푸, 『AI 슈퍼파워 : 중국, 실리콘밸리, 그리고 새로운 세계질서』, 조성숙 옮김, 이콘, 2019.]

Lee, Timothy (2018) 'Waymo Jobs : Self-driving Cars Will Destroy a Lot of Jobs-They'll Also Create a Lot', *Ars Technica*, 24 August, https://arstechnica.com/tech-policy/2018/08/self-driving-cars-will-destroy-a-lot-of-jobs-theyll-also-create-a-lot

Lenat, D.B and J.S. Brown (1984) 'Why AM and EURISKO Appear to Work', *Artificial Intelligence* 23:3.

Leonardi, Emmanuele (2019) 'Bringing Class Analysis Back in : Assessing the Transformation of the Value-Nature Nexus to Strengthen the Connection Between Degrowth and Environmental Justice', *Ecological Economics* 156.

LePage, Michael (2018) 'AI's Dirty Secret : Energy-guzzling Machines May Fuel Global Warming', *New Scientist*, 10 October, www.newscientist.com/article/mg24031992-100-ais-dirty-secret-energy-guzzling-machines-may-fuel-global-warming

Levy, Frank (2018) 'Computers and Populism : Artificial Intelligence, Jobs, and Politics in the Near Term', *Oxford Review of Economic Policy* 34:3.

Levy, Steven (2018) 'Inside Amazon's Artificial Intelligence Flywheel', *Wired*, 2 January, www.wired.com/story/amazon-artificial-intelligence-flywheel

Lewis, Leo (2017) 'Can Robots Make up for Japan's Care Home Shortfall?', *Financial Times*, 17 October, www.ft.com/content/418ffd08-9e10-11e7-8b50-0b9f565a23e1

Leviathan, Yaniv and Yossi Matias (2018) 'Google Duplex : An AI System for Accomplishing Real-World Tasks Over the Phone', *Google AI Blog*, 8 May, https://ai.googleblog.com/2018/05/duplex-ai-system-for-natural-conversation.html

Liu, Wendy (2018) 'Freedom isn't Free', *Logic*, https://logicmag.io/05-freedom-isnt-free

Locke, Charles (2017) 'Void Star : Terrifying Silicon Valley Sci-Fi Only an AI Expert Could Pen', *Wired*, 11 April, www.wired.com/2017/04/void-star-dystopia-computational-linguistics

Lohr, Steve (2014) 'For Big Data Scientists, "Janitor Work" is Key Hurdle to Insights', *New York Times*, www.nytimes.com/2014/08/18/technology/for-big-data-scientists-hurdle-to-insights-is-janitor-work.html

Lum, Kristian and William Isaac (2016) 'To Predict and Serve?', *Significance* 13:5, https://rss.onlinelibrary.wiley.com/doi/full/10.1111/j.1740-9713.2016.00960.x

Lynch, Shana (2017) 'Andrew Ng : Why AI is the New Electricity', *Insights by Stanford Business*, www.gsb.stanford.edu/insights/andrew-ng-why-ai-new-electricity

McBride, Sarah (2018) 'Silicon Valley's Singularity University Has Some Serious Reality Problems', *Bloomberg Businessweek*, 15 February, www.bloomberg.com/news/articles/2018-02-15/silicon-valley-s-singularity-university-has-some-serious-reality-problems

McCarthy, John, Martin Minsky, N. Rochester and Claude Shannon (1955) 'A Proposal for the Dartmouth Summer Research Project on Artificial Intelligence', http://www-formal.stanford.edu/jmc/history/dartmouth/dartmouth.html

McCorduck, Pamela (2004) *Machines Who Think, 2nd edn*, Natick MA : A.K. Peters Ltd.

MacLeod, Ken (2008) *Fractions*, London : Orbit.

_____ (2009) *Divisions*, London : Orbit.

Mandel, Ernest (1975) *Late Capitalism*, London : New Left Books.

_____ (1990) 'Introduction to "Results of the Immediate Process of Production"', in Karl Marx, *Capital, Volume I*, Harmondsworth : Penguin.

Manjoo, Farhad (2017) 'How 5 Tech Giants Have Become More Like Governments Than Companies', *NPR*, 26 October, www.npr.org/2017/10/26/560136311/how-5-tech-giants-have-become-more-like-governments-than-companies

Manyika, James, Susan Lund, Michael Chui, Jacques Bughin, Jonathan Woetzel, Parul Batra, Ryan Ko and Saurabh Sanghvi (2017) 'Jobs Lost, Jobs Gained : What the Future of Work Will Mean for Jobs, Skills, and Wages', McKinsey Global Institute, www.mckinsey.com/featured-insights/future-of-work/jobs-lost-jobs-gained-what-the-future-of-work-will-mean-for-jobs-skills-and-wages

Manzerolle, Vincent and Atle Mikkola Kjøsen (2015) 'Digital Media and Capital's Logic of Acceleration', Christian Fuchs (ed.), *Marx in the Age of Digital Capitalism*, Leiden : Brill.

Marr, Bernard (2016) 'How Analytics, Big Data and AI are Changing Call Centers Forever', *Forbes*, 6 September, www.forbes.com/sites/bernardmarr/2016/09/06/how-analytics-big-data-and-ai-are-changing-call-centers-forever/#253669b13a32

_____ (2018) 'Does Synthetic Data Hold the Secret to Artificial Intelligence?', *Forbes*, 5 November, https://preview.tinyurl.com/y7lvv9ss

Marshall, Aarian (2017) 'The Human-Robocar War for Jobs is Finally On', *Wired*, 29 September, www.wired.com/story/trucks-robocar-senate-war

Marx, Karl (1973) *Contribution to a Critique of Political Economy*, Moscow : Progress Publishers. [카를 마르크스, 『정치경제학비판을 위하여』, 김호균 옮김, 중원문화, 2017.]

_____ (1975) *Early Writings*, Harmondsworth : Penguin.

_____ (1990) *Capital, Volume I*, Harmondsworth : Penguin. [칼 맑스, 『자본론 1』, 김수행 옮김, 비봉출판사, 2015.]
_____ (1991) *Capital, Volume III*, Harmondsworth : Penguin. [칼 맑스, 『자본론 3』, 김수행 옮김, 비봉출판사, 2015.]
_____ (1992) *Capital, Volume II*, Harmondsworth : Penguin. [칼 맑스, 『자본론 2』, 김수행 옮김, 비봉출판사, 2015.]
_____ (1993) *Grundrisse*, Harmondsworth : Penguin. [칼 맑스, 『정치경제학 비판요강 1, 2, 3』, 김호균 옮김, 그린비, 2007.]
_____ (2007) *Economic and Philosophic Manuscripts of 1844*, Mineola : Dover Publications. [칼 맑스, 『경제학-철학 수고』, 강유원 옮김, 이론과실천, 2006.]
_____ (2008) *The Poverty of Philosophy*, New York : Cosimo Press. [칼 맑스, 『경제학 철학 초고/자본론/공산당선언/철학의 빈곤』, 김문수 옮김, 동서문화사, 2016.]
_____ (2011) *Capital, Volume I*, trans. S. Moore and E. Aveling, Mineola : Dover Publications. [칼 맑스, 『자본론 1』, 김수행 옮김, 비봉출판사, 2015.]
Mason, Paul (2015) *Postcapitalism : A Guide to Our Future*, New York : Allen Lane.
Mason, Zachary (2017) *Void Star*, New York : Farrar, Straus and Giroux.
Mayer, Jane (2018) 'A Parlor Game at Rebekah Mercer's Has No Get Out of Jail Free Card', *The New Yorker*, 2 July, www.newyorker.com/magazine/2018/07/02/a-parlor-game-at-rebekah-mercers-has-no-get-out-of-jail-free-card
Mazzucato, Mariana (2013) *The Entrepreneurial State : Debunking Public vs. Private Sector Myths*, London : Anthem Press.
Melville, Andrew (2017) 'Amazon Go is About Payments, Not Grocery', *Forbes*, www.forbes.com/sites/groupthink/2017/01/20/amazon-go-is-about-payments-not-grocery/#5019341567e4
Merchant, Brian (2015) 'Fully Automated Luxury Communism', *Guardian*, 18 March, www.theguardian.com/sustainable-business/2015/mar/18/fully-automated-luxury-communism-robots-employment
Mészáros, István (1970) *Marx's Theory of Alienation*, London : Merlin Press.
Metz, Cade (2016) 'In Two Moves Alphago and Lee Sedol Redefined the Future', *Wired*, www.wired.com/2016/03/two-moves-alphago-lee-sedol-redefined-future
_____ (2017a) 'Tech Giants are Paying Huge Salaries for Scarce A.I. Talent', *New York Times*, 22 October, www.nytimes.com/2017/10/22/technology/artificial-intelligence-experts-salaries.html
_____ (2017b) 'Building A.I. that Can Build A.I.', *New York Times*, 7 November, www.nytimes.com/2017/11/05/technology/machine-learning-artificial-intelligence-ai.html
_____ (2018) 'Big Bets on A.I. Open a New Frontier for Chip Start-Ups', *New York Times*, 14 January, www.nytimes.com/2018/01/14/technology/artificial-intelligence-chip-start-

ups.html
Metz, Rachel (2018) 'Google Demos Duplex, its AI that Sounds Exactly Like a Very Weird, Nice Human', *MIT Technology Review*, 27 June, www.technologyreview.com/s/611539/google-demos-duplex-its-ai-that-sounds-exactly-like-a-very-weird-nice-human
Mészáros, István (1970) *Marx's Theory of Alienation*, London : Merlin Press.
Meyer, David (2018) 'AI Has a Big Privacy Problem and Europe's New Data Protection Law is About to Expose It', *Forbes*, 25 May, http://fortune.com/2018/05/25/ai-machine-learning-privacy-gdpr
Microsoft (연도 미상) 'Democratizing AI : For Every Person and Every Organization', https://news.microsoft.com/features/democratizing-ai
Middleton, Chris (2018) 'Europe Announces €20 Billion AI Strategy-UK Sidelined', *Internet of Business*, 25 April, https://internetofbusiness.com/european-commission-announces-new-e20-billion-ai-strategy
Miller, Paul (2018) 'What is Edge Computing?', *The Verge*, 7 May, www.theverge.com/circuitbreaker/2018/5/7/17327584/edge-computing-cloud-google-microsoft-apple-amazon
Moody, Kim (2018a) 'High Tech, Low Growth : Robots and the Future of Work', *Historical Materialism* 26:4.
Moody, Kim (2018b) 'Where's the Gig Economy?', *Jacobin*, 23 June, www.jacobinmag.com/2018/06/gig-economy-precarity-jobs-employment.
Moore, Jason W. (2015) *Capitalism in the Web of Life*, London : Verso. [제이슨 W. 무어, 『생명의 그물 속 자본주의』, 김효진 옮김, 갈무리, 2020.]
Moore, Phoebe V., Martin Upchurch and Xanthia Whittaker (eds) (2018) *Humans and Machines at Work : Monitoring, Surveillance and Automation in Contemporary Capitalism*, New York : Palgrave.
Moravec, Hans (1988) *Mind Children : The Future of Robot and Human Intelligence*, Cambridge MA : Harvard University Press.
Morozov, Evgeny (2015) 'Socialize the Data Centres!', *New Left Review* 91.
Morrison, Catherine (2018) 'Bank of England Economist Warns Thousands of UK Jobs at Risk from Robots and AI', *Independent*, 18 August, www.independent.co.uk/news/business/news/uk-job-loss-risk-ai-robots-artificial-intelligence-technology-bank-of-england-andy-haldane-a8498901.html
Morrison, Donn, Ruili Wang and Liyanage C. De Silva (2007) 'Ensemble Methods for Spoken Emotion Recognition in Call-centres', *Speech Communication* 49:2.
Morris-Suzuki, Tessa (1984) 'Robots and Capitalism', *New Left Review* I:47.
_____ (1986) 'Capitalism in the Computer Age', *New Left Review*, I:60.
Morton, Timothy (2017) *Humankind : Solidarity with Nonhuman People*, London : Verso. [티

머시 모턴, 『인류 : 비인간적 존재들과의 연대』, 김용규 옮김, 부산대학교출판문화원, 2021.]

Mosco, Vincent (2014) *To the Cloud : Big Data in a Turbulent World*, London : Paradigm. [빈센트 모스코, 『클라우드와 빅데이터의 정치경제학』, 백영민 옮김, 커뮤니케이션북스, 2015.]

_____ (2017) *Becoming Digital : Toward a Post-Internet Society*, Bingley : Emerald Publishing.

Moulier-Boutang, Yann (2011) *Cognitive Capitalism*, Cambridge : Polity.

MSV, Janikiram (2018) 'The Rise of Artificial Intelligence as a Service in the Public Cloud', *Forbes*, www.forbes.com/sites/janakirammsv/2018/02/22/the-rise-of-artificial-intelligence-as-a-service-in-the-public-cloud/#3a512198198e

Muehlhauser, Luke (2013) 'What is AGI?', *MIRI*, 11 August, https://intelligence.org/2013/08/11/what-is-agi

Mulhall, Stephen (1998) 'Species-Being, Teleology and Individuality, Part I : Marx on Species-Being', *Angelaki* 3:1.

Müller, Vincent C. and Nick Bostrom (2016) 'Future Progress in Artificial Intelligence : A Survey of Expert Opinion', in Vincent Müller (ed.), *Fundamental Issues of Artificial Intelligence*, Berlin : Springer.

Murdock, Graham (2018) 'Commons Manifestos : A Reply to Bauwens and Ramos', *Global Discourse* 8:2.

Nadin, Mihail (2018) 'Machine Intelligence : A Chimera', *AI and Society*, https://doi.org/10.1007/s00146-018-0842-8

Nakashima, Ryan (2018a) 'AI's Dirty Little Secret : It's Powered by People', *Phys. Org*, 5 March, https://phys.org/news/2018-03-ai-dirty-secret-powered-people.html

_____ (2018b) 'Google's AI Push Comes with Plenty of People Problems', *CBS Fox WVSNTV*, 1 February, www.wvnstv.com/news/googles-ai-push-comes-with-plenty-of-people-problems/948618199

_____ (2018c) 'Artificial Intelligence Has Some Unexpected Help : The Intellect of Humans', *Portland Press Herald*, 3 March.

Nedelkoska, Ljubica and Glenda Quintini (2018) 'Automation, Skills Use and Training', *OECD Social, Employment and Migration Working Papers No. 202*, http://dx.doi.org/10.1787/2e2f4eea-en

Negarestani, Reza (2018) *Intelligence and Spirit*, Falmouth : Urbanomic/Sequence Press.

Negri, Antonio (2017) *Marx and Foucault : Essays*, Cambridge : Polity.

Nelson, Sara and Bruce Braun (2017) 'Autonomia in the Anthropocene : New Challenges to Radical Politics', *South Atlantic Quarterly* 116:2.

Nesbitt, Jeff (2017) 'Google's True Origin Partly Lies in CIA and NSA Research Grants for

Mass Surveillance', *Quartz*, 8 December, https://qz.com/1145669/googles-true-origin-partly-lies-in-cia-and-nsa-research-grants-for-mass-surveillance

Ng, Andrew (2015) 'What Data Scientists Should Know About Deep Learning', www.youtube.com/watch?v=O0VN0pGgBZM

Nguyen, Anh, Jason Yosinski and Jeff Clune (2015) 'Deep Neural Networks are Easily Fooled : High Confidence Predictions for Unrecognizable Images', in *Computer Vision and Pattern Recognition*, IEEE, www.evolvingai.org/files/DNNsEasilyFooled_cvpr15.pdf

Nichols, Shaun (2017) 'TV Anchor Says Live On-air "Alexa, Order Me a Dollhouse"-Guess What Happens Next', *The Register*, 17 January, www.theregister.co.uk/2017/01/07/tv_anchor_says_alexa_buy_me_a_dollhouse_and_she_does

Nieva, Richard (2018) 'How Facebook Uses Artificial Intelligence to Take Down Abusive Posts', *CNet*, 2 May, www.cnet.com/news/heres-how-facebook-uses-artificial-intelligence-to-take-down-abusive-posts-f8

Nilsson, Nils (2005) 'Human-Level Artificial Intelligence? Be Serious!', *AI Magazine* 26:4.

Noble, Safiya (2018) *Algorithms of Oppression : How Search Engines Reinforce Racism*, New York : New York University Press.

Nordhaus, William D. (2015) 'Are We Approaching an Economic Singularity? Information Technology and the Future of Economic Growth', *National Bureau of Economic Research Working Paper* 21547, 1 September, www.nber.org/papers/w21547

Notes From Below (2018a) 'The Workers' Inquiry and Social Composition', *Notes From Below* 2, 29 January, https://notesfrombelow.org/article/workers-inquiry-and-social-composition

_____ (2018b) 'Editors' Notes on Class Composition and Technology', *Notes From Below* 2, 30 March, http://notesfrombelow.org/article/editors-notes-on-class-composition-and-technology

OECD (2016) 'Automation and Independent Work in a Digital Economy', *Policy Brief on the Future of Work*, www.oecd.org/employment/future-of-work.htm

O'Kane, Chris (2014) 'State Violence, State Control : Marxist State Theory and the Critique of Political Economy', *Viewpoint Magazine*, 29 October, www.viewpointmag.com/2014/10/29/state-violence-state-control-marxist-state-theory-and-the-critique-of-political-economy

Omohundro, Stephen M. (2008) 'The Basic AI Drives', *Proceedings of the 2008 Conference on Artificial General Intelligence 2008 : Proceedings of the First AGI Conference*.

O'Neill, Cathy (2016) *Weapons of Math Destruction : How Big Data Increases Inequality and Threatens Democracy*, New York : Random House. [캐시 오닐, 『대량살상 수학무기 : 어떻게 빅데이터는 불평등을 확산하고 민주주의를 위협하는가』, 김정혜 옮김, 흐름출판, 2017.]

OpenAI (2018) 'OpenAI Five', *OpenAI Blog*, https://blog.openai.com/openai-five
Oracle (2016) 'Can Virtual Experiences Replace Reality? The Future Role for Humans in Delivering Customer Experience', www.oracle.com/webfolder/s/delivery_production/docs/FY16h1/doc35/CXResearchVirtualExperiences.pdf
Panetta, Kasey (2016) 'The ABC Technologies Will Change Future Customer Experience', *Smarter with Gartner*, 7 November, www.gartner.com/smarterwithgartner/the-abc-technologies-will-change-future-customer-experience
_____ (2017) 'Gartner Top 10 Strategic Technology Trends for 2018', *Smarter with Gartner*, 3 October, www.gartner.com/smarterwithgartner/gartner-top-10-strategic-technology-trends-for-2018
Pang, Bo and Lillian Lee (2004) 'A Sentimental Education : Sentiment Analysis Using Subjectivity Summarization Based on Minimum Cuts', in *Proceedings of the 42nd Annual Meeting of Association for Computational Linguistics*.
Panzieri, Raniero (2017) [1961] 'The Capitalist Use of Machinery : Marx Versus the Objectivists', *Libcom.org*, https://libcom.org/library/capalist-use-machinery-raniero-panzieri
Paquette, Daniel (2018) 'At Work, With Only Robots for Company', *Toronto Star*, 15 September, reprinted from the Washington Post, www.pressreader.com/canada/toronto-star/20180915/282699048030639
Park, Morgan (2018) 'How the OpenAI Five Tore Apart a Team of Dota2 Pros', *PC Gamer*, www.pcgamer.com/how-the-openai-five-tore-apart-a-team-of-dota-2-pros
Pasquinelli, Matteo (2019) *The Eye of the Master : Capital as Computation and Cognition*, London : Verso.
Patrizio, Andy (2018) 'Top 25 Artificial Intelligence Companies', *Datamation*, 10 April, www.datamation.com/applications/top-25-artificial-intelligence-companies.html
Pearlstein, Steven (2018) 'The Robots-vs.-Robots Trading that Has Hijacked the Stock Market', *Washington Post*, 7 February, www.washingtonpost.com/news/wonk/wp/2018/02/07/the-robots-v-robots-trading-that-has-hijacked-the-stock-market/?utm_term=.31c249c8f820
Pennachin, Cassio and Ben Goertzel (2007) 'Contemporary Approaches to Artificial General Intelligence', in Cassio Pennachin and Ben Goertzel (eds), *Artificial General Intelligence*, Berlin : Springer-Verlag.
Perlo, Katherine (2002) 'Marxism and the Underdog', *Society and Animals* 10:3.
Peters, Michael A., Roderigo Britiz and Ergin Bulut (2009) 'Cybernetic Capitalism, Informationalism and Cognitive Labour', *Geopolitics, History, and International Relations* 1:2.
Peterson, Andrea (2016) 'Uber's Self-driving Truck Delivered 50,000 Cans of Budweiser', *Washington Post*, 25 October, www.washingtonpost.com/news/the-switch/wp/2016/10/25/ubers-self-driving-truck-delivered-50000-cans-of-

budweiser/?noredirect=onandutm_term=.99d27d99f308

Pétervári, Judit, Magda Osman and Joydeep Bhattacharya (2016) 'The Role of Intuition in the Generation and Evaluation Stages of Creativity', *Frontiers in Psychology* 7, Article ID 1420.

Pirrone, Gabrielle (2018) 'Walmart and Microsoft Team Up in Joint Interest to Beat Amazon', *CMS Connected*, 24 July, www.cms-connected.com/News-Archive/July-2018/Walmart-Microsoft-Team-Up-in-Joint-Interest-to-Beat-Amazon

Pitts, Frederick Harry (2017) 'Beyond the Fragment : Postoperaismo, Postcapitalism and Marx's "Notes on Machines", 45 Years On', *Economy and Society* 46:3-4.

Pitts, Frederick Harry and Ana Cecilia Dinerstein (2017) 'Corbynism's Conveyor Belt of Ideas : Postcapitalism and the Politics of Social Reproduction', *Capital and Class* 41:3.

Powers, Shawn M. and Michael Jablonski (2015) *The Real Cyber War : The Political Economy of Internet Freedom*, Urbana : University of Illinois Press.

Press, Gil (2018) '45 Numbers to Keep Track of the AI Bubble', *Forbes*, 2 April, www.forbes.com/sites/gilpress/2018/04/02/45-numbers-to-keep-track-of-the-ai-bubble/#3e6299c87a75

PricewaterhouseCoopers (PwC) (2017) 'The Economic Impact of Artificial Intelligence on the UK Economy', www.pwc.co.uk/economic-services/assets/ai-uk-report-v2.pdf

Prindle, Drew (2016) 'This Automated Store in Sweden Doesn't Have Any Human Employees-Only a Smartphone App', *Digital Trends*, 26 February, www.digitaltrends.com/cool-tech/sweden-app-enabled-automated-store

Pudwell, Sam (2017) 'How Deliveroo is Using Big Data and Machine Learning to Power Food Delivery', *Silicon*, www.silicon.co.uk/data-storage/bigdata/deliveroo-big-data-deliveries-216163

Purdy, Mark and Paul Daugherty (2017) 'Why Artificial intelligence is the Future of Growth', *Accenture Canada*, 24 May, www.accenture.com/t20170524T055435w/ca-en/_acnmedia/PDF-52/Accenture-Why-AI-is-the-Future-of-Growth.pdf

Rajan, Amol (2018) 'Why Tech is Taking a Hammering', *BBC News*, 23 November, www.bbc.com/news/entertainment-arts-46317205

Ramsay, Anders (2009) 'Marx? Which Marx?', *Eurozine*, www.eurozine.com/marx-which-marx

Ramtin, Ramin (1991) *Capitalism and Automation : Revolution in Technology and Capitalist Breakdown*, London : Pluto.

Rankin, Jennifer (2018) 'Artificial Intelligence : €20bn Investment Call from EU Commission', *Guardian*, 25 April, www.theguardian.com/technology/2018/apr/25/european-commission-ai-artificial-intelligence

Rao, Anand and Gerard Verweij (2018) 'Sizing the Prize : What's the Real Value of AI for

Your Business and How Can You Capitalise?', *Pricewaterhouse Coopers*, www.pwc.com/gx/en/issues/data-and-analytics/publications/artificial-intelligence-study.html.

Rapp, Nicolas and Brian O'Keefe (2018) 'These 100 Companies are Leading the Way in A.I.', *Fortune*, 8 January, http://fortune.com/2018/01/08/artificial-intelligence-ai-companies-invest-startups

Rayo, Edgar Alan (2018) 'AI and AL Adoption Survey Results from Applied Artificial Intelligence Conference 2017', *TechEmergence*, www.techemergence.com/ai-and-ml-adoption-survey-results-from-applied-artificial-intelligence-conference-2017

Rayome, Alison DeNisco (2018) 'Developers, Rejoice : Now AI Can Write Code for You', *TechRepublic*, www.techrepublic.com/article/developers-rejoice-now-ai-can-write-code-for-you

Read, Jason (2017) 'Man is a Werewolf to Man : Capital and the Limits of Political Anthropology', *Continental Thought & Theory* 1:4.

Rectenwald, Michael (2013) 'The Singularity and Socialism', *Insurgent Notes*, 5 October, http://insurgentnotes.com/2013/10/the-singularity-and-socialism

Reese, Ellen and Jason Struana (2018) '"Work Hard, Make History" : Oppression and Resistance in Inland Southern California's Warehouse and Distribution Industry', in Jake Alimahomed-Wilson and Immanuel Ness (eds), *Choke Points : Logistics Workers Disrupting the Global Supply Chain*, London : Pluto.

Reese, Hope (2016a) 'How Data and Machine Learning are Part of Uber's DNA', *TechRepublic*, 21 October, www.techrepublic.com/article/how-data-and-machine-learning-are-part-of-ubers-dna

_____ (2016b) 'Bias in Machine Learning, and How to Stop It', *TechRepublic*, 18 November, www.techrepublic.com/article/bias-in-machine-learning-and-how-to-stop-it

Reese, Hope and Nick Heath (2016) 'Inside Amazon's Clickworker Platform : How Half a Million People are Being Paid Pennies to Train AI', *TechRepublic*, 21 December, www.techrepublic.com/article/inside-amazons-clickworker-platform-how-half-a-million-people-are-training-ai-for-pennies-per-task

Reynolds, Matt (2018) 'Biased Policing is Made Worse by Errors in Pre-crime Algorithms', *New Scientist*, 27 April, www.newscientist.com/article/mg23631464-300-biased-policing-is-made-worse-by-errors-in-pre-crime-algorithms

Rich, Elaine (1983) *Artificial Intelligence*, New York : McGraw-Hill.

Rikowski, Glenn (2003), 'Alien Life : Marx and the Future of the Human', *Historical Materialism* 11:2.

Riot Research (2018) 'AI : Show me the Money : Which Sectors Will Make a Killing in AI Forecast 2017-2023 : Executive Summary', *Rethink Research*, 19 July, https://rethinkresearch.biz/report/ai-show-me-the-money-executive-summary-free-download

Roberts, Michael (2018) 'The Productivity Paradox Again', *Michael Robert's Blog*, 29 June, https://thenextrecession.wordpress.com/2018/06/29/the-productivity-puzzle-again

Roberts, Sarah T. (2016) 'Commercial Content Moderation : Digital Laborers' Dirty Work', in S.U. Noble and B. Tynes (eds), *The Intersectional Internet : Race, Sex, Class and Culture Online*, New York : Peter Lang.

_____ (2017) 'Social Media's Silent Filter', *The Atlantic*, 8 March, www.theatlantic.com/technology/archive/2017/03/commercial-content-moderation/518796

Robins, Kevin and Frank Webster (1988) 'Cybernetic Capitalism : Information, Technology, Everyday Life', in Vincent Mosco and Janet Wasko (eds), *The Political Economy of Information*, Madison : University of Wisconsin Press.

Robinson, Kim Stanley (2013) *2/12*, London : Orbit.

Rodrik, Denis (2015) 'Premature Deindustrialization', http://drodrik.scholar.harvard.edu/files/dani-rodrik/files/premature_deindustrialization_revised2. pdf

Roland, Alex and Philip Shiman (2002) *Strategic Computing : DARPA and the Quest for Machine Intelligence, 198/-199/*, Cambridge MA : MIT Press.

Romano-Lax, Andromeda (2018) *Plum Rains*, New York : Penguin.

Rosenblat, Alex (2016) 'The Truth About How Uber's App Manages Drivers', *Harvard Business Review*, 6 April, https://hbr.org/2016/04/the-truth-about-how-ubers-app-manages-drivers

_____ (2018) *Uberland : How Algorithms are Rewriting the Rules of Work*, Oakland : University of California Press. [알렉스 로젠블랏, 『우버 혁명 : 공유 경제 플랫폼이 변화시키는 노동의 법칙』, 신소영 옮김, 유엑스리뷰, 2019.]

Rossiter, Ned (2016) *Software, Infrastructure, Labor : A Media Theory of Logistical Nightmares*, New York : Routledge.

Ritter, Samuel, David Barrett, Antonio Santoro and Matt Botvinick (2017) 'Cognitive Psychology for Deep Neural Networks : A Shape Bias Case Study', *Proceedings of the/4th International Conference on Machine Learning* 70.

Rubin, Isaak Illich (1973) *Essays on Marx's Theory of Value*, Montreal : Black Rose Books. [아이작 일리치 루빈, 『마르크스의 가치론』, 함상호 옮김, 이론과실천, 1989.]

Rushkoff, Douglas (2018) 'Universal Basic Income is Silicon Valley's Latest Scam', *Medium*, 10 October, https://medium.com/s/free-money/universal-basic-income-is-silicon-valleys-latest-scam-fd3e130b69a0

Ruth, Joao-Pierre (2017) '6 Examples of AI in Business Intelligence Applications', *TechEmergence*, 8 May, www.techemergence.com/ai-in-business-intelligence-applications

Sadowski, Jathan (2018) 'Why Silicon Valley is Embracing Universal Basic Income', *Guardian*, 2 June, www.theguardian.com/technology/2016/jun/22/silicon-valley-universal-basic-income-y-combinator

Sadowski, Jathan and Frank A. Pasquale (2015) 'The Spectrum of Control : A Social Theory of the Smart City', *First Monday*, http://journals.uic.edu/ojs/index.php/fm/article/view/5903/4660

Salame, Richard (2018) 'The New Taylorism', *Jacobin*, 2 February, www.jacobinmag.com/2018/02/amazon-wristband-surveillance-scientific-management

Sandifer, Elizabeth and Jack Graham (2018) *Neoreaction a Basilisk : Essays on and Around the Alt-Right*, CreateSpace Independent Publishing Platform.

Sanger, David (2018) *The Perfect Weapon : War, Sabotage, and Fear in the Cyber Age*, New York : Crown. [데이비드 생어, 『퍼펙트 웨폰 : 핵보다 파괴적인 사이버 무기와 미국의 새로운 전쟁』, 정혜윤 옮김, 미래의창, 2019.]

Satariano, Adam and Jack Nicas (2018) 'E.U. Fines Google $5.1 Billion in Android Antitrust Case', *New York Times,* 18 July, www.nytimes.com/2018/07/18/technology/google-eu-android-fine.html

Scharre, Paul (2018) *Army of None : Autonomous Weapons and the Future of War*, New York : Norton.

Schiller, Dan (1999) *Digital Capitalism : Networking the Global Market System*, Cambridge MA : MIT Press.

Schwab, Klaus (2017) *The Fourth Industrial Revolution*, Geneva : World Economic Forum. [클라우스 슈밥, 『제4차 산업혁명』, 송경진 옮김, 메가스터디북스, 2016.]

Scola, Nancy (2013) 'Obama, the "Big Data" President', *Washington Post*, 14 June, https://preview.tinyurl.com/yd9kecaj

Searle, John R. (1980) 'Minds, Brains, and Programs', *Behavioural and Brain Sciences* 3:3.

Sedlak, Mackenzie (2016) 'A Quick Deep Learning Tutorial', *IBM Blog*, www.ibm.com/blogs/watson/2016/10/quick-deep-learning-tutorial

Seligman, Lara (2018) 'Pentagon's AI Surge on Track, Despite Google Protest', *Foreign Policy*, 29 June, https://foreignpolicy.com/2018/06/29/google-protest-wont-stop-pentagons-a-i-revolution

Seth, Manav (2018) '2019 : The Year of Chatbot Evolution', *Chatteron.io*, https://blog.chatteron.io/2019-the-year-of-chatbot-evolution-e73dc63d38f0

Shanahan, Murray (2015) *The Technological Singularity*, Cambridge MA : MIT Press.

Shanin, Sergii (2018) 'Is Computer Engineering Really Going to Be Automated?', *Hacker Noon*, 29 May, https://hackernoon.com/is-computer-engineering-really-going-to-be-automated-e6111412432e

Shaviro, Steven (2009) 'The Singularity is Here', in Mark Bould and China Miéville (eds), *Red Planets : Marxism and Science Fiction*, London : Pluto.

Shead, Sam (2017) 'Tech Giants are Fighting to Hire the Best AI Talent at the NIPS Conference in LA This Week', *Business Insider*, 4 December, www.businessinsider.com/

tech-giants-are-fighting-to-hire-the-best-ai-talent-at-the-nips-conference-this-week-2017-12

Shead, Sam (2018) 'Britain, France and Germany Fight It Out to Be Europe's AI Leader', *Forbes*, 26 April, www.forbes.com/sites/samshead/2018/04/26/britain-france-and-germany-fight-it-out-to-be-europes-ai-leader/#7a1a94a0232f

Shewan, Dan (2017) 'Robots Will Destroy Our Jobs-And We're Not Ready for It', *Guardian*, 11 January, www.theguardian.com/technology/2017/jan/11/robots-jobs-employees-artificial-intelligence

Silicoff, Sean (2018) 'She Looks Like a Human : Can She Be Taught to Think Like One Too?', *The Globe and Mail*, 7 September.

Silver, Beverly (2003) *Forces of Labor : Workers' Movements and Globalization since 1870*, Cambridge : Cambridge University Press.

Silver, David et al. (2016) 'Mastering the Game of Go With Deep Neural Networks and Tree Search', *Nature* 529.

Simonite, Tom (2015) 'Facebook Joins Stampede of Tech Giants Giving Away Artificial Intelligence Technology', *MIT Technology Review*, www.technologyreview.com/s/544236/facebook-joins-stampede-of-tech-giants-giving-away-artificial-intelligence-technology

_____ (2017) 'What is Ray Kurzweil Up to at Google? Writing Your Emails', *Wired,* 2 August, www.wired.com/story/what-is-ray-kurzweil-up-to-at-google-writing-your-emails

Simpson, Meagan (2018) 'IBM's New Bias-detection Software, Democratizing AI', *IT World Canada*, 24 September, www.itworldcanada.com/article/how-ibms-new-bias-detection-software-has-already-helped-companies/409206

SIX (연도 미상) 'The Internet of "Bring!" : Where Does the Fridge Order its Milk?', www.six-group.com/en/home/blog/internet-of-bring.html

Skidelsky, Robert (2018) 'Will the Population Become Redundant?', *Eurozine,* 9 November, www.eurozine.com/will-population-become-redundant

Smith, Jason E. (2017) 'Nowhere to Go : Automation, Then and Now : Part 1', *The Brooklyn Rail*, 1 March, https://brooklynrail.org/2017/03/field-notes/Nowhere-to-Go

Söderberg, Johan (2008) *Hacking Capitalism : The Free and Open Source Software Movement*, New York : Routledge.

Solon, Olivia (2018) 'Google's Robot Assistant Now Makes Eerily Lifelike Phone Calls For You', *Guardian*, 8 May, www.theguardian.com/technology/2018/may/08/google-duplex-assistant-phone-calls-robot-human

Solow, Robert (1987) 'We'd Better Watch Out', *New York Times Book Review*, 12 July, www.standupeconomist.com/pdf/misc/solow-computer-productivity.pdf

Srnicek, Nick (2016) *Platform Capitalism*, New York : John Wiley. [닉 서르닉, 『플랫폼 자본

주의』, 심성보 옮김, 킹콩북, 2020.]

_____ (2018) 'Platform Monopolies and the Political Economy of AI', in John McDonnell (ed.), *Economics for the Many*, London : Verso.

Srnicek, Nick and Alex Williams (2015) *Inventing the Future : Postcapitalism and a World Without Work*, London : Verso.

Srivastava, Tavish (2015) 'Difference Between Machine Learning and Statistical Modeling', *Analytics Vidhya*, www.analyticsvidhya.com/blog/2015/07/difference-machine-learning-statistical-modeling

Standing, Guy (2011) *The Precariat : The New Dangerous Class*, London : Bloomsbury. [스탠딩 가이, 『프레카리아트 : 새로운 위험한 계급』, 김태호 옮김, 박종철출판사, 2014.]

Statista (2016) 'Artificial Intelligence Market Revenue Worldwide 2015-2024', *Artificial Intelligence (AI) Statista Dossier*, www.statista.com/statistics/621035/worldwide-artificial-intelligence-market-revenue

Steinhoff, James (2014) 'Transhumanism and Marxism : Philosophical Connections', *Journal of Evolution and Technology* 24:2.

_____ (2017) 'Artificial Intelligence and the Reconfiguration Thesis', paper presented at 'Marxism and Revolution Now', Marxist Literary Group Summer Institute on Culture and Society, University of California Davis, 24-28 June.

_____ (2019a) 'Reservoirs of Cognition : Capital's Theory of AI as Utility', *Digital Culture and Society*.

_____ (2019b) 'Labour Process Analysis and the Automation of Machine Learning Labour', paper presented at DIGISUM Critical Digital and Social Media Conference, 6-8 March, Umeå University, Umeå, Sweden.

Stiegler, Bernard (2010) *For a New Critique of Political Economy*, Cambridge : Polity.

_____ (2015) *States of Shock : Stupidity and Knowledge in the 21st Century*, Cambridge : Polity.

_____ (2016) *Automatic Society Volume 1: The Future of Work*, Cambridge : Polity. [베르나르 스티글러, 『자동화 사회 1 : 알고리즘 인문학과 노동의 미래』, 김지현 · 박성우 · 조형준 옮김, 새물결, 2019.]

Stone, Zak (2016) 'Celebrating Tensorflow's First Year', *Google Research Blog*, https://research.googleblog.com/2016/11/celebrating-tensorflows-first-year.html

Streitfeld, David (2018) 'Protesters Block Google Buses in San Francisco, Citing "Techsploitation"', *New York Times*, 31 May, www.nytimes.com/2018/05/31/us/google-bus-protest.html

Streitfeld, David and Mallia Wollan (2014) 'Tech Rides are Focus of Hostility in Bay Area', *New York Times*, 31 January, www.nytimes.com/2014/02/01/technology/tech-rides-are-focus-of-hostility-in-bay-area.html?_r=0

Strickland, Eliza (2018) 'Layoffs at Watson Health Reveal IBM's Problem With AI', *IEE Spectrum*, 25 June, https://spectrum.ieee.org/the-human-os/robotics/artificial-intelligence/layoffs-at-watson-health-reveal-ibms-problem-with-ai

Stross, Charles (2005) *Accelerando*, New York : Ace Books.

Sun, Ron (2014) 'Connectionism and Neural Networks', in Keith Frankish and William M. Ramsey (eds), *The Cambridge Handbook of Artificial Intelligence*, Cambridge : Cambridge University Press.

Sun, Yitang (2017) 'In China, a Store of the Future-No Checkout, No Staff ', *MIT Technology Review*, 16 June, www.technologyreview.com/s/608104/in-china-a-store-of-the-future-no-checkout-no-staff

Sutton, Richard S. and Andrew G. Barto (1998) *Reinforcement Learning: An Introduction*, Cambridge MA : MIT Press.

Suvin, Darko (1979) *Metamorphoses of Science Fiction : On the Poetics and Literary History of a Literary Genre*, New Haven : Yale University Press.

Swanson, Brett and Micael Mandel (2017) 'Robots Will Save the Economy', *The Wall Street Journal*. May 14, www.wsj.com/articles/robots-will-save-the-economy-1494796013

Tam, Donna (2014) 'Meet Amazon's Busiest Employee-the Kiva Robot', Cnet Nov 30, www.cnet.com/news/meet-amazons-busiest-employee-the-kiva-robot

Tawil-Souri, Helga (2012) 'It's Still About the Power of Place', *Middle East Journal of Culture and Communication* 5.

Taylor, Astra (2018) 'The Automation Charade', *Logic*, https://logicmag.io/05-the-automation-charade

Tech Workers Coalition (2018) 'Tech Workers, Platform Workers, and Workers' Inquiry', *Notes From Below*, 30 March, https://notesfrombelow.org/article/tech-workers-platform-workers-and-workers-inquiry

Tegmark, Max (2017) *Life 3.0 : Being Human in the Age of Artificial Intelligence*, New York : Knopf. [맥스 테그마크, 『맥스 테그마크의 라이프 3.0 : 인공지능이 열어갈 인류와 생명의 미래』, 백우진 옮김, 동아시아, 2017.]

Tenenbaum, Joshua B., Charles Kemp, Thomas L. Griffiths and Noah D. Goodman (2011) 'How to Grow a Mind : Statistics, Structure, and Abstraction', *Science* 331:6022.

Terekhova, Maria (2017) 'JP Morgan Takes AI Use to the Next Level', *Business Insider*, 2 August, www.businessinsider.com/jpmorgan-takes-ai-use-to-the-next-level-2017-8

Thibodeau, Patrick (2016) 'One in Three Developers Fear A.I. Will Replace Them', *Computerworld*, 8 March, www.computerworld.com/article/3041430/it-careers/one-in-three-developers-fear-ai-will-replace-them.html

Thompson, James (2018) 'Why Artificial Intelligence is "Like Electricity" for Microsoft', *Financial Review*, www.afr.com/technology/why-artificial-intelligence-is-like-electricityfor-microsoft-20181102-h17fei

Tiqqun (2001) 'The Cybernetic Hypothesis', *Tiqqun* 2, http://cybernet.jottit.com

Torres, Phil (2018) 'Superintelligence and the Future of Governance : On Prioritizing the Control Problem at the End of History', in Roman V. Yampolskiy (ed.), *Artificial Intelligence Safety and Security*, New York : Chapman and Hall/CRC.

Toscano, Alberto (2011) 'Logistics and Opposition', *Mute* 3:2, www.metamute.org/editorial/articles/logistics-and-opposition

_____ (2014) 'Lineaments of the Logistical State', *Viewpoint Magazine*, www.viewpointmag.com/2014/09/28/lineaments-of-the-logistical-state

Tozzi, Christopher (2017) *Fun and Profit : A History of the Free and Open Source Software Revolution*, Cambridge MA : MIT Press.

Tractica (2018) 'Artificial Intelligence Edge Device Shipments to Reach 2.6 Billion Units Annually by 2025', www.tractica.com/newsroom/press-releases/artificial-intelligence-edge-device-shipments-to-reach-2-6-billion-units-annually-by-2025

Trichter, Judd (2015) *Love and Death in the Age of Mechanical Reproduction*, New York : Thomas Dunne.

Tronti, Mario (1977) *Ouvriers et Capital*, Paris : Christian Bourgeois.

US Department of Labour (2015) 'Occupational Employment Projections to 2024', Bureau of Labor Statistics, Monthly Labour Review, December, www.bls.gov/opub/mlr/2015/article/occupational-employment-projections-to-2024.htm

_____ (2018) *Occupational Outlook Handbook*, Software Developers, www.bls.gov/ooh/computer-and-information-technology/software-developers.htm

US Equal Employment Opportunity Commission (USEEOC) (2016) 'Diversity in High Tech', www.eeoc.gov/eeoc/statistics/reports/hightech

Vast Abrupt (2018) 'Ideology, Intelligence, and Capital : An Interview With Nick Land', https://vastabrupt.com/2018/08/15/ideology-intelligence-and-capital-nick-land

Vercellone, Carlo (ed.) (2006) *Capitalismo cognitivo*, Roma : Manifestolibri.

Vincent, James (2017) 'Robots and AI Are Going to Make Social Inequality Even Worse, Says New Report', *The Verge*, 13 July, www.theverge.com/2017/7/13/15963710/robots-ai-inequality-social-mobility-study

_____ (2018) 'Welcome to the Automated Warehouse of the Future', *The Verge*, 26 May, www.theverge.com/2018/5/8/17331250/automated-warehouses-jobs-ocado-andover-amazon

Virilio, Paul (2000) *The Information Bomb*, London : Verso.

Virno, Paolo (2004) *A Grammar of the Multitude*, Los Angeles : Semiotext(e). [빠올로 비르노, 『다중 : 현대의 삶 형태에 관한 분석을 위하여』, 김상운 옮김, 갈무리, 2004]

Vitti, Joseph J. (2013) 'Cephalopod Cognition in an Evolutionary Context : Implications for

Ethology', *Biosemiotics* 6:3. Viv (연도 미상) viv.ai, http://viv.ai

Vorhies, William (2016a) 'Data Scientists Automated and Unemployed by 2025!', *Data Science Central*, 13 April, www.datasciencecentral.com/profiles/blogs/data-scientists-automated-and-unemployed-by-2025

_____ (2016b) 'Deep Learning for Everyone-And (Almost) Free', *Data Science Central*, 18 August, www.datasciencecentral.com/profiles/blogs/deep-learning-for-everyone-and-almost-free

_____ (2017) 'Data Scientists Automated and Unemployed by 2025-Update!', *Data Science Central*, 17 July, www.datasciencecentral.com/profiles/blogs/data-scientists-automated-and-unemployed-by-2025-update

Vr, Sridharan (2016) 'Bots for Messenger : Adding Analytics and FbStart Opportunities', *Facebook Developer News*, 14 November, https://developers.facebook.com/blog/post/2016/11/14/bots-for-messenger-adding-analytics-and-fbstart-program

Walker, Jon (2018) 'Machine Learning in Manufacturing-Present and Future Use-Cases', *TechEmergence*, www.techemergence.com/machine-learning-in-manufacturing

Wang, Brian (2018) 'World Will See Less Robot Job Loss Through 2030 as Robot Automation Leaders Foxconn and Tesla Face Delays', *The Next Big Future*, 24 April, www.nextbigfuture.com/2018/04/world-will-see-less-robot-job-loss-through-2030-as-robot-automation-leaders-foxconn-and-tesla-face-delays.html

Wang, Pei and Ben Goertzel (2007) 'Introduction : Aspects of Artificial General Intelligence', *Proceedings of the 2007 conference on Advances in Artificial General Intelligence : Concepts, Architectures and Algorithms : Proceedings of the AGI Workshop 2006*.

Wark, McKenzie (2017) 'On Nick Land', www.versobooks.com/blogs/3284-on-nick-land

Watts, Peter (2018) *The Freeze-Frame Revolution*, San Francisco : Tachyon Publications.

Weaver, John Frank (2017) 'What Exactly Does It Mean to Give a Robot Citizenship?', *Slate*, https://slate.com/technology/2017/11/what-rights-does-a-robot-get-with-citizenship.html

Weber, Steve (2004) *The Success of Open Source*, Cambridge : Harvard University Press.

Wilde, Lawrence (2000) '"The Creatures, Too, Must Become Free" : Marx and the Animal/Human Distinction', *Capital & Class* 72.

Williams, Alex and Nick Srnicek (2013) '#ACCELERATE MANIFESTO for an Accelerationist Politics', *Critical Legal Thinking Blog*, 14 May, http://criticallegalthinking.com/2013/05/14/accelerate-manifesto-for-an-accelerationist-politics. [알렉스 윌리엄스 · 닉 서르닉, 「#가속하라 : 가속주의 정치 선언」, 『#가속하라 : 가속주의자 독본』, 로빈 맥케이 · 아르멘 아바네시안 엮음, 김효진 옮김, 갈무리, 2023.]

Wilson, Daniel H. (2012) *Robopocalypse*, New York : Vintage. [대니얼 H. 윌슨, 『로보포칼립스』, 안재권 옮김, 문학수첩, 2011.]

Wilson, Daniel H. (2015) *Robogenesis*, New York : Vintage.

Wilson, H. James and Paul R. Daugherty (2018) 'Why Even AI-Powered Factories Will Have Jobs for Humans', *Harvard Business Review*, 8 August, https://hbr.org/2018/08/why-even-ai-powered-factories-will-have-jobs-for-humans

Winfield, Alan (2012) *Robotics : A Very Short Introduction*, Cambridge MA : MIT Press.

Wingfield, Nick (2017) 'As Amazon Pushes Forward With Robots, Workers Find New Roles', *New York Times*, 10 September, www.nytimes.com/2017/09/10/technology/amazon-robots-workers.html

Wisskirchen, Gerlind et al. (2017) 'Artificial Intelligence and Robotics and their Impact on the Workplace', *IBA Global Employment Institute*, www.ibanet.org/Document/Default.aspx?DocumentUid=c06aa1a3-d355

Woland, Blaumachen and Friends (2014) 'From Sweden to Turkey : The Uneven Dynamics of the Era of Riots', *SIC International Journal of Communisation* 2.

Wong, Julia Carrie (2017a) 'Tesla Factory Workers Reveal Pain, Injury and Stress : "Everything Feels Like the Future But Us"', *Guardian*, 18 May, www.theguardian.com/technology/2017/may/18/tesla-workers-factory-conditions-elon-musk

_____ (2017b) 'Tesla Workers Were Seriously Hurt More than Twice as Often as Industry Average', *Guardian*, 24 May, www.theguardian.com/technology/2017/may/24/tesla-factory-workers-injuries-higher-than-industry-average

Wood, Zoe (2018) 'Rise of Robots Threatens to Terminate the UK Call-centre Workforce', *Guardian*, 12 May, www.theguardian.com/business/2018/may/12/robot-technology-threat-terminist-uk-call-centre-workforce

Woodcock, James (2017) *Working the Phones : Control and Resistance in Call Centres*, London : Pluto.

World Economic Forum (WEF) (2016) 'The Future of Jobs Employment, Skills and Workforce Strategy for the Fourth Industrial Revolution', http://www3.weforum.org/docs/WEF_Future_of_Jobs.pdf

World Economic Forum (WEF) (2017) 'Impact of the Fourth Industrial Revolution on Supply Chains', White Paper, Geneva, Switzerland.

Wykstra, Stephanie (2018) 'Just How Transparent Can a Criminal Justice Algorithm Be?', *Slate*, July 3, https://slate.com/technology/2018/07/pennsylvania-commission-on-sentencing-is-trying-to-make-its-algorithm-transparent.html

Xiang, Feng (2018) 'AI Will Spell the End of Capitalism', *Washington Post*, 3 May, www.washingtonpost.com/news/theworldpost/wp/2018/05/03/end-of-capitalism/?utm_term=.17d7c9d56637

Yampolskiy, Roman V. (연도 미상) 'Artificial Intelligence Safety and Cybersecurity : A Timeline of AI Failures', *arxiv.org*, https://arxiv.org/ftp/arxiv/papers/1610/1610.07997.pdf

Ying, Wang (2018) 'Industrial Robot Sales in China Hit Record', *Telegraph*, 13 July, www.telegraph.co.uk/news/world/china-watch/technology/industrial-robots

Yeginsu, Ceylan (2018) 'If Workers Slack Off, the Wristband Will Know (And Amazon Has a Patent for It)', *New York Times*, 1 February, www.nytimes.com/2018/02/01/technology/amazon-wristband-tracking-privacy.html

Yu, Miaomiao (2017) 'The Humans Behind Artificial Intelligence', *Synced*, 30 April, https://syncedreview.com/2017/04/30/the-humans-behind-artificial-intelligence

Zamponi, Lorenzo (2018) 'Bargaining With the Algorithm', *Jacobin*, 9 June, www.jacobinmag.com/2018/06/deliveroo-riders-strike-italy-labor-organizing

Zeifman, Igal (2017) 'Bot Traffic Report 2016', *Incapsula*, www.incapsula.com/blog/bot-traffic-report-2016.html

Zerowork Collective (1975) 'Introduction', *Zerowork : Political Materials 1*.

Zhang, Yu-Dong et al. (2017) 'Facial Emotion Recognition Based on Biorthogonal Wavelet Entropy, Fuzzy Support Vector Machine, and Stratified Cross Validation', *IEEE Access* 4.

Zilis, Shivon and James Cham (2016) 'The Current State of Machine Intelligence 3.0', *O'Reilly*, www.oreilly.com/ideas/the-current-state-of-machine-intelligence-3-0

:: 인명 찾아보기

ㅎ

:: 용어 찾아보기

ㅈ

ㅊ

ㅋ

기타

북펀드 후원자 여러분

감사합니다.

강정섭, 대세는 백합

무명씨, 박예향, 박재하

유병홍, 이성수, 이은미

이재경, 이종호, 이진경

장현영, 최규미, 추용수

夏與玉的美麗而悲傷緣

한정숙, santiago j, zrabbit